VERDI

PARIS. — IMPRIMERIE CHAIX, 20, RUE BERGÈRE. — 20322-3

VERDI

HISTOIRE ANECDOTIQUE
DE SA VIE ET DE SES ŒUVRES

PAR

ARTHUR POUGIN

PARIS
CALMANN LÉVY, ÉDITEUR
ANCIENNE MAISON MICHEL LÉVY FRÈRES
3, RUE AUBER, 3
—
1886
Droits de reproduction et de traduction réservés.

Lorsque, il y a quelques années, je publiai, dans un recueil spécial, la première version de cet écrit, l'attention du public étranger fut aussitôt éveillée à son sujet. Un journal allemand, la *Neue Berliner Musikzeitung*, en donna immédiatement une traduction, une feuille espagnole, la *Cronica de la Musica*, en fit autant de son côté ; des fragments importants en furent traduits dans un périodique anglais, et enfin l'on s'occupa bientôt d'en publier une traduction italienne. La personnalité brillante d'un artiste tel que Verdi excitait tout naturellement l'intérêt, et les renseignements à la fois nombreux et inconnus que j'apportais sur cet artiste et sur ses œuvres ne pouvaient que l'augmenter encore.

Pourtant, mon premier travail était fort loin d'avoir l'importance et l'étendue que je lui donne aujourd'hui. J'avais, au cours de mes lectures, de mes voyages en Italie, de mes entretiens avec divers artistes, compatriotes du maître, noté un certain nombre de détails absolument inconnus en France, et souvent même dans sa patrie. J'avais ainsi mis à contribution, à Milan, M. Giulio Ricordi, fils de l'intelligent éditeur de Verdi; M. Mazzucato, l'éminent directeur du Conservatoire; M. Filippo Filippi, l'érudit feuilletoniste musical de *la Perseveranza*; à Florence, M. Casamorata, directeur de l'Institut musical; à Naples, mon excellent et obligeant confrère, M. Carlo Caputo, etc., etc. Bref, en joignant, à tout ce que j'avais obtenu ainsi, les notes relevées par moi, durant plusieurs années, dans les journaux politiques et artistiques italiens, et aussi dans divers écrits moins éphémères, je me trouvais à la tête de toute une série de documents pleins d'intérêt et de nouveauté sur le maître illustre qui est réellement le dernier représentant du grand art de son pays[1]. Mais ce n'est pas tout, et j'eus la chance d'être aidé, dans mon travail, par les souvenirs très vivants et très fidèles d'un excellent artiste, et fort distingué, qui avait vécu pendant longues années dans l'intimité de Verdi, qui a été le seul, l'unique élève formé par le maître, et qui a conservé pour lui la plus touchante

---

[1]. Outre les emprunts que j'ai faits ainsi à divers journaux italiens, j'ai mis à contribution un excellent ouvrage de M. Abramo Basevi : *Studio sulle opere di Giuseppe Verdi*; un petit récit de M. Ghislanzoni, *la Casa di Verdi a Sant'-Agata* (dans un mignon volume intitulé : *Reminiscenze artistiche*); quelques notes d'un autre ouvrage du même écrivain, *gli Artisti da teatro*, et surtout une série de feuilletons pleins d'intérêt publiés sur Verdi dans un journal italien de Nice, *il Pensiero di Nizza*. Ces feuilletons, dont l'auteur, M. Ercole Cavalli, a vu le jour à Busseto, dans le pays où le maître a passé son enfance et sa jeunesse, ont paru dans les numéros du *Pensiero* des 29, 30 et 31 décembre 1876, et 4 janvier 1877.

et la plus vive affection. Cet artiste est M. Emanuele Muzio, à la fois compositeur aimable et chef d'orchestre habile, que l'auteur d'*Aïda* a souvent chargé de diriger l'exécution de ses œuvres, et qui, souvent mêlé d'une façon très étroite à son existence artistique, était à même de me renseigner avec beaucoup de précision sur une foule de faits complètement inconnus ou qui n'avaient jamais été recueillis. L'aide obligeante de M. Muzio m'était bien trop utile pour que je n'en profitasse pas largement : je ne m'en suis pas fait faute, et je l'en remercie ici avec chaleur.

Lorsque fut terminée la première publication de cet écrit, un de mes confrères italiens, M. Jacques Caponi, qui est à Paris le correspondant très remarqué de plusieurs journaux de son pays, entre autres du *Fanfulla* et de *la Perseveranza*, vint me demander l'autorisation d'en publier une traduction italienne, à laquelle il se proposait d'ajouter nombre de renseignements importants et inédits. Je lui accordai volontiers cette autorisation, et, par un scrupule d'exactitude, M. Caponi (qui conserva en cette circonstance son pseudonyme ordinaire de *Folchetto*) publia sa traduction en respectant fidèlement le texte original, ajoutant seulement dans des notes très abondantes les faits nouveaux et fort intéressants qu'il avait à faire connaître. Je n'ai pas besoin de dire avec quel succès fut accueillie en Italie cette *Vita aneddotica di Giuseppe Verdi*, ainsi présentée par M. Caponi, et à quel point l'amour-propre national en fut flatté. Mais, quand je voulus enfin donner à mon récit la forme plus solide et moins fragile du livre, je priai à mon tour M. Caponi de m'autoriser à me servir de ses notes si nombreuses et si substantielles. Toutefois, je refondis entièrement mon travail pour ne pas couper incessamment ma narration par des notes dont les éléments trouvaient tout naturellement leur place dans le texte même, et, ne me bornant pas là, je l'augmentai encore de renseignements que moi-même je n'avais cessé de recueillir. Tel je le présente aujourd'hui au public, avec l'espoir qu'il pourra lui offrir quelque intérêt.

L'histoire de la vie d'un grand artiste, quelque opinion que l'on ait de son génie, quelques réserves même que de certains veuillent faire au sujet de telle ou telle de ses œuvres, est toujours digne d'attention. Mais il serait dangereux pour un écrivain, lorsque cet artiste est encore vivant, de prétendre exprimer un jugement plus ou moins formel, plus ou moins motivé, sur la nature de son génie et sur l'ensemble de sa carrière. Outre que cette carrière peut n'être point terminée, que de nouvelles œuvres peuvent, par conséquent, apporter à la critique des éléments nouveaux d'appréciation, détruire ou atténuer considérablement l'effet de certains jugements un peu hâtifs, l'esprit de l'écrivain ne saurait, en dépit de ses efforts et de sa pénétration, de sa bonne foi et de sa volonté, avoir assez d'indépendance, d'isolement de soi-même, pour se prononcer soit dans le sens de l'éloge, soit dans le sens du blâme, en pleine connaissance de cause et avec une complète assurance. La postérité seule, on ne saurait trop le répéter, peut mettre à leur vraie place les grands hommes et les grands génies. Pour parler précisément de Verdi, le critique qui aurait eu la prétention de le juger d'ensemble et d'autorité après ses premières grandes œuvres et ses premiers grands succès : *il Trovatore, la Traviata, Rigoletto,* serait sans doute un peu penaud aujourd'hui, en présence de l'évolution que l'artiste a fait subir à son génie en écrivant *Aïda* et le *Requiem* de Manzoni.

On n'aura donc à chercher dans les

pages qui composent ce volume aucun aperçu critique ; car, de propos bien délibéré, l'auteur s'en est absolument défendu. Ce n'est ici, comme l'indique le titre adopté, autre chose qu'une « histoire anecdotique » de la vie et des œuvres de Verdi. Mon but, très modeste et très limité, a été de faire connaître l'homme et l'artiste, sans vouloir discuter d'aucune façon la valeur de ses œuvres. Il m'a semblé qu'un tel écrit, et aussi impersonnel, pouvait n'être encore ni sans agrément, ni sans quelque utilité, et je souhaite seulement que le lecteur veuille bien accorder à celui-ci un peu de l'indulgence dont il a bien voulu faire preuve à l'égard de ceux que je lui ai déjà présentés.

A. P.

Octobre 1835.

Fac-simile autographe de l'acte de naissance de Verdi.

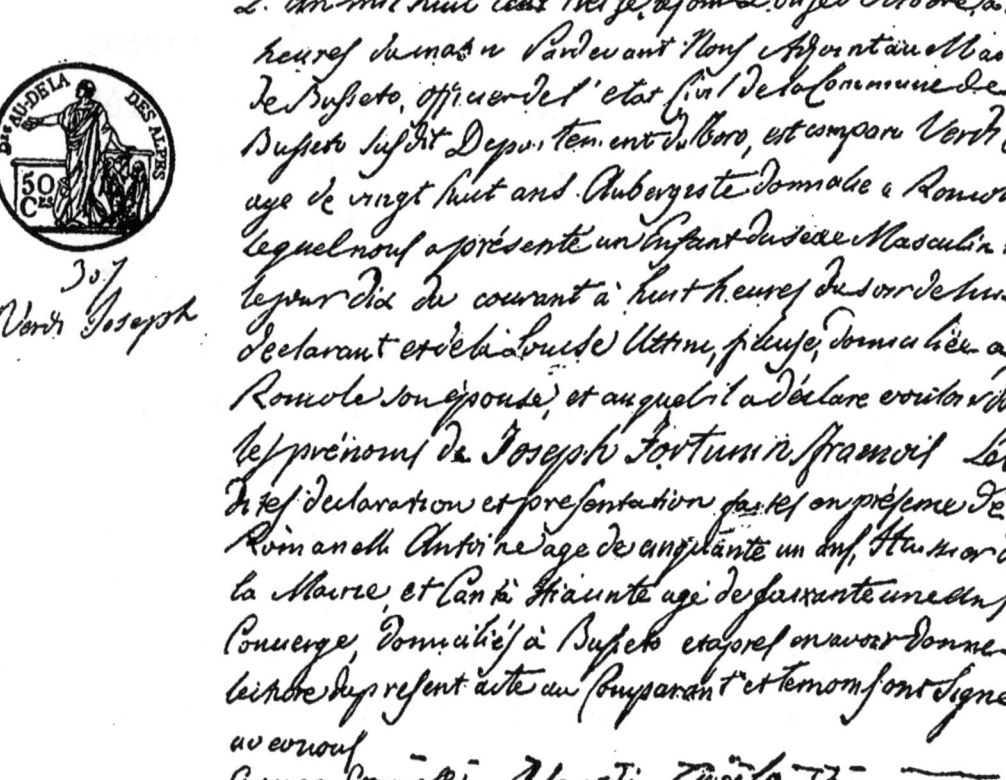

VERDI

Il existe, à vingt-cinq kilomètres environ de Parme et dans l'ancien duché de ce nom, à une lieue à peine de Busseto, petite ville peuplée de trois à quatre mille âmes et située au pied de l'Apennin, un pauvre et misérable village du nom de Roncole, qui compte à peine deux cents habitants. Là vivait, il y a un peu plus de soixante ans, un jeune ménage honnête et laborieux, qui tenait, dans l'unique rue de ce village, une chétive *osteria* au produit de laquelle il ajoutait les bénéfices d'un petit commerce d'épicerie et de liqueurs, où venaient s'approvisionner les habitants du pays et les *contadini* des alentours.

Un jour, ce pauvre pays si obscur et si retiré, si calme d'ordinaire, et qui eût dû se croire à l'abri de tout événement, fut le théâtre d'une scène de carnage et de désolation, d'un drame sanglant et terrible. C'était en 1814, à l'époque des revers des armes françaises. Les Autrichiens et les Russes, devant lesquels le prince Eugène devait finir par céder après avoir fait des prodiges de valeur, avaient envahi l'Italie, qui redevenait ainsi le champ de bataille séculaire ; ils avançaient en colonnes serrées, dévastant les contrées qu'ils traversaient, semant partout sur leur passage le deuil et la ruine, la terreur et la mort. Les soldats russes surtout se faisaient remarquer par leur cruauté, par leur fureur sauvage, détruisant tout, massacrant sans pitié les habitants : hommes et femmes, enfants et vieillards ; brûlant les maisons et les fermes, saccageant les villes et les campagnes, et ne laissant rien debout de ce qu'ils pouvaient anéantir.

Voici qu'un matin on signale leur arrivée près du pauvre village, vers lequel ils se dirigeaient. Affolées à cette nouvelle, prises d'une véritable épouvante, les femmes de Roncole, ne sachant où fuir, comment se mettre en sûreté, se réfugient avec leurs enfants dans l'unique et modeste église du hameau, espérant échapper ainsi à la barbarie de cette soldatesque sauvage. Mais, ne respectant rien, les Russes, après avoir fouillé les habitations, envahirent jusqu'à l'église, dont le sol fut bientôt rougi du sang de leurs victimes. L'une de ces femmes, qui tenait son fils au sein, eut la présence d'esprit, au milieu des cris, des violences, de la confusion, de s'élancer sur l'escalier sans être vue et de grimper jusqu'au clocher. Blottie dans un coin, à moitié folle de peur, osant à peine respirer ou bouger, elle resta là jusqu'à ce que tout fût passé, et c'est ainsi qu'elle fut sauvée avec son enfant.

La pauvre *contadina* qui échappa comme par miracle à cet horrible massacre était celle qui tenait, avec son mari, l'*osteria* du village de Roncole. Celui-ci s'appelait Carlo Verdi, et le fils de ces deux paysans, le petit Giuseppe, qui devait deux fois la vie à sa mère, était le futur auteur de *Nabucco* et de *la Traviata*, de *Rigoletto*, d'*Aïda* et de la messe de *Requiem*.

I

Par le fait même qui vient d'être retracé sommairement et qui, jusqu'à ce jour, était resté complètement inconnu, on acquiert la certitude que tous les biographes de Verdi, sans exception, sont tombés dans l'erreur en fixant le lieu de sa naissance à Busseto et sa date au 9 octobre 1814. J'avais déjà rectifié cette assertion, et j'avais cru pouvoir établir que le grand artiste était né à Roncole le 9 octobre 1813. J'étais cependant moi-même dans une légère erreur; la vérité est que c'est le 10 octobre 1813 que Verdi vit le jour à Roncole, et l'exactitude de cette dernière date est attestée par un document authentique, dont la publication est récente et qui est tout particulièrement curieux. Ce document, mis en lumière par la *Gazzetta musicale* de Milan [1], n'est autre que l'acte de naissance du maître, rédigé *en français*, et dressé par l'adjoint au maire de Busseto, dont il porte la signature. Pour s'expliquer cette particularité, il faut se rappeler que l'Italie était placée alors sous la domination française. Le petit village de Roncole, dépendant de la commune de Busseto, faisait partie de l'ancien duché de Parme; mais le territoire italien ayant été, depuis la conquête, constitué en départements, auxquels on avait donné la qualification de *Départements au delà des Alpes*, Busseto était compris dans celui du Taro [2]. Voici, d'ailleurs, le texte exact de l'acte de naissance de Verdi, extrait des registres de l'état civil de la commune de Busseto, pour l'année 1813 :

L'an mil huit cent treize, le jour douze d'octobre, à neuf heures du matin, par devant nous adjoint au maire de Busseto, officier de l'état civil de la commune de Busseto susdit, département du Taro,

1. Dans son numéro du 20 juillet 1884.
2. Ce département prenait son nom du Taro, torrent qui coule à peu de distance de Parme.

est comparu Verdi Charles, âgé de vingt-huit ans, aubergiste, domicilié à Roncole, lequel nous a présenté un enfant du sexe masculin né le jour dix du courant à huit heures du soir, de lui déclarant et de la Louise Utini, fileuse, domiciliée à Roncole, son épouse, et auquel il a déclaré vouloir donner les prénoms de Joseph-Fortunin-François. Lesdites déclaration et présentation faites en présence de Romanelli Antoine, âgé de cinquante-un ans, huissier de la mairie, et Cantù Hiacinte, âgé de soixante-un ans, concierge, domiciliés à Busseto, et, après en avoir donné lecture du présent acte au comparant et témoins, ont signé avec nous.

Antonio ROMANELLI.

Giacinto CANTU.

VERDI Carlo.

VITOLI, adjoint[1].

Nous avons vu que le père et la mère de Verdi tenaient dans le village de Roncole une modeste auberge, si modeste même, que ses revenus étaient loin de suffire aux besoins de la petite famille; c'est pourquoi ils avaient jugé à propos d'y joindre une sorte de petit

1. En dehors de ce fait, que l'acte qu'on vient de lire fixe d'une façon certaine la naissance de Verdi au 10 octobre 1813, on y voit que Verdi, auquel on n'a jamais connu que le prénom de Giuseppe (Joseph), avait reçu aussi, sur l'état civil, ceux de Fortunin-François.

commerce d'épicerie, et débitaient en détail
des liqueurs, du café, du sucre, du tabac et
autres denrées du même genre. Chaque semaine, Carlo Verdi s'en allait à Busseto ache-
ter les provisions qui lui étaient nécessaires;
il les prenait chez un excellent homme, Antonio Barezzi, qui tenait un magasin d'épice-
ries et une fabrique de liqueurs, et il s'en
revenait à pied, portant sur ses épaules les
deux corbeilles qu'il rapportait au village.
Cet Antonio Barezzi, dont il sera question
plus loin, devait occuper par la suite une
large place dans l'existence de Verdi.

Élevé par sa mère, qui l'adorait, l'enfant
était d'un caractère sage, tranquille, obéis-
sant; sérieux plus que son âge, et d'un naturel timide et concentré, il ne donnait que
rarement l'occasion de le punir, et presque
jamais de le corriger. Une seule chose ame-
nait en lui l'expansion, et lui causait une
joie sans égale : c'était la musique, et les sons
qui s'échappaient d'un instrument quelconque.
Un pauvre diable de musicien ambulant,
dont on a conservé le nom, — il s'appelait
Bagasset, — venait de temps en temps à

Roncole pour y exercer sa petite industrie. Maigre, chétif, malheureux, avec un long corps que soutenaient à peine deux jambes flûtées, tremblant de froid l'hiver sous ses pauvres guenilles, il était obligé, pour se réchauffer un peu, d'aller se réfugier dans les étables. Mais, quand, pour se faire entendre, il se plaçait devant la petite auberge de Roncole, les sons qu'il tirait en raclant d'un mauvais violon charmaient le petit Verdi au point de le faire tomber presque en extase. Il s'aperçut bientôt de la joie que l'enfant éprouvait à l'entendre, et il venait souvent exprès pour lui, se faisant parfois accompagner par un de ses camarades, qui jouait du violoncelle. On assure que c'est ce virtuose infime qui, le premier, donna au père de Verdi le conseil de faire étudier la musique à son fils[1].

On sait que c'est l'audition des bandes mi-

1. Trente ans plus tard, en 1849, quand Verdi acheta sa propriété de Sant'Agata, il retrouva dans le pays le pauvre Bagasset, devenu vieux, et qui se livrait toujours à l'exercice de son *art*. Celui-ci venait parfois devant la villa, et s'efforçait, avec son violon, de renouveler ses anciens exploits. Verdi le faisait appeler alors, ordonnait qu'on lui servît à manger, et ne le laissait jamais partir sans lui donner quelque argent et sans garnir ses poches de menues provisions. Le vieillard le remerciait, en lui disant : « Ah ! *maestro*, je vous ai vu bien petit ; mais maintenant... »

litaires qui fit germer chez Lesueur l'amour de la musique; on voit de quelle façon le même résultat se produisit chez Verdi. Mais par quel miracle du hasard l'enfant du *locandiere* de Roncole se vit-il, dès ses plus jeunes années, en possession d'une épinette et à même de pouvoir exercer ses petits doigts sur un clavier ? C'est ce que nous verrons tout à l'heure. Le fait est certain, d'ailleurs, puisque M. Verdi a conservé cet instrument, et qu'une date nous apprend à quelle époque il s'en servait. Un de ses collaborateurs, M. Ghislanzoni, a donné des détails précis à ce sujet, en faisant connaître en même temps la maison qui a abrité les jeunes années du maître :

La maison où naquit Verdi est éloignée d'environ trois milles de Busseto. Je l'ai visitée avec une profonde émotion. Figurez-vous une espèce de masure de pierre et de chaux, presque isolée au milieu d'une plaine fertile et semée de maïs et de chanvre. On comprend qu'un artiste né dans ce lieu doive conserver pour toute sa vie l'amour de la solitude. A quelques pas de l'humble maisonnette, dans laquelle une bonne ménagère vend maintenant chaque dimanche du vin aux *contadini* des environs, s'élève une église d'une majestueuse et belle architecture. Dans cette église, à l'âge de quinze ans, le jeune élève de Busseto sonnait l'orgue sans interruption, enivrant son esprit ardent de mystiques inspirations. Et, de l'orgue, de l'église il passait à l'épinette de la maison paternelle, et tout un monde d'espérances, d'illusions, de délires sublimes entourait le pâle adolescent dans cette étroite habitation, sorte d'oasis perdue dans le désert de campagnes interminables.

On m'a montré la petite chambre où habitait l'enfant prédestiné. Plus tard, à la villa de *Sant' Agata*, j'ai vu aussi le premier instrument sur lequel s'étaient exercés ses jeunes doigts. Cette épinette émérite n'a plus de cordes, et elle est dépourvue de son couvercle. Son clavier ressemble à la mâchoire d'un crâne aux dents longues et rongées. Et pourtant, quel précieux monument ! Et quels souvenirs pour l'artiste qui a versé sur elle les larmes fécondes d'une adolescence tourmentée ! Que d'émotions sublimes pour qui la voit et l'interroge !

Et je l'ai interrogée. J'ai soulevé un des marteaux du clavier qui laissait entrevoir des chiffres, et j'ai pu lire des mots aussi ingénus que sublimes ; des mots qui, en même temps qu'ils révélaient l'acte généreux d'un artisan, semblaient aussi comme une consciencieuse prophétie. Mes lecteurs me sauront gré de reproduire ici cette inscription dans sa textuelle simplicité. Je croirais commettre une profanation en corrigeant les légères inexactitudes orthographiques qui la rendent adorable :

Da me Stefano Cavaletti fu fato di nuovo questi saltarelli, e impenati a corame, e vi adatai la pedagliera che io ci ho regalato; come anche gratuitamente ci ho fato di nuovo li detti saltarelli, vedendo la buona disposizione che ha il giovinetto Giuseppe Verdi d'imparare a suonare questo istrumento, che questo mi basta par esserne del tutto sodisfatto. — Anno domini 1821 [1].

On voit donc que Verdi étudia la musique dès sa plus tendre enfance, puisqu'en 1821, année où un artisan aisé et bienveillant réparait gracieusement et à son intention un instrument hors de service, il était âgé de huit ans à peine. Il n'en avait que sept d'ailleurs lorsqu'il donna, dans les circonstances suivantes, la première preuve de l'influence que la musique exerçait sur son jeune esprit.

C'était un jour de fête, et il servait, comme enfant de chœur, la messe dans la petite église de Roncole. La messe était accompagnée à l'orgue, qu'il entendait pour la première fois,

---

1. *Reminiscenze artistiche.* — Voici la traduction de cette inscription: « Par moi, Stefano Cavaletti, furent faits à nouveau et garnis de cuirs les sautereaux de cet instrument, auquel j'ai adapté une pédale; et j'ai fait gratuitement ces sautereaux, en voyant les bonnes dispositions que montre le jeune Giuseppe Verdi pour apprendre à sonner ledit instrument, ce qui suffit à me satisfaire. — L'année du Seigneur 1821. »

et, à l'audition de cette harmonie, alors si nouvelle pour lui, l'enfant restait positivement en extase. Ce fut à ce point que, lorsque le prêtre lui demanda l'eau: *Acqua*, Verdi était si complètement absorbé, qu'il ne l'entendit point. Le prêtre répète alors: *Acqua*, et Verdi reste sourd. Enfin, à une troisième demande, restée de nouveau sans résultat, cet homme, d'un caractère brutal, donna au pauvre bambin, pour le tirer de sa torpeur, une telle poussée, qu'il l'envoya rouler au bas des trois marches de l'autel. La chute fut si violente, que l'enfant s'évanouit et dut être transporté dans la sacristie. Or, quand il fut revenu à lui et qu'on eût pu le reconduire chez ses parents, sait-on ce qu'il fit, au lieu de se plaindre et de pleurer, comme eussent fait tant d'autres à sa place? Il renouvela à son père une prière qu'il lui avait adressée déjà, et le conjura de lui faire apprendre la musique. Le brave homme y consentit cette fois, et c'est alors qu'il lui acheta, d'un vieux prêtre qui la possédait depuis longues années, l'épinette dont on vient de lire l'histoire.

Voici maintenant de quelle façon il fit sa première éducation musicale.

L'unique église de Roncole, nous l'avons vu, possédait un orgue, lequel orgue était aux mains d'un vieil artiste nommé Baistrocchi. Les parents du jeune Verdi, voyant l'amour précoce de leur enfant pour la musique, pensèrent qu'en le confiant aux soins de ce brave homme il pourrait aussi devenir organiste, et — qui sait? — peut-être un jour remplacer son vieux maître dans le service de la paroisse! Leur ambition n'allait pas plus loin, et tout leur désir était que leur fils pût, au bout de quelques années, aider la famille, qui, outre le père et la mère, comprenait encore une fille [1]. L'organiste de Roncole fut donc le premier maître du futur auteur de *Nabucco*, et c'est lui qui le premier fit promener ses petits doigts sur la fameuse épinette [2].

---

1. Cette sœur de M. Verdi mourut jeune, à l'époque où il complétait à Milan son éducation musicale.

2. Cette épinette est fertile en souvenirs. On rapporte encore l'anecdote suivante. Dès les premiers commencements de ses études musicales, Verdi travaillait avec une ardeur dont on aurait peine à se rendre compte. Lorsqu'il n'était pas en présence de son maître, il s'amusait, sans trop savoir encore ce qu'il faisait, à chercher des harmonies sur le clavier. Un jour, il tombe dans une sorte de stupéfaction joyeuse en trouvant, par hasard, l'accord parfait d'*ut* majeur. Mais voici que le lendemain, il a beau chercher et rechercher, il ne peut retrouver les trois notes qui, la veille, avaient fait son bonheur. Furieux

Après trois ans seulement d'études, les progrès de l'enfant avaient été assez rapides pour qu'il pût, ainsi que les siens l'avaient espéré, être nommé titulaire du petit orgue de Roncole. Cependant, au bout de peu de temps, son père, soucieux de son avenir et voulant lui faire donner au moins une instruction élémentaire, qu'il n'aurait pu trouver dans son village, prit la résolution de l'envoyer à Busseto, pour qu'il y fréquentât une école. C'était un grand sacrifice pour le pauvre homme, qui était loin d'être fortuné; heureusement pour l'enfant, vivait à Busseto un savetier, compatriote et ami de son père, qu'on désignait sous le sobriquet de *Pugnatta*; ce brave ouvrier consentit à le prendre en pension et à se charger de lui, moyennant une modique rétribution de trente centimes par jour. Le

alors, exaspéré de l'inutilité de ses efforts, il prend un marteau et se met à frapper à coups redoublés sur le pauvre instrument, qui n'en pouvait mais. Au bruit qu'il faisait, son père accourt, et, voyant de quoi il s'agissait, lui donne, pour le distraire d'une occupation si intéressante, une de ces corrections bien senties qui rentraient alors dans le système général d'éducation des enfants, et qui distendit aussitôt les nerfs du précoce et trop impatient harmoniste. Peut-être est-ce à la suite de cet incident que le brave Cavaletti prodigua ses soins à la pauvre épinette, qui devait en avoir, en effet, grand besoin.

jeune Verdi fut donc envoyé chez Pugnatta, en même temps qu'un autre gros garçon du village, appelé Michiara.

A peine arrivé à Busseto, l'enfant commença à aller à l'école. Sérieux, studieux et réfléchi, il ne songeait qu'à son travail, dont rien ne pouvait le distraire, et ne prenait presque jamais part aux jeux de ses camarades. De plus, et malgré son éloignement relatif, il n'avait pas abandonné ses fonctions d'organiste, de sorte que, tous les dimanches et jours de fête, il s'en allait à pied à Roncole pour faire son service à la paroisse [1]. Son traitement était mince, et, en y comprenant le casuel des mariages, des baptêmes et des enterrements, ne s'élevait guère à plus d'une centaine de francs par an [2]; mais à ce traitement venait s'ajouter, selon un usage encore en vigueur à cette époque, le produit de la quête qu'il faisait lui-même à son profit, chaque année, lors de la récolte

---

1. Depuis onze ans jusqu'à dix-huit, c'est-à-dire jusqu'au moment où il se rendit à Milan pour y terminer ses études, Verdi ne cessa d'occuper et de remplir ses modestes fonctions d'organiste de Roncole.

2. Des registres de l'église de Roncole, il résulte que le traitement *fixe* accordé à Verdi était de trente-six francs l'an. Au bout de la première année, et par suite des réclamations de son père, ce traitement fut porté à *quarante francs !*

du blé et du maïs. C'est en allant ainsi de Busseto à Roncole pour le service de son église, qu'un jour, à l'âge de douze ans, il faillit périr d'une façon singulière. C'était à Noël, et il allait jouer la messe de l'aube. Obligé de se mettre en route bien avant le jour pour franchir la distance qui le séparait de Roncole, l'enfant marchait difficilement au milieu d'une obscurité profonde, n'ayant d'autre guide que son habitude de faire le chemin. Dans la nuit noire, il ne vit pas un fossé assez profond qui lui barrait en quelque sorte le passage ; il trébucha, tomba dans ce fossé, qui était alors plein d'eau, et, saisi par le froid, transi, grelottant, s'épuisait pour en sortir en efforts qui restaient inutiles. Il était à bout de forces lorsque heureusement une paysanne, qui passait non loin de là, entendit ses plaintes et ses gémissements ; elle accourut à lui, se mit en mesure de l'aider, et, non sans peine, put enfin tirer de l'eau le pauvre petit. Sans le secours de cette femme, Verdi serait infailliblement mort en cette circonstance, et l'Italie compterait un grand artiste de moins.

Néanmoins, après un séjour de deux années à Busseto, que l'enfant avait mis activement à profit, il savait lire, écrire et compter, sans avoir un instant cessé de s'occuper de musique ; de plus, il se montrait si raisonnable, que, grâce à ses relations avec le commerçant Antonio Barezzi, qui, comme je l'ai dit, dirigeait une distillerie et fabrique de liqueurs, son père put obtenir pour lui un petit emploi chez ce digne et excellent homme. Son entrée dans cette maison fut un bonheur pour lui et décida de son avenir.

II

Busseto est une petite ville peuplée d'environ trois mille habitants, qui, dit-on, a toujours éprouvé une passion ardente pour la musique. Pour le prouver, l'auteur de l'*Histoire de Parme*, Ireneo Affo, raconte que, lorsque l'empereur Charles-Quint et le pape Paul III se réunirent à Busseto, les dilettantes de la ville allèrent à leur rencontre et fêtèrent, à l'aide de la musique, l'arrivée des augustes personnages. Le peintre Biaggio Martini a rappelé ce fait dans un tableau qui se trouve au musée de Parme. Plus tard, dans le courant du xvıı^e siècle, lors de l'horrible peste qui décima l'Italie, les habitants de Busseto furent particulièrement atteints par le fléau, qui réduisit la population de près de moitié. Un fait touchant se produisit alors : ceux qui mouraient sans héritiers eurent l'idée de consacrer leurs biens à la fondation d'un Mont-de-Piété, destiné, d'une part, au soulagement des pauvres, de l'autre, à faciliter dans l'avenir, à un certain nombre de jeunes gens bien doués, l'étude des sciences et des beaux-arts. C'est ainsi que plusieurs bourses furent créées en faveur de quelques enfants de familles pauvres qui, après avoir accompli leurs premières études dans le pays, pourraient ensuite se rendre à l'Université pour y apprendre, selon leur vocation et leurs facultés, la médecine, le droit, les mathématiques, la peinture ou la musique.

Grâce à ces intelligentes libéralités, le jeune Verdi devint, par la suite, l'un des protégés du Mont-de-Piété de Busseto ; mais il faut ajouter que c'est surtout à l'aide et à l'affection d'Antonio Barezzi, son excellent maître, et aux facilités de toute sorte qu'il trouva chez lui pour l'étude de la musique, qu'il dut de pouvoir devenir un grand artiste [1].

1. Le « Mont-de-Piété et d'abondance » de Busseto disposait de quatre bourses en faveur d'autant d'enfants pauvres qui

Barezzi lui-même était un grand amateur de musique ; il la pratiquait avec amour, exécutant la partie de première flûte à la chapelle de la cathédrale de Busseto, connaissant tous les instruments à vent, et jouant surtout avec une certaine habileté de la clarinette, du cor et de l'ophicléide ; sa maison était le siège de la Société philharmonique de la ville, dont il était le président et le protecteur, et dont le maître de chapelle Giovanni Provesi, organiste de la cathédrale, était le directeur ; enfin, c'est chez lui que se faisaient les répétitions, que se préparaient les études de la Société, et c'est dans une grande salle de sa maison que se donnaient les concerts et les grandes séances musicales.

On conçoit que l'imagination du jeune Verdi, qui vivait dans cette maison, devait singulièrement travailler dans un milieu si cher à ses désirs, à ses penchants, à ses aspirations.

désiraient embrasser une carrière libérale. C'est l'une de ces bourses qui fut attribuée à Verdi lorsqu'il s'agit pour lui d'aller compléter à Milan son éducation musicale. En 1876, devenu le grand artiste que l'on sait, le compositeur voulut témoigner sa reconnaissance à l'établissement qui lui était venu en aide : à cet effet, il lui fit présent d'une rente perpétuelle de mille francs, destinée à porter à cinq le nombre des bourses dont le Mont-de-Piété avait la disposition.

Bientôt, et sans négliger aucunement la besogne dont il était chargé, il s'occupa activement de musique, s'attacha à écouter attentivement toute celle qu'on faisait chez Barezzi, et enfin se mit à transcrire et à copier des partitions avec tant d'ardeur et une telle assiduité, qu'il attira l'attention de son maître et du vieux Provesi, qui l'avait pris en affection. La pauvre épinette, dont on connaît l'histoire, était par lui mise au martyre, si bien que Barezzi, voyant son ardeur, et jugeant cet instrument trop imparfait, lui permit de travailler sur un excellent piano du facteur Fritz, de Vienne, qui servait aux études de sa fille. (C'est ainsi que Verdi connut la jeune Marguerite Barezzi, qui, quelques années plus tard, devait devenir sa femme.) Quant au vieux Provesi, qui était, paraît-il, un compositeur aimable et un contre-pointiste fort habile, et que charmaient l'intelligence précoce de l'enfant et son amour de l'art, il s'offrit à lui donner des leçons et à l'aider ainsi à continuer son éducation musicale.

On pense si celui-ci se fit prier. Il tombait en bonnes mains, d'ailleurs. L'organiste Provesi était un artiste distingué en même temps qu'un esprit cultivé. Écrivain et poète aussi bien qu'excellent musicien, il avait écrit les paroles et la musique de plusieurs opéras bouffes, dont un ou deux avaient été représentés à Busseto. On affirme que c'est Provesi qui poussa Verdi dans la voie où celui-ci devait rencontrer la gloire, et les amis de l'art lui doivent de la reconnaissance pour l'éveil qu'il sut ainsi donner à un génie qui peut-être s'ignorait encore.

Une fois devenu l'élève de Provesi, Verdi se mit à l'étude avec un zèle, une ardeur que rien n'eût pu apaiser. Il mettait, comme on dit, les bouchées doubles, si bien qu'au bout de deux ou trois ans, Provesi déclarait ingénument que son élève en savait plus que lui et qu'il ne pouvait plus rien lui apprendre. « Il ira loin, ajoutait-il, et un jour ce sera un grand maître ! » Le jeune homme atteignait alors sa seizième année, et Provesi, auquel l'âge commençait à interdire certaines fatigues, se faisait remplacer par lui dans la direction de la Société philharmonique. C'est ainsi, et pour le service de cette Société, que Verdi commença à écrire de nombreux morceaux ; il les composait, les instrumentait, faisait lui-même sa copie, puis faisait faire les études à son orchestre et dirigeait l'exécution des séances. Les morceaux en question sont encore conservés dans les archives philharmoniques de Busseto. Dans le même temps, Provesi chargeait souvent aussi Verdi de le remplacer à l'orgue de la cathédrale [1].

Mais une petite ville comme Busseto n'offrait plus les éléments nécessaires à l'activité d'un jeune artiste ambitieux et désireux de parvenir. Il le comprit bientôt et s'en ouvrit à ses deux protecteurs, Barezzi et Provesi, qui l'aimaient comme leur fils. Milan n'était pas loin, Milan, la ville musicale par excellence de la haute Italie, la grande cité laborieuse et

---

[1]. L'un des offices les plus singuliers que Verdi eût à remplir pour le service de la Société philharmonique de Busseto, consistait à faire apprendre sa partie d'alto à un membre de cette compagnie, aveugle de naissance, et qu'on appelait pour cette raison *Donnino il cieco*. Musicien d'inspiration, improvisateur étonnant, cet artiste jouait, dit-on, admirablement de l'orgue, et émerveillait son auditoire lorsqu'il était assis à cet instrument. Verdi avait la patience de lui jouer sur son épinette, jusqu'à ce qu'il la sût par cœur, sa partie d'alto dans les œuvres qu'on devait exécuter, et c'est ainsi qu'il le mit à même de jouer, sans en manquer une note, les ouvertures du *Barbier*, de la *Cenerentola* et de divers autres ouvrages, et même des quatuors classiques.

La personne qui m'a raconté ce fait ajoutait que *Donnino il cieco* mourut jeune, poitrinaire, et, malgré son infirmité, victime de sa passion pour les liqueurs fortes.

active, dont le mouvement artistique est si intense et si considérable. Il s'agissait pour Verdi de gagner cette ville, de s'y installer, et d'y terminer complètement ses études. Barezzi s'occupa de lui en faciliter les moyens, et c'est alors que, grâce à lui, l'administration du *Monte-di-Pietà* accorda au jeune compositeur une des bourses dont elle pouvait disposer ; elle consentit même, en sa faveur, à modifier ses coutumes, en doublant le chiffre de cette bourse, qu'elle porta ainsi de trois cents à six cents francs par an, mais en ne la lui assurant que pour deux années au lieu de quatre, qui formaient la durée ordinaire.

Toutefois, comme cela n'était pas suffisant encore, l'excellent Barezzi pourvut de ses propres deniers aux autres besoins de son protégé, et lui avança l'argent nécessaire pour payer sa pension et ses leçons dans la grande cité lombarde[1]. Puis, comme il y possédait un ami tout particulièrement dévoué, Giuseppe Seletti, professeur au Gymnase, neveu d'un chanoine de Busseto, il le lui recom-

---

[1]. Verdi se fit un devoir, quelques années après, de rembourser intégralement Barezzi, avec le premier argent qu'il put gagner.

manda chaudement, et Verdi partit pour Milan, où il fut accueilli à bras ouverts par Seletti, qui le reçut dans sa maison et ne voulut pas qu'il demeurât ailleurs que chez lui[1].

1. Le fils de cet excellent homme, M. Emilio Seletti, qui vit encore et qui habite toujours (via Santa-Maria, n° 19) la maison où son père avait donné l'hospitalité au jeune Verdi, a conservé la disposition de la chambre qu'habitait alors celui-ci, avec tout son ameublement.

I

A peine arrivé à Milan, et après avoir eu seulement le temps de prendre langue, Verdi se présenta aux examens d'admission du Conservatoire, alors dirigé par le vieux Francesco Basily. Quelle que fût la valeur de cet artiste distingué, on sait qu'il manquait absolument de flamme, d'idéal et de passion musicale, et qu'il était beaucoup plutôt un professeur sec et un théoricien rigide qu'un artiste, au sens noble et élevé du mot. On ne saurait donc s'étonner plus que de raison de voir qu'il fut incapable de découvrir les aptitudes du futur compositeur; et, en effet, le jeune Verdi se vit repoussé par lui sans façons, sous le prétexte qu'il ne montrait aucunes dispositions musicales. Fétis, ne voulant pas admettre que Basily pût s'être trompé en cette circonstance, a donné des raisons au moins singulières pour justifier sa détermination :

Il est à peu près certain, dit-il, que Basily chercha dans l'aspect de Verdi quelque indication de ses facultés d'artiste; *car c'est par là qu'un chef d'école peut, dans la plupart des cas, apprécier les chances d'avenir d'un élève aspirant.* Or, pour quiconque a vu l'auteur de *Rigoletto* et d'*il Trovatore*, ou seulement son portrait, il est évident que jamais physionomie de compositeur ne fut moins révélatrice du talent. Cet extérieur glacé, cette impassibilité des traits et de l'attitude, ces lèvres minces, cet ensemble d'acier peuvent bien indiquer l'intelligence; un diplomate pourrait être caché là-dessous; mais personne n'y pourrait découvrir ces mouvements passionnés de l'âme qui, seuls, président à la création des belles œuvres du plus émouvant des arts[1].

Ici, je ne discute pas; je raconte et je copie, mais en ayant peine à réprimer un sourire.

On voit qu'en effet, Fétis, loin de s'étonner que Basily n'ait pas su découvrir qu'il y avait en Verdi l'étoffe d'un artiste, semble trouver son erreur assez naturelle, et qu'il l'explique à

1. *Biographie universelle des Musiciens.*

l'aide d'un raisonnement au moins singulier. Certains amis de Basily ont cru cependant devoir protester contre le rôle qu'il lui attribue en cette affaire. L'un d'eux entre autres, M. R. Paravicini, artiste distingué lui-même, écrivait à ce sujet la lettre suivante[1] :

Milan, 5 octobre 1880.

Très cher Monsieur,

J'ai vu avec un plaisir infini que l'éditeur Ricordi publiera prochainement une biographie de Giuseppe Verdi, avec notes et additions de Folchetto[2].

Mon but en écrivant ces lignes est d'exprimer le désir, l'espérance que le loyal Folchetto puisse enfin démentir le conte ridicule mis en cours par Fétis, que le vieux et vaillant maestro Basily, ex-censeur du Conservatoire de musique de Milan, aurait trouvé Verdi indigne d'être admis dans cet établissement.

Selon ses paroles mêmes, le célèbre Verdi naquit en 1813, et, grâce à l'aide généreuse de Barezzi, se rendit pour la première fois à Milan en 1833. Il

---

1. Cette lettre était adressée à M. Caponi, traducteur de la première version du présent écrit, au moment où celui-ci se disposait à publier à Milan cette traduction, dont l'original avait tout naturellement excité l'attention des Italiens.

2. Folchetto est le pseudonyme littéraire de M. Caponi.

avait donc accompli, ou était près d'accomplir ses vingt ans.

Le règlement qui était alors en vigueur au Conservatoire prescrivait: de neuf à quatorze ans d'âge, l'admission, et, à vingt ans, la sortie. « La demande de Verdi datant donc de 1833, comme l'écrivent tous les biographes (dit M. Biaggi dans le journal *la Nazione*, n° 49, du 18 février dernier), le refus ne saurait être attribué à autre chose qu'aux prescriptions du règlement. C'est pour cette raison que nous ne croyons pas que Verdi ait fait cette demande. »

Le brave et modeste maestro Basily, outre qu'il était très savant, de haut et noble esprit, était toujours juste et bienveillant (« nous en appelons à tous ceux qui l'ont connu », dit M. Biaggi), et je fais des vœux pour que le digne Folchetto fasse en sorte que l'illustre Verdi, avec deux paroles, daigne faire justice de cette sotte et odieuse imputation.

Excusez ma témérité et, au nom de l'équité, veuillez ne pas oublier ma prière et me croire, etc., etc.

R. PARAVICINI.

Le destinataire de cette lettre crut ne pouvoir mieux faire que de la communiquer à Verdi, en le priant de trancher la question qui divisait ses biographes. Le maître répondit aussitôt par la seconde lettre que voici :

Busseto Sant'Agata, 13 octobre 1880.

Très cher Caponi,

Ce n'est pas en 1833, mais en 1832, au mois de juin (je n'avais pas encore accompli dix-neuf ans), que je fis une demande par écrit dans le but d'être admis comme élève payant au Conservatoire de Milan. De plus, je subis une sorte d'examen au Conservatoire en présentant quelques-unes de mes compositions et en jouant un morceau de piano devant Basily, Piantanida, Angeleri et autres, et aussi le vieux Rolla, auquel j'étais recommandé par mon maître de Busseto, Ferdinando Provesi. Environ huit jours après, je me rendis chez Rolla, qui me dit : *Ne pensez plus au Conservatoire : choisissez un maître en ville : je vous conseille Lavigna ou Negri.*

Je ne sus rien de plus du Conservatoire. Personne ne répondit à ma demande. Personne, ni avant, ni après l'examen, ne me parla du règlement. Et je ne sais rien du jugement de Basily rapporté par Fétis.

Voilà tout.

Je vous écris en hâte, et brièvement, parce que vous êtes pressé. Je vous ai pourtant dit tout ce que je sais.

Ma femme vous remercie et vous salue, et je vous serre affectueusement les mains.

Votre

G. VERDI.

Il résulte de cette lettre que, si Verdi ne reçut pas de Basily un refus péremptoire en réponse à sa demande d'admission au Conservatoire, ce refus n'en fut pas moins réel, puisque sa demande n'aboutit à aucun résultat, en dépit de l'examen qu'on lui avait fait subir.

Toutefois, ainsi repoussé de la grande école à laquelle il eût été heureux d'appartenir, il ne perdit point courage, et songea à choisir un maître qui pût le guider dans le bon chemin et terminer son éducation. Ayant fait connaître à son hôte Seletti, qui l'avait pris en vive affection, le conseil que lui avait donné Rolla de s'adresser à Lavigna ou à Negri, Seletti l'engagea fortement à aller trouver le premier de ces deux maîtres. Le compositeur Vincenzo Lavigna, ancien élève du Conservatoire de Naples, remplissait, à cette époque, les fonctions de *maestro al cembalo* au théâtre de la Scala[1].

[1] Il y a quelques années, un journal de musique français, s'occupant, dans le premier numéro de sa publication, des commencements de Verdi, de son arrivée à Milan et de la connaissance qu'il fit en cette ville de Lavigna, traduisit singulièrement ces mots : *maestro al cembalo*, qui caractérisent les fonctions remplies par cet artiste distingué, et fit de Lavigna un *professeur de cymbales* au théâtre de la Scala ! Or tout le monde sait que le mot italien *cembalo*, s'il signifie cymbale,

Musicien exercé, harmoniste habile, il était âgé de cinquante et quelques années, et s'était fait connaître par un certain nombre d'ouvrages dramatiques, dont quelques-uns avaient obtenu de réels succès : *la Muta per amore, l'Idolo di se stesso, l'Impostore avvilito, Coriolano, Di posta in posta, Zaïra*, etc.

Verdi s'adressa donc à lui, en lui montrant les mêmes compositions qu'il avait montrées à Basily. Après avoir examiné ces essais, Lavigna consentit volontiers à donner ses soins au jeune artiste qui venait les solliciter, et il n'eut pas à s'en repentir; car les progrès de celui-ci furent rapides et firent honneur à l'enseignement du maître. Barezzi, dont la sollicitude ne se fatiguait pas un instant et qui de loin veillait sur son protégé, en recueillit les preuves directes. S'étant rendu un jour à Milan pour se renseigner à son sujet, et étant allé rendre visite à Lavigna pour lui demander ce qu'il pensait de son élève, le professeur se montra enchanté et lui répondit : — « Giuseppe est un brave jeune homme, sage,

est aussi l'ancien nom du piano, et que le *maestro al cembalo* est l'artiste qui remplit les fonctions de directeur de la musique et de chef d'orchestre dans les théâtres lyriques.

studieux, d'une grande intelligence; un jour viendra où il me fera grand honneur, ainsi qu'à sa patrie. »

Lavigna avait réellement confiance dans le talent de son élève. Une anecdote le prouvera, anecdote qui tourne un peu à la confusion de Basily et du peu de perspicacité dont il avait fait preuve à l'égard de Verdi.

Verdi passait chez son maître presque toutes les soirées que celui-ci ne passait pas lui-même à la Scala, et, parmi les artistes qui venaient souvent rendre visite à Lavigna, se trouvait justement Basily. Un soir que le hasard les avait réunis seuls tous trois, les deux *maestri* s'entretenaient du résultat déplorable que venait de produire un concours pour l'emploi de maître de chapelle et d'organiste de l'église San-Giovanni de Monza. Des vingt-huit jeunes artistes qui avaient pris part à ce concours, pas un n'avait su développer correctement le sujet proposé par Basily et en tirer la fugue exigée. Lavigna, non sans un peu de malice, se mit à dire à son ami :

— C'est vraiment un fait extraordinaire. Tiens, regarde Verdi, qui étudie la fugue depuis environ deux ans; eh bien, je gagerais qu'il eût fait mieux que tes vingt-huit concurrents...

— Vraiment? répliqua Basily d'un ton un peu dépité.

— Certainement. Te rappelles-tu ton sujet? oui, n'est-ce pas? eh bien, écris-le.

Basily écrivit, et Lavigna, donnant le thème à Verdi, lui dit :

— Mets-toi là, à cette table, et travaille un peu ce sujet.

Puis les deux amis reprirent leur conversation, jusqu'au moment où Verdi, s'approchant, dit simplement :

— Voilà qui est fait.

Basily prit le papier et l'examina, donnant des signes d'étonnement à mesure qu'il lisait. Arrivé à la fin, il ne put faire autrement que de complimenter Verdi sur son travail. Il lui dit ensuite, en manière d'observation :

— Mais comment se fait-il que vous ayez écrit un double canon sur mon sujet?

— C'est que — lui répondit le jeune homme, qui sans doute avait toujours sur le cœur l'accueil qui lui avait été fait au Conservatoire — c'est que *je l'ai trouvé un peu maigre, et que j'ai voulu l'orner*.

Basily se mordit les lèvres, et ne souffla mot. — Il faut ajouter que, par la suite, dans les promenades que tous trois faisaient souvent le soir, Lavigna et son élève allant reconduire au Conservatoire Basily, qui était très peureux, jamais aucune allusion ne fut faite par Verdi au refus qu'il avait essuyé de la part de celui-ci.

Nous touchons à l'époque où le jeune artiste commençait à se faire connaître, et surtout à se faire apprécier des musiciens. Une aventure dont il fut le héros, et qui l'amena à diriger avec un très grand succès l'exécution de *la Création*, l'oratorio célèbre d'Haydn, le démontre suffisamment. On trouvera plus loin le récit de ce petit événement, récit très curieux, fait par Verdi lui-même. Je n'en dirai donc rien ici. Mais je remarquerai que c'est à ce moment aussi qu'il commença sérieusement à composer et à écrire considérablement. De cette époque datent plusieurs morceaux de piano, des marches, des ouvertures, des sérénades, diverses cantates, des mélodies vocales, et même un *Stabat Mater* et quelques autres compositions religieuses. Rien de tout cela n'a été publié, mais quelques-uns de ces morceaux pourtant ont leur histoire : la plupart des marches étaient écrites pour la Société philharmonique de Busseto, à qui elles étaient adressées pour être exécutées aux processions de la Fête-Dieu et du Vendredi-Saint, et l'une d'elles, contenant une partie importante de trompette à clefs (instrument dont l'invention était toute récente et dont jouait très habilement Orlando Barezzi, le frère du bienfaiteur de Verdi), servit plus tard à établir la marche funèbre de *Nabucco;* quant aux ouvertures, elles furent exécutées au théâtre de la Scala, dans les soirées données au profit du *Pio Istituto teatrale;* enfin, certains fragments de ces productions de jeunesse ont été utilisés par l'auteur dans deux de ses premières partitions dramatiques, *Nabucco* et *i Lombardi*[1].

---

1. Verdi n'avait pas quinze ans lorsqu'il écrivit, pour la Société philharmonique de Busseto, qui la conserve encore, sa première ouverture. Elle fut exécutée à Pâques 1828. Quelques marches militaires furent composées par lui, à la même époque, pour la bande municipale de Busseto, dont il faisait d'ailleurs partie... en qualité de grosse caisse.

IV

Ici se place l'un des incidents les plus singuliers et les plus ignorés de la jeunesse de Verdi. M. Ercole Cavalli est, à ma connaissance, le seul qui l'ait raconté, et, comme il l'a fait avec un luxe de détails extrêmement curieux, je vais traduire littéralement le passage de son intéressant travail, en le faisant suivre de quelques renseignements nouveaux et absolument inconnus.

En 1833, Giovanni Provesi mourut, à l'âge avancé de soixante et dix ans. Le Conseil du Mont-de-Piété de Busseto et tous ceux qui avaient contribué au perfectionnement de l'éducation de Verdi l'avaient fait dans ce but, que, à la mort de Provesi, il deviendrait son successeur, soit comme maître de chapelle et organiste de la collégiale, soit comme directeur en chef de la Société philharmonique. Verdi fut très sensible à la triste nouvelle de la mort de Provesi; il pleura celui qui lui avait enseigné les premiers éléments de l'art, celui qui lui avait ouvert la voie de la grandeur et de la gloire, et, quoiqu'il se crût appelé à une mission plus haute, il voulut tenir les engagements qu'il avait pris envers ses bienfaiteurs et revint à Busseto pour succéder à son maître. La nomination de maître de chapelle et organiste dépendait du Conseil de fabrique de la collégiale, composé pour la plus grande partie de prêtres et de marguilliers, et le clergé n'était nullement favorable à Verdi, qu'il appelait le *maestrino* à la mode, n'ayant étudié que la musique profane et la musique de théâtre, et cherchait un maître plus expert dans l'art de l'âpre et monotone chant grégorien...

En concurrence avec Verdi se présentait Giovanni Ferrari, à peine médiocre organiste, mais qui était recommandé par deux évêques; grâce à ses lettres de recommandation, le Ferrari fut donc bien accueilli par le Conseil, qui le favorisa de ses votes, et l'élève de Provesi et de Lavigna, pour qui le pays avait fait tant de sacrifices, se vit repoussé. A l'annonce de ce fait, la Société philharmonique, qui aimait et estimait celui-ci, en qui elle avait reconnu un mérite extraordinaire, cette même Société qui, depuis tant d'années, avait l'habitude d'accompagner en musique les messes et les hymnes, entra en fureur, se rendit à l'église, y mit tout sens dessus dessous et emporta toute la musique qui lui appartenait. Ce fut, dans ce pays qui, auparavant, donnait, aux autres l'exemple de la concorde, le signal d'une guerre civile qui dura plusieurs années.

L'art de Basile travailla avec ardeur ; ni calomnies ni mensonges ne furent épargnés ; le pays se divisa en deux partis, les *verdiens* et les *ferrariens*, dont le premier était commandé par Barezzi et la Société philharmonique et secondé par toute la population honnête et intelligente, tandis que le second se composait du curé, du clergé et de tous les dévots de la ville. Le parti clérical entre soi riait et se réjouissait, et était bien content de faire revivre encore une fois les rivalités du moyen âge et d'avoir transformé le meilleur pays en rendez-vous de Guelfes et de Gibelins.

De ces discordes naquirent des injures, des insultes, des satires, des rixes de tout genre, qui donnèrent lieu à des emprisonnements, des persécutions et autres ennuis ; divers décrets vinrent interdire à la Société philharmonique toute espèce de réunions, et ces décrets furent rendus à l'instigation du clergé [1].

---

[1]. Ce fut, à vrai dire, une reprise d'hostilités, et non point le commencement d'une guerre ; car la situation était déjà très tendue du vivant de Provesi. Celui-ci, quoique au service du clergé, n'en était point l'ami ; car, à l'aide d'écrits satiriques de tout genre, il ne cessait de taquiner les prêtres, et particuliè-

Au milieu de ces scènes, qui durèrent des années, Verdi, qui avait la conscience de sa valeur, qui aspirait déjà après la brillante et lumineuse carrière qu'il devait parcourir, et qui sentait que Busseto ne devait pas être sa tombe, Verdi, bien que le plus intéressé et le plus offensé dans toute cette affaire, se tenait à l'écart avec toute la prudence possible, s'appliquant à ses études et préparant les matériaux des œuvres qui, d'une si profonde obscurité, devaient un jour l'élever à tant de grandeur. Malgré tout, la Société philharmonique continuait toujours à subsister sous la protection

rement un certain chanoine nommé Pietro Seletti, qui enseignait le latin à Verdi, et qui était aussi musicien et jouait du violon. Seletti, pour se venger des brocards de Provesi, conseillait toujours à Verdi d'abandonner l'étude de la musique. — « A quoi cela te servira-t-il? lui disait-il. Tu as du talent pour le latin; tu ferais bien mieux d'embrasser l'état ecclésiastique. A quoi parviendras-tu avec la musique? Tu ne pourras seulement jamais devenir organiste à Busseto. Jamais... »
A quelques jours de là, il y avait messe chantée dans l'église des écoles, et cette messe devait être accompagnée à l'orgue. Mais l'organiste, un nommé Sancini, n'arrivait pas; les écoliers s'impatientaient; un d'eux s'en va trouver alors Seletti, et le prie d'engager Verdi à remplacer l'absent. Le prêtre, curieux de voir comment l'enfant s'en tirerait, envoie demander l'autorisation au censeur, qui l'accorde. Voilà donc Verdi assis devant cet orgue de Busseto, dont Seletti lui-même l'avait déclaré indigne, se laissant aller à son inspiration, et produisant une sensation profonde. La messe terminée, Seletti l'appela pour lui demander quelle musique il avait jouée. Verdi répondit timidement qu'il avait simplement suivi sa fantaisie.
— « Bravo! bravissimo, lui dit Seletti ; continue d'étudier la musique, tu as raison, et désormais tu peux être sûr que je ne te dirai pas un mot pour t'en détourner. »

de Barezzi, et Verdi continuait d'en être le directeur en remplacement de Provesi.

Avant tous ces faits, et alors que le calme et l'accord n'avaient pas encore cessé de régner, le Conseil municipal de Busseto accordait une rétribution de trois cents lires (francs) au maître de chapelle de la collégiale, afin qu'il enseignât gratuitement la musique à ceux qui aspiraient à faire partie de la Société philharmonique. La municipalité fit justice en attribuant ce subside non à Ferrari, mais à Verdi, qui accepta, dans le but de donner un témoignage de gratitude au pays qui avait tant fait pour lui ; il fut établi en même temps que Verdi resterait pendant trois années *maestro* communal avec ladite rétribution de trois cents lires, et cet acte de désintéressement honore hautement le grand maître.

A cette époque, Barezzi, qui considérait Verdi comme son fils, le logeait dans sa propre maison. Barezzi était père d'une bonne et nombreuse famille; Marguerite, la première de ses filles, était belle, avenante, spirituelle ; vivre ensemble, s'aimer, s'entendre, fut l'affaire d'un instant. Marguerite s'éprit de ce jeune homme bien fait, sage et studieux, et dont elle pressentait le brillant avenir : le jeune homme s'éprit de Marguerite, l'aimable fille de son bienfaiteur ; tout devait se réunir, tout devait concourir à la réussite de leurs projets ; Verdi fit demander à Barezzi la main de sa fille ; cet homme généreux répondit qu'il ne refuserait jamais sa main à un brave jeune homme comme Verdi, que, s'il n'avait point de fortune, il avait un talent et une intelligence qui valaient plus que tous les patrimoines, — et il ne se trompait pas!

En 1835, le mariage se célébra, la Société philharmonique tout entière y assista, et ce fut une véritable soirée de joie et d'émotion pour Verdi, qui put voir le grand pas qu'il avait fait vers l'avenir qui l'attendait. Né pauvre et sans fortune, il était déjà arrivé à l'âge de vingt-trois ans, à être compositeur, et il épousait la fille d'une famille riche et estimée.

Une fois rempli l'engagement qu'il avait contracté avec la municipalité de Busseto, une fois écoulées les trois années pendant lesquelles il devait donner ses soins à la Société philharmonique, années qu'il employa pour lui en études sévères et assidues, il ne pouvait plus rester à Busseto avec un traitement annuel de trois cents lires. Il abandonna donc la terre natale pour se rendre à Milan avec sa famille ; car Marguerite l'avait déjà rendu père de deux enfants.

Je vais maintenant retourner un peu en arrière, et, à l'aide de renseignements particuliers, compléter le petit récit qu'on vient de lire.

Pendant les trois années que Verdi passa comme *maestro di musica del comune e Monte-di-Pietà di Busseto*, — c'était son titre officiel — on lui assura, avec les trois cents francs du municipe, la rétribution du Mont-de-Piété et les souscriptions de quelques particuliers, un traitement de tous points égal à celui que recevait Ferrari, le favori du clergé. Il y avait alors à Busseto, comme podestat (maire), un homme sans instruction, sans culture, mais probe, intègre, bon administrateur, doué d'un caractère énergique, et qui était l'antagoniste du prévôt du chapitre de l'église. L'appui de cet honnête citoyen ne manqua pas un instant à Barezzi comme président de la Société philharmonique, non plus qu'au jeune Verdi comme *maestro* de la commune, et c'est grâce à lui que la lutte engagée put se poursuivre avec tant d'ardeur et de succès. Cette lutte offrait parfois le caractère le plus singulier.

Comme maître de musique de la commune, Verdi composait des marches pour la *banda* (musique municipale), et presque chaque dimanche, après vêpres, on exécutait ces morceaux sur la place publique de Busseto, au grand contentement de la population, qui était fière de son *maestro* et l'avait en adoration. Comme maître de musique du *Monte-di-Pietà*, il écrivait des messes, des vêpres, des saluts, il instruisait ses chanteurs, ses musiciens, et l'on trouvait le moyen de lui faire exécuter aussi ses compositions, en dépit de son rival et du clergé qui prétendait le persécuter. C'est ainsi qu'on célébrait le mois de Marie, avec sa musique, dans une petite chapelle appelée *la Madonina rossa*, chapelle qui était complètement indépendante du prévôt de la collégiale, parce qu'elle appartenait aux moines franciscains, sur lesquels celui-ci n'exerçait aucune juridiction ecclésiastique ; c'est là qu'on exécutait le dimanche les saluts du jeune compositeur ; après quoi, la *banda* se faisait entendre ; il arrivait même qu'à l'issue de la musique on tirait sur la place un feu d'artifice. D'autre part, l'église du couvent des Franciscains, monument d'un beau gothique, qui appartient aujourd'hui à la famille Pallavicini, servait à l'exécution des messes et des autres œuvres importantes ; et, lorsque Verdi allait jouer l'orgue dans cette église et qu'il y faisait entendre ses compositions, la cathédrale du prévôt de Busseto devenait déserte, tous les fidèles allant assister à la messe et au salut chez les Franciscains, qui, en opposition avec le clergé de la ville, tenaient énergiquement pour le protégé de Barezzi. Sous ce rapport, les succès de Verdi étaient tels, qu'on se l'arrachait de tous côtés, et que les petites villes et villages des environs de Busseto, tels que Soragna, Monticelli, Castelarquato, Lugagnano, etc., voulaient en jouir chacun à son tour. Tantôt d'un point, tantôt de l'autre, on envoyait donc chercher parfois, le dimanche, dans des omnibus, Verdi, ses chanteurs, ses musiciens, et on les transportait dans le pays favorisé, où l'on exécutait la messe, les vêpres, où la bande se faisait entendre, et où la musique accompagnait la procession. La foule alors accourait de toutes parts, l'affluence était énorme, l'expansion générale, le succès inouï, et je laisse à penser si ces populations en fête, peu habituées à de semblables cérémonies, joyeuses d'une telle faveur, enivrées de soleil, faisaient accueil au jeune *maestro* et à tous ceux qui l'accompagnaient.

Enfin, Verdi n'oubliait pas qu'il était aussi directeur de la Société philharmonique. C'était lui, tout naturellement, qui organisait et dirigeait les concerts de cette Société, concerts qui se donnaient dans un vaste salon, chez Barezzi (et ensuite, quand le jeune maître fut marié, chez lui-même, dans le palais Rusca). Les séances étaient vocales et instrumentales, et Verdi n'y brillait pas seulement comme compositeur et comme chef d'orchestre, mais aussi comme virtuose. Il était dès cette époque excellent pianiste, et jouait d'ordinaire deux ou trois morceaux brillants, qui généralement étaient puisés par lui dans le répertoire de Hummel et de Kalkbrenner; mais l'un des morceaux qui lui valaient le plus de succès était un arrangement de l'ouverture de *Guillaume Tell*, fait par lui-même et qu'il exécutait avec une étonnante *maestria* sur ce fameux piano de Fritz, de Vienne, dont Barezzi lui avait permis l'usage naguère et qui était presque devenu sien [1].

J'ai dit plus haut que c'est en quelque sorte à ce piano qu'il dut de faire la connaissance de la jeune Marguerite Barezzi, qu'il rencontrait parfois lorsqu'il allait travailler. Cette jeune personne fit, dès qu'il la connut, impression sur son esprit et sur son cœur.

---

1. Ce piano, qui plus tard accompagna Verdi à Milan et sur lequel il composa la plupart de ses opéras, dort aujourd'hui à Sant'Agata, en compagnie de l'épinette réparée par Cavaletti. Il est maintenant hors de service, et son maître l'a remplacé, tant à la campagne qu'à Gênes, où il habite souvent, par un excellent Érard.

Bonne musicienne, elle avait commencé par prendre des leçons de chant avec Provesi, puis elle avait étudié le piano, dont elle jouait assez bien. Pendant les vacances que, chaque année, lui donnait Lavigna, Verdi retournait à Busseto, chez son vieil ami et protecteur ; c'est alors qu'il revit Marguerite, que les deux jeunes gens commencèrent à faire ensemble de la musique, à jouer des morceaux à quatre mains, et que l'affection qui s'était en quelque sorte ébauchée plusieurs années auparavant devint chaque jour plus étroite et plus vive. On a vu, par le récit de M. Cavalli, comment cette union de deux jeunes cœurs finit par aboutir à un mariage. C'est peu de temps après que Verdi reçut, à Busseto, la nouvelle de la mort de Lavigna. Il chérissait cet excellent maître, qui avait été bon pour lui et envers lequel il se croyait justement tenu à de la reconnaissance ; il fut navré de l'annonce de sa mort, et le pleura à chaudes larmes.

C'est vers cette époque que, ayant rempli toutes les conditions de son contrat avec la municipalité de Busseto, il se considéra comme libre et songea à retourner à Milan, où il se rendit en effet avec sa femme et les deux enfants qu'il en avait déjà.

V

De retour à Milan, Verdi n'eut plus qu'un but, qu'un objectif : le théâtre. Il était possédé du démon de la scène, et l'on peut reconnaître aujourd'hui qu'il ne se trompait pas sur la nature de ses aspirations. Il fit la connaissance d'un jeune poète âgé de dix-neuf ans, et qui, à peine entrant dans la vie, venait de débuter avec un très grand succès en publiant un petit volume de vers : *Miei Primi Canti,* dont la rare valeur avait arraché aux Italiens cette exclamation : *Abbiamo un poeta !* Cet écrivain adolescent, qui avait nom Temistocle Solera, songeait, de son côté, à se produire au théâtre comme librettiste. Les deux jeunes gens furent, à première vue, pris d'une vive affection l'un pour l'autre, et leur amitié ne se démentit jamais. C'est de leur collaboration que naquit l'ouvrage qui servit de début à Verdi, et que celui-ci eut la chance de voir représenter à la Scala, l'une des quatre grandes scènes lyriques de l'Italie.

La fortune avait d'ailleurs servi Verdi d'une façon particulière en l'associant, dès ses premiers pas, à un artiste comme Solera. Celui-ci, en effet, n'était pas seulement un poète distingué, mais déjà, malgré son jeune âge, un excellent musicien. Ce qui le prouve, c'est que, huit jours après la représentation de leur première œuvre, il faisait exécuter, sur ce même théâtre de la Scala, un hymne intitulé *la Mélodie*, dont il avait écrit à la fois les paroles et la musique, et qui fut bien accueilli, et que, l'année suivante, il y fit jouer un opéra sérieux, *Ildegonda*, dont il était aussi le poète et le compositeur, et qui ne fut pas reçu avec moins de faveur [1]. Plus tard, et sans préju-

---

1. Au sujet de cet ouvrage de Solera, je puis rapporter un fait assez singulier.

Au moment de la représentation d'*Ildegonda*, alors que cet ouvrage était prêt à être offert au public, il n'avait pas écrit son ouverture, et sans doute ne se sentait pas en veine d'inspi-

dice des poèmes qu'il confia à divers compositeurs, il fit représenter encore d'autres ouvrages dont il était l'auteur unique : *il Contadino d'Agliate* (Milan), *la Fanciulla di Castelguelfo* (Modène), *Genio e Sventura* (Padoue), *la Sorella di Pelagio* (Madrid), etc. On conçoit tout l'avantage qu'un jeune compositeur comme Verdi devait tirer d'une telle collaboration [1].

Mais, ici, je vais laisser Verdi lui-même raconter ses débuts. Aucun récit ne saurait être plus intéressant ni plus exact, puisque ce que l'on va lire est comme un fragment d'autobiographie. Le lecteur voudra bien seulement se reporter à quelques années en arrière, c'est-

---

ration. Il vient un jour chez son ami Verdi, tourne et retourne certains papiers avec une apparente négligence, et enfin met la main sur une des nombreuses ouvertures que le jeune maître avait écrites pour la Société philharmonique de Busseto. Sans mot dire, il s'empare de cette ouverture, l'emporte avec lui, et court aussitôt auprès du chef de copie de la Scala pour en faire transcrire les parties et la faire mettre en tête de sa partition. Celui-ci, reconnaissant l'écriture, lui dit : « Mais c'est l'écriture de Verdi, cela ! — Oui, oui, réplique Solera ; ça ne fait rien ; allez toujours. »

Et le lendemain, à la représentation, Verdi, stupéfait, reconnaissait son ouverture dans celle d'*Ildegonda*.

1. Après une existence singulièrement agitée et aventureuse, Solera mourut, pauvre et oublié, vers 1878. Les hasards d'une vie étrange l'avaient conduit en Espagne, où il avait occupé une position importante, puis en Egypte, où il était devenu chef de la police du vice-roi, enfin à Paris, où il s'était fait marchand d'antiquités...

à-dire à l'époque du premier séjour de Verdi à Milan ; il peut être assuré qu'il n'y perdra rien [1].

..... Vers 1833 ou 1834, il existait à Milan une société philharmonique, composée de bons éléments musicaux [2] ; elle était dirigée par un maestro nommé Masini, qui, s'il ne brillait pas par beaucoup de savoir, avait du moins de la patience et de la ténacité, c'est-à-dire les qualités nécessaires pour une société d'amateurs. On organisait alors, au théâtre Philodramatique, l'exécution d'un oratorio d'Haydn, *la Création* ; mon maître, Lavigna, me demanda si, pour mon instruction, je voulais assister aux répétitions ; ce que j'acceptai avec plaisir.

Personne ne faisait attention au petit jeune homme qui s'était modestement assis dans un coin obscur. Trois *maestri*, Perelli, Bonoldi et Almasio, dirigeaient les répétitions ; mais voici qu'un beau jour, par une

---

1. C'est M. Ricordi, l'éditeur, l'admirateur et l'ami dévoué de Verdi, qui, il y a peu d'années, dans un entretien intime, a eu l'heureuse chance de recueillir ces renseignements pleins d'intérêt de la bouche même du maître ; il les a ensuite en quelque sorte sténographiés, et c'est ainsi qu'ils ont pu être livrés au public.

2. C'était une réunion de riches amateurs, de dilettantes, qui avait pris le nom de *Società Filodrammatica*, et qui avait à sa tête plusieurs grands personnages, tels que le comte Renato Borromeo, qui en était le président, le duc Visconti, le comte Pompeo Belgiojoso, etc. Chaque vendredi d'hiver, elle donnait une grande séance artistique dans la salle du théâtre Philodramatique, qui lui appartenait.

singulière coïncidence, tous trois manquèrent à la fois. Les assistants s'impatientaient, quand le maestro Masini, qui ne se sentait pas capable de s'asseoir au piano et d'accompagner sur la partition, se tourna vers moi pour me prier de servir d'accompagnateur, me disant, peu confiant qu'il était peut-être dans l'habileté d'un jeune artiste inconnu : « Il suffit d'accompagner simplement avec la basse. »

J'étais alors tout frais émoulu de mes études, et certes je ne me trouvais pas embarrassé devant une partition d'orchestre. J'acceptai, et je me mis au piano pour commencer la répétition. Je me rappelle très bien quelques sourires ironiques de certains amateurs, et il paraît que ma physionomie juvénile, que ma personne maigre et mon costume modeste n'étaient pas de nature à inspirer une grande confiance.

Quoi qu'il en soit, on commença à répéter, et peu à peu, m'échauffant et m'excitant moi-même, non seulement je ne me bornai pas à accompagner, mais je commençai à diriger avec la main droite, jouant avec la main gauche seule. Lorsque la répétition fut terminée, je reçus de tous côtés des compliments et des félicitations, et particulièrement du comte Pompeo Belgiojoso et du comte Renato Borromeo.

A la suite de cet incident, soit que les trois *maestri* dont j'ai parlé eussent trop d'occupation pour continuer à se charger de ce travail, soit pour d'autres raisons, on finit par me confier entièrement la direction du concert ; l'exécution publique en eut lieu avec un tel succès, qu'on donna une seconde audition dans le grand salon du Casino des Nobles, en présence de l'archiduc et de l'archiduchesse Raineri et de toute la grande société d'alors [1].

Peu de temps après, le comte Renato Borromeo me chargea de composer la musique d'une cantate pour voix et orchestre, à l'occasion, si j'ai bonne mémoire, du mariage d'un membre de sa famille. Il est bon de remarquer à ce sujet que, de tout cela, je ne tirais aucun profit pécuniaire, et que mon concours était absolument gratuit.

Masini, qui, paraît-il, avait pris confiance dans le jeune artiste, me proposa alors d'écrire un opéra pour le théâtre Philodramatique, qu'il dirigeait, et me remit un livret qui ensuite, modifié en partie par Solera, devint *l'Oberto di San-Bonifacio*.

J'acceptai l'offre avec plaisir et je retournai à Busseto, où j'étais engagé comme organiste. J'y restai pendant environ trois années. Mon opéra terminé, j'entrepris de nouveau le voyage de Milan, emportant avec moi ma partition achevée, parfaitement en ordre, et dont j'avais pris le soin de tirer et de copier moi-même toutes les parties de chant.

Mais ici commencèrent les difficultés : Masini n'était plus directeur du théâtre Philodramatique; partant, il n'était plus possible de donner mon opéra. Cependant, soit qu'il eût réellement confiance en moi,

---

1. Le succès fut si grand, que le vice-roi lui-même exprima le désir d'entendre *la Création*, et qu'une troisième exécution en fut faite dans son palais, toujours sous la direction de Verdi.

soit qu'il désirât de quelque façon me prouver sa gratitude (à la suite de *la Création*, je l'avais aidé plusieurs autres fois en préparant et en dirigeant l'exécution de divers spectacles, entre autres *la Cenerentola*, et toujours sans rétribution aucune), il ne se découragea pas devant les difficultés, et me promit de tenter tous les efforts pour faire représenter mon opéra à la Scala, à l'occasion de la soirée annuelle qu'on y donnait au bénéfice du *Pio Istituto*. Le comte Borromeo et l'avocat Pasetti promirent à Masini leur appui dans cette circonstance ; mais je dois dire, pour rester dans l'exacte vérité, que cet appui ne se produisit pas par autre chose que quelques paroles banales de recommandation. Tout au contraire, Masini se donna beaucoup de peine, et il fut fortement aidé par le violoncelliste Merighi, que j'avais connu à l'orchestre du théâtre Philodramatique, dont il faisait partie, et qui croyait en moi.

Enfin, on parvint à arranger toutes choses pour le printemps de 1839 ; et cela de telle façon, que j'avais la double fortune de produire mon ouvrage au théâtre de la Scala et d'avoir pour interprètes quatre artistes vraiment extraordinaires : la Strepponi, le ténor Moriani, le baryton Giorgio Ronconi et la basse Marini.

Les rôles distribués, on avait à peine commencé quelques répétitions de chant, lorsque Moriani tombe gravement malade !... Tout se trouve alors interrompu, et l'on ne peut plus songer à donner mon opéra. J'étais tout déconfit et je m'apprêtais à retourner à Busseto, lorsqu'un matin je vois arriver chez moi un employé du théâtre de la Scala qui me dit d'un ton bourru :

— Est-ce vous ce *maestro* de Parme qui devait donner un opéra pour le *Pio Istituto?*... Venez au théâtre ; l'*impresario* vous attend.

— Est-ce possible? m'écriai-je.

— Oui, *signor*. On m'a ordonné d'aller chercher le maestro de Parme qui devait donner un opéra. Si c'est vous, venez.

Et j'y allai.

L'*impresario* de la Scala était alors Bartolomeo Merelli. Un soir, dans les coulisses, il avait entendu une conversation entre la signora Strepponi et Giorgio Ronconi, conversation au cours de laquelle la Strepponi parlait très favorablement de la musique d'*Oberto di San-Bonifacio,* que Ronconi trouvait aussi de son goût.

Je me présentai donc à Merelli, qui, sans autre préparation, me dit qu'en présence de l'opinion favorable qu'il avait entendu exprimer sur mon opéra, il serait volontiers disposé à le faire représenter pendant la prochaine saison ; mais que, si j'acceptais, il me faudrait faire quelques changements à ma partition, les artistes qui le joueraient n'étant plus les mêmes que ceux qui devaient le chanter tout d'abord. C'était une offre brillante pour moi : jeune, inconnu, je rencontrais un impresario qui osait mettre en scène une œuvre nouvelle sans me demander d'indemnité d'aucune sorte, indemnité que, d'ailleurs, j'aurais été dans l'impossibilité de lui payer. Merelli, prenant à son compte toutes les dépenses à faire, me proposait seulement de partager par moitié la somme que j'obtiendrais si, en cas de succès, je vendais ma partition. Que l'on ne croie pas que ce fût là pour moi une proposition onéreuse : il s'agissait de l'œuvre d'un débutant !... Et, en fait, le résultat fut assez heureux pour que l'éditeur Giovanni Ricordi consentît à acquérir la propriété de mon opéra au prix de deux mille lires autrichiennes [1].

Oberto di San-Bonifacio obtint un succès sinon très considérable, du moins assez vif pour mériter un certain nombre de représentations, que Merelli crut devoir augmenter en en donnant quelques-unes en dehors de l'abonnement [2]. L'ouvrage était chanté par la Marini, mezzo-soprano [3], par Salvi, ténor, et par la basse Marini, et, comme je l'ai dit, il me fallut apporter quelques modifications à ma musique pour l'adapter à la voix de mes nouveaux chanteurs. J'écrivis aussi un morceau nouveau, le quatuor, dont la situation dramatique fut indiquée par

---

1. Exactement, dix-sept cent cinquante francs. L'éditeur Giovanni Ricordi a été le célèbre fondateur de la maison de ce nom ; il était le père de M. Tito Ricordi, son successeur, et l'aïeul de M. Giulio Ricordi, qui a recueilli ce récit.

2. *Oberto di San-Bonifacio* fut représenté pour la première fois le 17 novembre 1839.

3. Madame Raineri-Marini, qui a joui d'une grande réputation. Aux interprètes cités par Verdi, il faut ajouter madame Shaw.

Merelli lui-même, et dont je fis faire les vers par Solera : ce quatuor fut une des meilleures pages de l'opéra !

Merelli me fit alors une proposition superbe pour l'époque ; c'est-à-dire qu'il m'offrit de signer un traité par lequel je m'engagerais à écrire, de huit mois en huit mois, trois opéras qui seraient représentés à la Scala ou au théâtre impérial de Vienne, dont il était aussi le directeur ; de son côté, il s'engageait à me donner quatre mille lires autrichiennes pour chacun de ces opéras, le prix de la vente des partitions devant être partagé par moitié entre nous deux. J'acceptai aussitôt ces propositions, et, peu de temps après, Merelli partant pour Vienne, chargea le poète Rossi de me fournir un livret, qui fut celui d'*il Proscritto*. Ce livret ne me satisfaisait pas complètement, et je n'avais pas encore commencé à le mettre en musique lorsque Merelli, revenant à Milan dans les premiers mois de 1840, me dit avoir absolument besoin d'un opéra bouffe pour l'automne, à cause des exigences spéciales de son répertoire. Il ajouta qu'il allait me chercher immédiatement un livret, et que, plus tard, je m'occuperais d'*il Proscritto*. Je ne pouvais refuser, et Merelli me donna à lire plusieurs livrets de Romani, qui, soit parce qu'ils n'avaient pas eu de succès, soit pour toute autre raison, étaient oubliés. J'eus beau les lire et les relire, aucun ne me plaisait ; cependant, comme les circonstances pressaient, je finis par choisir celui qui me parut le moins mauvais. Il avait pour titre *il Finto Stanislao*, titre qui fut remplacé par celui d'*un Giorno di regno* [1].

J'habitais alors un modeste et petit appartement dans les environs de la porta Ticinese, et j'avais avec moi ma petite famille, c'est-à-dire ma jeune femme, Margherita Barezzi, et nos deux petits enfants. A peine avais-je commencé mon travail, que je tombai gravement malade d'une angine, qui m'obligea de garder le lit pendant longtemps. Je commençais à entrer en convalescence lorsque je me souvins que le terme, pour lequel il me fallait cinquante écus, allait échoir dans trois jours. A cette époque, si une telle somme n'était pas peu de chose pour moi, ce n'était pourtant pas non plus une bien grave affaire ; mais ma douloureuse maladie m'avait empêché d'y pourvoir à temps, et l'état des communications avec Busseto (il n'y avait alors de courrier que deux fois par semaine) ne me lais-

---

1. *Il Finto Stanislao* avait été mis primitivement en musique par Gyrowetz. On a souvent parlé de ce seul ouvrage bouffe que Verdi écrivit jamais, et de la chute lamentable dont il fut l'objet. Il est certain que le genre bouffe devait être hostile à la nature mélancolique, au tempérament ardent, plein de fougue et profondément dramatique du compositeur. Je fera remarquer cependant que, sur les conseils de son maître, celui-ci s'était exercé plus d'une fois en ce genre, et qu'au cours de ses études avec Lavigna, il avait écrit, pour se faire la main, un certain nombre de morceaux bouffes et de *mezzo-carattere*. Par malheur, et comme on va le voir, l'essai qu'il allait faire de sa verve comique se produisit dans des conditions déplorables, et telles que jamais depuis il ne voulut le renouveler.

sait pas le loisir d'écrire à mon excellent beau-père Barezzi, pour qu'il m'envoyât en temps utile l'argent nécessaire. Je voulais, coûte que coûte, payer mon loyer à jour fixe, et, quoique fort ennuyé d'être obligé de recourir à une tierce personne, je me décidai pourtant à prier l'ingénieur Pasetti de demander pour moi à Merelli les cinquante écus dont j'avais besoin, soit à titre d'avance sur les conditions de mon contrat, soit à titre de prêt pour huit ou dix jours, c'est-à-dire le temps nécessaire pour écrire à Busseto et en recevoir ladite somme.

Il est inutile de dire ici par suite de quelles circonstances Merelli, sans qu'il y eût de sa faute, ne m'avança pas les cinquante écus en question. Cependant j'étais désolé de laisser passer l'échéance du loyer, fût-ce de peu de jours, sans le payer ; ma femme alors, voyant mon chagrin, prit les quelques bijoux qu'elle possédait, sortit, et, je ne sais comment, réussit à réunir l'argent nécessaire et me l'apporta. Je fus profondément ému de cette preuve d'affection, et je me promis bien de lui rendre le tout, ce que fort heureusement je pouvais faire sous peu, grâce à mon traité[1].

---

1. Il est inutile d'insister sur ce trait charmant, et sur la simplicité touchante avec laquelle il est raconté. Cependant, l'anecdote a une suite qui n'est pas sans offrir quelque intérêt. Deux ans plus tard, c'est-à-dire au lendemain même du triomphe de *Nabucco*, Merelli, enchanté, serrait Verdi dans ses bras, l'embrassait, et ne trouvait pas d'expressions assez chaleureuses pour le féliciter. « Oui, oui, lui dit alors en souriant le compositeur, aujourd'hui tu m'embrasses, et, il y a un

Mais c'est ici que commencent pour moi les plus grands malheurs. Mon *bambino* tombe malade au commencement d'avril ; les médecins ne parviennent pas à découvrir la cause de son mal, et le pauvret, languissant, s'éteint dans les bras de sa mère, folle de désespoir ! Cela ne suffit pas : peu de jours après, ma fillette tombe malade à son tour, et sa maladie aussi se termine fatalement !... Mais ce n'est pas tout encore : aux premiers jours de juin, ma jeune compagne elle-même est atteinte d'une encéphalite aiguë, et, le 19 juin 1840, un troisième cercueil sort de ma maison !

J'étais seul !... seul !.., Dans l'espace de deux mois environ, trois êtres chers avaient disparu pour toujours : je n'avais plus de famille !.., Et, au milieu de ces angoisses terribles, pour ne point manquer à l'engagement que j'avais contracté, il me fallait écrire et mener à terme un opéra bouffe !...

Un Giorno di regno ne réussit pas[1]. Une part de

on, je t'ai demandé cinquante écus que tu m'as refusés ! « A ces mots, Merelli pâlit, et, se faisant expliquer l'incident, il prend Verdi sous son bras et l'entraîne aussitôt chez Pasetti pour lui faire déclarer par celui-ci que jamais il n'avait su un mot de cette affaire. La vérité est que Pasetti, esprit timoré, homme faible et craignant jusqu'à son ombre, n'avait pas osé demander à Merelli les cinquante écus dont Verdi avait besoin, et qu'il s'en était tiré auprès de ce dernier par un mensonge.

1. L'ouvrage fut joué à la Scala le 5 septembre 1840. Il avait pour interprètes Salvi, Ferlotti, Rovere, Scalese, la Marini et la Abbadia. Plus tard, *un Giorno di regno* fut donné au théâtre San-Benedetto, de Venise, et au Fondo, de Naples, sous le titre primitif du livret : *Il Finto Stanislao* ; mais il ne fut pas plus heureux qu'à sa première apparition à Milan.

cet insuccès revient certainement à la musique, mais une autre part doit retomber aussi sur l'exécution. L'âme déchirée par les malheurs qui m'avaient accablé, l'esprit aigri par la chute de mon opéra, je me persuadai que je ne trouverais plus de consolations dans l'art, et je pris la résolution de ne plus jamais composer !... J'écrivis même à l'ingénieur Pasetti (qui, depuis le *fiasco* d'*un Giorno di regno*, n'avait plus donné signe de vie) pour le prier d'obtenir de Merelli la résiliation de mon contrat.

Merelli me fit appeler et me traita d'enfant capricieux !... Il n'admettait pas que je me dégoûtasse de l'art pour un insuccès, etc., etc. Mais je tins bon, si bien que Merelli finit par me rendre mon traité, en me disant :

— Écoute, Verdi, je ne peux pas t'obliger à écrire par force !... Ma confiance en toi n'est pas diminuée. Qui sait si, un jour, tu ne te décideras pas à reprendre la plume !... Dans ce cas, il te suffira de m'avertir deux mois avant le commencement d'une saison, et je te promets que l'opéra que tu m'apporteras sera représenté.

Je le remerciai ; mais ces paroles ne parvinrent pas à me faire revenir sur ma détermination, et je m'éloignai.

Je fixai ma demeure à Milan, près de la *Corsia de' Servi*. J'étais découragé, et je ne pensais plus à la musique, lorsqu'un soir d'hiver, sortant de la galerie de Cristoforis[1], je me trouve face à face avec

1. C'est un des grands passages vitrés de Milan.

Merelli, qui se rendait au théâtre. Il neigeait à gros flocons, et Merelli, me prenant sous le bras, m'engagea à l'accompagner jusqu'à son cabinet, à la Scala. Nous causâmes chemin faisant, et il me raconta qu'il se trouvait embarrassé pour l'opéra nouveau qu'il devait donner. Il avait chargé Nicolaï d'écrire cet opéra, mais celui-ci n'était pas content du livret.

— Figure-toi, dit Merelli, un livret de Solera, superbe!!... magnifique!!... extraordinaire!!... des situations dramatiques grandioses, pleines d'intérêt ; de beaux vers!... Mais cet entêté de Nicolaï ne veut rien entendre, et il déclare que c'est un livret impossible!... Je ne sais où donner de la tête pour en trouver tout de suite un autre.

— Je te tire d'embarras, lui dis-je alors. N'as-tu pas fait faire pour moi *il Proscritto*? Je n'en ai pas écrit une note ; je le mets à ta disposition.

— Oh! bravo! C'est une vraie fortune!

Ainsi parlant, nous étions arrivés au théâtre. Merelli appelle Bassi, qui était tout à la fois poète, directeur de la scène, régisseur, bibliothécaire, etc., etc., et lui dit de chercher aussitôt dans les archives s'il ne s'y trouve point un manuscrit du *Proscritto*. On le découvre en effet. Mais, en même temps, Merelli prend un autre manuscrit et, me le montrant, il s'écrie :

— Tiens, voilà ce livret de Solera. Un si beau sujet, et le refuser!... Prends, et lis-le.

— Que diantre veux-tu que j'en fasse? Non, non, je n'ai nulle envie de lire des livrets.

— Eh! cela ne te blessera pas, je suppose!... Lis-le, puis tu me le rapporteras.

Et il me le met dans les mains. C'était un grand cahier, écrit en gros caractères, comme il était d'usage alors; j'en fais un rouleau, et, prenant congé de Merelli, je m'achemine vers mon logis.

Tout en marchant, je me sentais pris d'une sorte de malaise indéfinissable, et une tristesse profonde, une véritable angoisse m'étreignait le cœur. Je rentre chez moi et, d'un geste presque violent, je jette le manuscrit sur ma table, et je reste tout debout devant lui. En tombant sur la table, il s'était ouvert tout seul; sans savoir comment, mes yeux se fixèrent sur la page qui était devant moi et précisément sur ce vers :

Va, pensiero, sull' ali dorate[1].

Je parcours les vers suivants et j'en reçois une grande impression, d'autant plus qu'ils formaient presque une paraphrase de la Bible, dont la lecture m'était toujours chère.

Je lis un fragment, j'en lis deux, puis, ferme dans ma résolution de ne plus écrire, je fais un effort sur moi-même, je ferme le cahier et je vais me coucher!... Mais bah!... *Nabucco* me trottait par la tête!... le sommeil ne venait point. Je me lève et je lis le livret, non pas une fois, mais deux, mais trois, tant qu'au matin je puis dire que je savais par cœur et d'un bout à l'autre le poème de Solera.

1. « Va, pensée, sur les ailes dorées... »

Malgré tout, je ne me sentis nullement disposé à changer d'idée, et, dans la journée, je retournai au théâtre pour rendre le manuscrit à Merelli.

— Hein ! me dit-il, il est beau !
— Très beau.
— Eh bien, mets-le en musique.
— Pas du tout ! je n'en veux rien faire.
— Mets-le en musique, te dis-je, mets-le en musique.

Et, ce disant il prend le livret, me l'enfonce dans la poche de mon pardessus, me prend par les épaules, et non seulement me jette brusquement hors de son cabinet, mais il m'en pousse la porte au nez et s'enferme à clef.

Que faire ?

Je retournai chez moi avec *Nabucco* dans ma poche. Un jour un vers, un jour un autre, une fois une note, une autre fois une phrase... et peu à peu l'opéra fut écrit [1].

Nous étions à l'automne de 1841, et, me rappelant la promesse de Merelli, je me rendis auprès de lui pour lui annoncer que *Nabucco* était terminé, et que, par conséquent, on pourrait le représenter dans la prochaine saison de carnaval-carême.

Merelli se déclara prêt à tenir sa promesse ; mais

---

1. Tandis que Verdi commençait à travailler à sa partition, Nicolaï terminait la sienne. Mais l'auteur du *Templario* ne fut pas heureux avec son nouvel ouvrage, et fit avec *Il Proscritto* l'un des *fiaschi* les plus éclatants que les annales de la Scala aient eu jamais à enregistrer.

en même temps il me fit observer qu'il lui était impossible de donner mon ouvrage dans la prochaine saison, parce que les spectacles étaient déjà organisés et qu'il avait fait choix de trois opéras nouveaux dus à des compositeurs renommés. En donner un quatrième d'un auteur qui était presque encore un débutant était dangereux pour tout le monde, et particulièrement pour moi. Il était donc plus convenable, selon lui, d'attendre le printemps, époque où il n'avait plus d'obligations, et il m'assurait qu'il engagerait de bons artistes. Mais je refusai ; ou pendant le carnaval, ou pas du tout... Et j'avais pour cela de bonnes raisons, car il n'était pas possible de trouver deux artistes qui convinssent mieux à mon œuvre que la Strepponi et Ronconi, que je savais engagés, et sur lesquels je fondais un grand espoir.

Merelli, tout disposé qu'il était à me contenter, n'était pas non plus dans son tort en tant que directeur. Quatre opéras nouveaux dans une seule saison, c'était un gros risque à courir. Mais encore avais-je, de mon côté, de bons arguments artistiques à faire valoir en ma faveur. Bref, au milieu des oui et des non, des contestations, des embarras, des demi-promesses, on publia le *cartellone* de la Scala... et *Nabucco* n'y était point annoncé [1].

---

1. Le *cartellone* est l'affiche sur laquelle le directeur d'un théâtre fait connaître le tableau de sa troupe et le programme détaillé de la saison qui va s'ouvrir. C'est toujours une grosse affaire en Italie, surtout lorsqu'il s'agit d'un grand théâtre, que la publication du *cartellone*.

J'étais jeune, j'avais le sang vif!... J'écrivis à Merelli une lettre sotte dans laquelle j'exhalais toute ma colère, — et je confesse que, à peine cette lettre envoyée, j'en éprouvai comme une sorte de remords!... craignant que, de cette façon, tout ne fût ruiné pour moi.

Merelli me fit appeler et, en me voyant, me dit brusquement :

— Est-ce ainsi que l'on doit écrire à un ami ?... Mais bah ! tu as raison, et nous le donnerons, ce *Nabucco*. Pourtant il faut tenir compte de ceci, que j'aurai de très lourdes dépenses à faire pour les autres opéras nouveaux : par conséquent, je ne pourrai faire pour *Nabucco* ni décors ni costumes, et il faudra se contenter d'arranger au mieux ce qu'on trouvera de bon dans le magasin.

Je consentis à tout, tellement j'avais à cœur qu'on donnât mon opéra. Et je vis paraître un nouveau *cartellone* sur lequel je pus lire enfin : NABUCCO !...

Je me rappelle à ce propos une scène comique que j'avais eue peu de temps auparavant avec Solera. Il avait fait, au troisième acte, un petit duo d'amour entre Fenena et Ismaele : ce duo ne me plaisait pas, parce qu'il refroidissait l'action, et qu'il me semblait diminuer la grandeur biblique qui caractérisait le sujet. Un matin que Solera était chez moi, je lui en fis l'observation; mais il ne voulut pas s'y rendre, parce qu'il lui eût fallu recommencer une besogne déjà faite. Nous discutions l'un et l'autre nos raisons; je tenais bon, et lui aussi. Il me demanda enfin ce

que je voudrais en place du duo, et je lui suggérai l'idée de la *prophétie de Zacharie*[1]. Cette idée ne lui parut pas mauvaise; pourtant il y eut de sa part des *si*, des *mais*, des *car*, jusqu'au moment où il me dit qu'il y réfléchirait, et qu'il écrirait la scène ensuite. Cela ne faisait pas mon affaire ; car, le connaissant, je savais qu'il s'écoulerait beaucoup et beaucoup de jours avant que Solera se décidât à tracer un seul vers. Je fermai donc la porte à clef, je mis la clef dans ma poche, et, demi-sérieux et demi-plaisant, je dis à Solera : — « Tu ne sortiras pas d'ici que tu n'aies écrit la prophétie. Voici la Bible ; tu y trouveras les paroles, tu n'as qu'à les mettre en vers. »
— Solera, qui était d'une nature emportée, ne prit pas très bien la chose. Un éclair de colère brilla dans ses yeux ; je passai un mauvais moment, car c'était une sorte de colosse qui aurait eu facilement raison de ma frêle personne... Mais tout d'un coup il s'assied tranquillement, — et, un quart d'heure après, la prophétie était écrite.

Bref, vers la fin de février 1842, les répétitions de *Nabucco* commencèrent, et, douze jours après la première répétition au piano, avait lieu la première représentation, qui fut donnée le 9 mars. J'avais pour interprètes mesdames Strepponi et Bellinzaghi, puis Ronconi, Miraglia et Derivis.

---

1. Verdi était évidemment dans le vrai, car ce fut un des épisodes de l'ouvrage qui produisirent l'impression la plus profonde.

C'est avec cet ouvrage que commença véritablement ma carrière artistique ; et, si j'ai dû lutter contre des difficultés nombreuses, il est certain pourtant que *Nabucco* naquit sous une heureuse étoile ; car tout ce qui pouvait lui nuire contribua à lui être favorable. En effet, j'écris à Merelli une lettre furibonde, d'où il semblait probable que l'*impresario* dût envoyer au diable le jeune maestro, et c'est le contraire qui arrive ; — les costumes, rafistolés, rarrangés avec habileté, deviennent splendides ; — de vieux décors, rajustés par le peintre Perrani, produisent un effet extraordinaire, et le premier surtout, qui représentait le temple, soulève un tel enthousiasme, que le public bat des mains pendant au moins dix minutes ; — à la répétition générale, on ne savait encore quand ni comment devait entrer la bande militaire ; le chef, Tutsch, était très embarrassé ; je lui indique une mesure, et, à la première représentation, la musique entre en scène avec tant de précision sur le *crescendo*, que le public éclate en applaudissements !...

. . . .

Il ne faut pourtant pas se fier toujours aux étoiles bienfaisantes. Et l'expérience m'a démontré par la suite la justesse de notre proverbe : *Fidarsi è bene, ma non fidarsi è meglio* (se fier est bien, mais se défier est mieux)[1].

---

1. C'est le 19 octobre 1879 que ce récit de Verdi a été recueilli par M. Giulio Ricordi.

Ce récit nous fait connaître de la façon la plus complète les commencements de la carrière active de Verdi, et l'on conviendra qu'il se fait remarquer par un accent de sincérité, de bonhomie et de modestie assez rare à rencontrer chez un artiste de cette valeur, que le succès a si longtemps gâté.

Mais le maître, dans ce récit, est loin d'avoir épuisé les détails relatifs à *Nabucco*, le premier ouvrage qui imposa son nom à l'attention du monde musical. Il me reste à compléter ces renseignements.

On sait que la partie chorale est d'une importance considérable dans la partition de *Nabucco*. Or, non seulement les chœurs de la Scala étaient faibles et peu nombreux à cette époque, mais, à cette fin de saison, déjà mis sur les dents par un travail exceptionnel, ils étaient fatigués outre mesure et ne donnaient que des résultats médiocrement satisfaisants.

Verdi le fit observer à Merelli, en lui disant que, pour obtenir une bonne exécution de ce côté, il serait indispensable d'augmenter un peu le nombre des choristes. Celui-ci s'y refusa nettement, alléguant le chiffre de ses frais journaliers, déjà très considérables, et qu'il ne voulait point augmenter. C'est alors qu'un dilettante bien connu de tous les artistes italiens, un ami de Merelli, qui était en de bons termes avec Verdi et qui s'occupait un peu des choses de la Scala, voulut se mêler de l'affaire et s'offrit à payer de sa bourse les choristes supplémentaires. Mais Verdi, dont la fierté est connue, l'interrompit un peu brusquement en disant à Merelli :

— Du tout. Nous augmenterons les chœurs parceque cela est indispensable, et les choristes en plus seront à ma charge.

Le succès de l'œuvre nouvelle commença dès les répétitions. Pendant tout le cours des études, le théâtre était, pour ainsi dire, révolutionné par une musique dont on n'avait jusqu'alors aucune idée. Le caractère de la partition était tellement neuf, tellement inconnu, l'allure en était si rapide, si insolite, que l'étonnement était général et que chanteurs, chœurs, orchestre, montraient, à l'audition de cette musique, un enthousiasme peu commun. Bien plus, il devenait impossible de travailler dans le théâtre, en dehors de la scène, à l'heure des répétitions ; car alors employés, ouvriers, peintres, lampistes, machinistes, électrisés par ce qu'ils entendaient, quittaient tous leur besogne pour venir écouter, bouche bée, ce qui se passait sur la scène. Puis, quand un morceau était fini, on les entendait échanger leurs impressions, et surtout s'écrier en dialecte milanais: *Che fota nova!* (Quelle chose nouvelle!)

Mais tout cela ne fut rien auprès du triomphe de la première représentation. Un usage singulier, encore en vigueur à cette époque, voulait que le compositeur allât prendre place à l'orchestre entre *il contrabasso al cembalo* et *il violoncello al cembalo*, dans le but apparent de tourner les pages de ces deux modestes collaborateurs, mais en réalité pour assister d'aussi près que possible à son succès ou à sa chute. Verdi ne pouvait se soustraire à cet usage, mais on tenait le succès pour si certain d'avance, que, lorsqu'il arriva auprès du premier violoncelle, Merighi (qui fut le maître de M. Piatti), celui-ci lui dit:

— Maître, je voudrais bien être à votre place, ce soir!

De fait, la soirée entière ne fut qu'un long triomphe pour le compositeur. L'étonnement était général, le public se montrait émerveillé, et à chaque instant les applaudissements et les cris éclataient avec une véritable furie. Le finale du premier acte surtout fut l'objet d'une manifestation inouïe d'enthousiasme, et telle qu'on n'en avait jamais vu. Lorsque, après le spectacle, Verdi rentra, avec un ami, dans la chambre qu'il occupait à un quatrième étage, dans la *strada degli Andeghari*, et que cet ami lui demanda :

— Es-tu content ?

— J'espérais, répondit-il, j'espérais un succès, d'après l'effet produit aux répétitions ; mais un pareil, non certainement. Je t'assure qu'à la strette du premier finale, quand tous les spectateurs des fauteuils et du parquet se sont levés en masse, en criant et en vociférant, j'ai cru d'abord qu'ils se moquaient du pauvre compositeur ; puis, qu'ils allaient tomber sur moi et me faire un mauvais parti.

Depuis longtemps, en effet, on n'avait assisté à un triomphe pareil. Ce triomphe fut partagé par les interprètes du jeune compositeur, qui, on l'a vu, n'étaient autres que le ténor Miraglia, Ronconi, alors dans tout l'éclat de son magnifique talent ; notre excellent Dérivis, qui depuis peu avait abordé la carrière italienne, et enfin la Strepponi, qui, dit-on, était admirable dans le rôle d'Abigaïl.

Fille d'un compositeur qui n'était pas sans mérite[1], Giuseppina Strepponi avait fait d'excellentes études au Conservatoire de Milan. Après avoir débuté avec succès, vers 1835, au théâtre communal de Trieste, elle avait été engagée à l'Opéra-Italien de Vienne, puis s'était fait entendre successivement à Venise, Brescia, Mantoue, Bologne, Livourne, Rome, Florence et Bergame.

A une voix étendue et magnifique, qu'elle gouvernait avec un rare talent, elle joignait un grand sentiment dramatique et toutes les qualités d'une véritable tragédienne lyrique. Aussi sa renommée était-elle déjà grande, et jouissait-elle de toute la faveur du public italien. Elle venait seulement d'être engagée à la Scala, où elle avait débuté le 22 février, peu de jours avant l'apparition de *Nabucco*, dans le *Belisario* de Donizetti. Accueillie dès le premier

---

1. Felice Strepponi fut maître de chapelle à Monza, et mourut à Trieste vers 1832. Il fit représenter quelques opéras aujourd'hui oubliés : *gli Illinesi*, *Francesca da Rimini*, *Amore e mistero*, *l'Ullà di Bassora*. Ce dernier fut accueilli avec faveur par ses contemporains.

soir avec la plus vive sympathie, elle contribua ensuite puissamment, par sa présence, au succès de l'œuvre de Verdi, dans laquelle elle déploya à loisir toutes ses qualités vocales et ses rares facultés dramatiques, et qui lui valut un triomphe éclatant. La Strepponi parut plus tard sur divers autres théâtres, et joua plusieurs autres ouvrages du maître. Sa carrière, toutefois, fut relativement courte, et elle abandonna la scène dans toute la force de sa jeunesse, n'ayant connu que le succès.

Il n'était pas inutile de faire connaître cette artiste remarquable, en parlant du compositeur aux triomphes duquel elle fut plus d'une fois associée. Elle tint plus tard une place plus importante encore dans sa vie. Au bout de quelques années, mademoiselle Giuseppina Strepponi devenait madame Verdi, et, depuis lors, elle a partagé toutes les joies et toutes les couleurs de l'homme illustre dont elle porte le nom[1].

---

1. Le mariage religieux de Verdi avec mademoiselle Strepponi a été célébré à Collange par M. Mermillod, dont on connaît la carrière épiscopale incidentée. Collange est un petit village de la Savoie, proche de la Suisse, à deux pas de Genève. La Savoie, à cette époque, appartenait encore au Piémont, et le mariage religieux y suffisait.

J'en reviens à *Nabucco,* au sujet duquel j'ai encore à rappeler quelques détails intéressants et curieux.

L'énorme succès de cet ouvrage avait placé aussitôt Verdi au rang des *maestri* les plus en vue, de ceux qui, comme Donizetti, Mercadante, Pacini, Luigi Ricci, pouvaient être appelés à écrire l'*opera d'obbligo* pour la grande saison du carnaval[1]. Aussi, le soir de la troisième représentation, Merelli l'ayant fait appeler dans son cabinet, lui apprit en ces termes la décision qui venait d'être prise à son égard par l'administration de la Scala.

— Mon cher Verdi, il vient d'être décidé que c'est toi qui serais chargé de composer l'opéra d'*obbligo* pour la saison prochaine. Voici un traité en blanc. Après un succès comme celui que tu viens d'obtenir, je ne puis pas te proposer de conditions; c'est à toi de faire les tiennes. Remplis ce traité; ce que tu y inscriras sera exécuté.

1. On sait qu'en Italie l'*opera d'obbligo* (obligé) est l'opéra soit déjà joué ailleurs, mais nouveau pour la ville, soit expressément composé pour elle, que chaque *impresario* s'engage, dans le traité signé par lui avec la municipalité du théâtre qu'il exploite, à faire représenter, dans le cours de la saison.

Verdi était fort embarrassé, et ne savait comment faire. Étant entré dans la loge de la Strepponi et lui ayant rapporté ce que venait de lui dire Merelli, il lui demanda conseil.

Celle-ci lui répondit que, d'une part, il lui fallait profiter de la chance qui le favorisait, mais que, de l'autre, il ne pouvait raisonnablement demander plus pour son prochain opéra que ce que Bellini avait obtenu pour *Norma*. Or *Norma* avait valu à Bellini huit mille livres autrichiennes, soit six mille huit cents francs. Verdi demanda donc la même somme à Merelli, qui la lui accorda pour son prochain ouvrage [1].

Il avait été convenu entre Verdi et Merelli que le produit de la vente de la partition de *Nabucco* serait partagé également entre eux deux. Le fameux éditeur Ricordi s'étant rendu acquéreur de l'ouvrage pour la somme de trois mille livres autrichiennes, Merelli en toucha effectivement la moitié; mais il ne voulut profiter de cet avantage que dans une modeste pro-

---

[1]. D'aucuns assurent que c'est neuf mille livres autrichiennes que Verdi demanda et obtint pour son nouvel opéra.

portion, car il fit cadeau de mille livres au compositeur.

Un dernier fait.
Donizetti, qui, deux mois et demi avant la représentation de *Nabucco*, avait donné à la Scala (26 décembre 1841) sa *Maria Padilla*, l'avant-dernier ouvrage écrit par lui pour l'Italie, avait attendu l'apparition de l'opéra de Verdi pour partir pour Bologne, où il allait diriger une exécution du *Stabat mater* de Rossini. Le lendemain même, il se mettait en route avec ses quatre chanteurs, la Novello, l'Alboni, le fameux comte Belgiojoso (un amateur qui chantait comme un artiste), et un ténor dont j'ai oublié le nom. Pendant tout le cours du voyage, tout préoccupé de l'œuvre qu'il avait entendue et encore sous le coup de l'émotion qu'elle lui avait fait éprouver, il restait songeur et silencieux, n'adressant la parole à aucun de ses compagnons, qui seulement lui entendaient dire de temps en temps:

— C'est beau! c'est très beau!

Donizetti songeait-il que le jeune compositeur au triomphe duquel il venait d'assister le remplacerait un jour dans l'affection du public italien, et serait en quelque sorte son successeur[1] ?

1. En 1857, deux troupes différentes exploitaient simultanément l'opéra italien à Londres, l'une, dont le directeur était M. Lumley, au Her Majesty's Theatre, l'autre ayant à sa tête M. Gye, au Lyceum. Toutes deux jouèrent à la fois *Nabucco*, mais, chose singulière, en se voyant obligées d'en changer le titre et le sujet. Voici ce qu'on lisait à ce propos dans la *Gazette musicale* du 14 juin 1857 : — « Le théâtre de Sa Majesté vient de donner le *Nabucco* de Verdi. Cet ouvrage, *que des scrupules religieux empêchent de jouer sous son véritable titre*, s'appelle, au théâtre de M. Lumley, *Nino*, et au théâtre de M. Gye, *Anato*. Corsi faisait son début dans le rôle du roi d'Assyrie. Le rôle d'Abigaïl a été très favorable à mademoiselle Spezia, qui s'y est montrée grande tragédienne et a beaucoup gagné dans l'estime générale. Les autres rôles étaient remplis avec talent par mademoiselle Ramos, Vialetti et Braham. »

VI

Onze mois après *Nabucco*, Verdi reparaissait à la Scala, en vertu du traité passé entre lui et Merelli, avec sa nouvelle partition, *i Lombardi alla prima crociata*.

Son ami Solera avait tiré le livret de cet ouvrage du beau poème de Grossi qui porte le même titre, et, malgré ses défauts, on pourrait dire ses extravagances, ce poème, d'ailleurs très pathétique, contenait d'assez belles scènes pour exciter l'imagination du compositeur. *I Lombardi* firent leur apparition le 11 février 1843, joués par la Frezzolini, le ténor Guasco, notre basse Dérivis, et obtinrent un succès égal à celui de *Nabucco*.

En dehors de la valeur propre de la musique, ce succès avait, si l'on peut dire, des causes accessoires, et l'on s'en rendra compte par les détails qui vont suivre. C'est dès *Nabucco* et *i Lombardi*, c'est-à-dire presque dès ses débuts, que Verdi commença, en quelque sorte instinctivement, à exercer à l'aide de sa musique une action politique sur son pays. Nous ne saurions, nous autres étrangers, nous rendre compte de l'influence que, pendant un certain temps, devaient avoir les mélodies ardentes et enflammées que Verdi trouvait quand les situations, ou seulement quelques vers isolés lui rappelaient l'état malheureux de l'Italie, ou ses souvenirs, ou ses espérances. En ce qui concerne *i Lombardi*, c'est à propos de cet ouvrage que la censure autrichienne, et, après elle, celle des petits tyranneaux italiens, commença à se livrer à ce travail patient de recherches taquines, auquel elle ne renonça jamais, afin d'émonder les livrets que choisissait Verdi, de les réduire *ad usum Delphini*, et d'empêcher tout prétexte à des démonstrations dont le public, cependant, ne laissait jamais échapper l'occasion. Voici ce qui se produisit au sujet d'*i Lombardi :*

L'archevêque de Milan, cardinal Gaisruk, — auquel cependant, plus tard, les Milanais donnèrent des témoignages de sympathie, parce qu'il était meilleur que ses maîtres, — eut des renseignements sur l'opéra nouveau qu'on montait à la Scala. Il écrivit à ce propos, au directeur de police Torresani, une lettre furibonde, dans laquelle il disait savoir qu'il y avait dans *i Lombardi* des processions, des églises, la vallée de Josaphat, une conversion, un baptême, toutes choses qui, selon lui, ne pouvaient être mises sur la scène sans sacrilège. Il finissait en enjoignant au directeur de police d'avoir à défendre la représentation d'*i Lombardi*, le menaçant, dans le cas contraire, d'écrire directement à l'empereur d'Autriche pour lui donner connaissance de la licence et du manque de respect pour la religion qui dominaient dans les théâtres impériaux et royaux.

Le jour suivant, le directeur de la Scala, Merelli, et les deux auteurs recevaient de la police une communication par laquelle on leur apprenait que l'opéra *i Lombardi* ne pouvait être représenté sans d'importantes modifications, et qui les appelait à la censure pour régler et décider ces modifications. Verdi repoussa cet appel avec fierté. « Allez-y, vous autres, dit-il à Merelli et à Solera. Quant à moi, les répétitions sont avancées, l'opéra va bien, et je n'y changerai ni une note ni un mot. *On le jouera tel qu'il est, ou on ne le jouera pas du tout.* »

Merelli et Solera allèrent donc à la police, et Torresani, pour s'excuser auprès d'eux de l'*ukase* qu'il leur avait envoyé, leur montra la lettre de l'archevêque. Merelli lui fit observer que tous les costumes étaient prêts, que les décors étaient peints, que les répétitions touchaient à leur fin, que tous : artistes, chœurs, orchestre, étaient enthousiasmés de la musique d'*i Lombardi*, et que, Verdi ne voulant se soumettre à aucune coupure d'aucune sorte, lui, Torresani, se rendait responsable de la suppression d'un chef-d'œuvre. Solera, de son côté, défendit avec ardeur son livret... A la fin, Torresani se leva et leur dit :

— Ce n'est jamais moi qui couperai les ailes à un jeune artiste qui promet tant pour l'avenir. Allez de l'avant; je prends toute la responsabilité.

Il voulut seulement qu'aux mots : *Ave*

Maria, fussent substitués ceux : *Salve Maria*, ce qui était une concession assez puérile aux scrupules de l'archevêque. Sous le couvert de cette concession insignifiante, *i Lombardi* purent voir le jour.

La première représentation ne tarda pas. La répétition générale, on ne sait pourquoi, avait été un peu froide, et Verdi s'en était montré non point découragé, mais quelque peu affecté. Un instant avant le commencement du spectacle, il alla saluer la Frezzolini dans sa loge :

— Comment êtes-vous ? lui dit-il.

— Très bien ! répondit la grande artiste.

— Eh bien, donc, courage !

— Vous n'en doutez pas ? répliqua-t-elle. Je mourrai ce soir sur la scène, s'il le faut, ou votre opéra aura un immense succès.

La Frezzolini ne mourut point, et *i Lombardi* allèrent, comme on dit en Italie, *alle stelle*.

Dès trois heures de l'après-midi, le populaire avait envahi les abords de la Scala et bientôt pénétré dans la salle, chacun apportant avec soi de quoi manger, de telle sorte qu'au lever du rideau, un vif parfum de saucisson à l'ail se répandait dans toutes les parties du théâtre. Cela ne fit pourtant point obstacle au succès, qui se déclara sans tarder. Le public voulut faire répéter le quintette, mais la police ne le permit point, tandis qu'elle laissa recommencer la polonaise : *Non fu sogno.* La censure avait de ces caprices ! Le fameux chœur : *O signore dal tetto natio !* donna lieu à l'une des premières démonstrations politiques qui signalèrent le réveil de la Lombardo-Vénétie. Je dis « l'une des premières », parce que la première fut véritablement celle qui fut causée par un autre chœur : *O mia patria, si bella e perduta !* chanté par les esclaves hébreux, qui est une paraphrase du psaume *Super flumina Babilonis,* et pour lequel le musicien avait trouvé une mélodie douloureuse et pathétique.

Le nouvel opéra passa rapidement du répertoire de la Scala sur celui de toutes les autres scènes de l'Italie, et se répandit ensuite dans le monde entier. Son histoire se complète d'une façon assez singulière, en ce sens qu'après avoir été traduit ou, pour mieux dire, adapté à la scène française avec des remaniements considérables, sous le titre de *Jérusalem,* on en retraduisit ensuite en italien cette seconde version, et que *Gerusalemme* fut ainsi offerte, sous cette nouvelle forme, aux premiers auditeurs d'*i Lombardi*.

C'est le 26 novembre 1847 que parut *Jérusalem* à l'Opéra de Paris. Le livret français avait été écrit par Gustave Vaëz et Alphonse Royer; le musicien avait retouché sa partition, à laquelle il avait ajouté plusieurs morceaux, et le rôle principal de l'œuvre ainsi transformée devait être la dernière création d'un artiste incomparable, M. Duprez, qui devait ensuite prendre sa retraite. Les deux autres rôles importants étaient tenus par M. Brémond et par une cantatrice charmante, madame Julian van Gelder. Malgré les splendeurs scéniques déployées en cette circonstance par notre première scène lyrique, malgré une interprétation générale excellente, malgré la présence de M. Duprez, véritablement admirable et souverainement dramatique au troisième acte, dans la scène de la dégradation, l'œuvre n'obtint chez nous que ce qu'on appelle un succès d'estime [1].

---

1. Peut-être les évènements politiques si graves qui se préparaient alors et qui devaient bientôt éclater ne furent-ils pas étrangers à l'accueil relativement froid que *Jérusalem* reçut du

Quant à la transplantation de *Jérusalem* en Italie, elle ne fut pas plus heureuse que celle d'*i Lombardi* en France, et cela n'a rien qui doive étonner. M. Basevi, dans l'excellent et très intéressant livre critique qu'il a publié sur Verdi *(Studio sulle opere di Giuseppe Verdi)*, donne les raisons toutes naturelles de ce fait : — « La *Jérusalem* fut traduite en italien ; mais ce replâtrage de troisième génération fit à peine une apparition sur quelques théâtres d'Italie, pour s'évanouir ensuite. C'était vraiment une prétention déraisonnable que celle de présenter de nouveau sur les scènes italiennes une œuvre qui avait, sous une autre forme, produit une aussi profonde impression dans l'âme des Italiens que l'avaient fait *i Lombardi*. Il est des impressions qui ne s'effacent qu'avec la plus grande difficulté, même lorsqu'elles ont contre elles la vertu d'une très grande beauté ; on peut donc espérer d'autant moins les remplacer par de nouvelles quand

public parisien. Il est juste d'ajouter que, sur nos théâtres de province, où l'œuvre ne tarda pas à être mise au répertoire, elle fut reçue parfois d'une façon plus favorable. Je rappellerai aussi que Louis-Philippe, dont le trône commençait à chanceler, voulut connaître *Jérusalem* et en fit exécuter deux actes aux Tuileries. C'est à cette occasion que Verdi fut nommé chevalier de la Légion d'honneur.

celles-ci sont excitées par une force moindre, comme c'était le cas en ce qui concerne le drame et la musique de *Gerusalemme* [1]. »

Les trois succès d'*Oberto, conte di San-Bonifacio*, de *Nabucco* et d'*i Lombardi* avaient créé à Verdi une situation exceptionnelle en Italie, et l'avaient placé à la tête du mouvement musical de sa patrie. Un seul artiste eût pu lutter avec lui : c'était Donizetti. Mais l'auteur de *Lucia* et de *Don Pasquale* était fatigué déjà par une production excessive, et il n'avait plus que peu de jours à vivre. Le génie de Verdi brillait comme une aurore nouvelle, effaçant dans son éclat naissant les physionomies pourtant aimées de quelques musiciens qui avaient l'oreille du public, tels que Mercadante, Pacini et Luigi Ricci. C'est à qui, de tous les grands théâtres, voulait avoir une œuvre de lui. Il se décida d'abord pour la Fenice, de Venise, et écrivit pour elle une de ses partitions les plus fortunées, *Ernani*, qui y obtint un immence succès le 9 mars 1844.

Ce sujet d'*Ernani* avait été choisi par Verdi,

---

[1]. J'ignore à quelle époque *Gerusalemme* fut représentée en Italie.

mais sans que l'on sût encore à quel écrivain confier la tâche de transformer en opéra le superbe drame de Victor Hugo. Chose rare : il manquait un librettiste ! C'est à ce moment qu'un jeune poète nommé Francesco Maria Piave, connu seulement jusque-là par quelques vers aimables, fut présenté au compositeur, qui consentit à en faire son collaborateur et à le charger de tracer le livret d'*Ernani*, livret qu'il eût pu certainement faire meilleur, bien qu'il ne soit pas dépourvu de toutes qualités [1].

1. Le pauvre Piave, mort fou il y a quelques années, fut un des plus assidus collaborateurs de Verdi, à qui il fournit par la suite, sur ses indications (car Verdi choisit toujours lui-même les sujets qu'il veut mettre en musique), les livrets d'*i Due Foscari*, de *Macbeth*, d'*il Corsaro*, de *Stiffelio*, de *Rigoletto*, de *la Traviata*, de *Simon Boccanegra* et de *la Forza del Destino*. Assez méchant poète, et dénué d'invention, Piave ne manquait pas de quelque adresse comme librettiste, et il avait pour Verdi l'immense qualité de s'effacer complètement, de faire abstraction de toute espèce d'amour-propre et de suivre en tout les indications et les désirs du compositeur, taillant de ci, rognant de là, raccourcissant ou rallongeant à la volonté de celui-ci, se prêtant enfin à toutes ses exigences, quelles qu'elles fussent. *El mestro vol cussi e basta* (le maître veut ainsi, et cela suffit), disait-il en dialecte milanais ; et il justifiait de la sorte sa conduite et résumait son opinion. Aussi, Verdi avait pris en vive affection ce collaborateur modeste, qu'il trouvait toujours fidèle, toujours soumis, toujours de bonne humeur, se consacrant à lui corps et âme. Et, quand le pauvre Piave fut atteint d'une terrible maladie, il lui servit une pension, et, comme l'infortuné était obsédé par la pensée de laisser derrière lui une mignonne fillette sans ressources et sans appui, Verdi se chargea du sort de l'enfant et l'assura pour toujours.

Heureusement le musicien sut s'inspirer de la grandeur du sujet, et le public vénitien acclama l'œuvre nouvelle, qui, avant la fin même de l'année, était reproduite dans quinze villes de la Péninsule, à Rome, Gênes, Florence, Padoue, Livourne, Sinigaglia, Brescia, Milan, Lucques, Bergame, Bologne, Crémone, Trévise et Trieste. La vérité veut que l'on constate pourtant qu'*Ernani* ne fut pas accueilli partout avec la même faveur qu'à Venise. Florence, notamment, le reçut avec une froideur assez marquée.

On raconte que pendant les études de l'ouvrage à la Fenice, Verdi eut maille à partir avec sa principale interprète, la Lœwe, devenue plus tard princesse de Lichstentein, qui était chargée du rôle d'Elvire (doña Sol). Cette brillante cantatrice, qui avait créé à Milan la *Maria Padilla* de Donizetti, se montrait fort mécontente de son rôle, et le déclarait ouvertement, ce dont le compositeur se trouvait justement froissé. Ce mécontentement provenait particulièrement du refus opposé par celui-ci aux désirs de la virtuose, qui aurait voulu que la partition d'*Ernani* se terminât par un rondeau final dans lequel elle aurait

pu déployer sa bravoure et son agilité. Piave
ne voyait rien à redire à cette prétention ; il
n'eût pas trouvé autrement mauvais que l'on
finît *Ernani* comme *la Cenerentola*, et il avait
écrit déjà les paroles de l'air en question. Mais,
quand il les communiqua à Verdi, avec l'iné-
vitable

> *Voci di gioia,*
> *Voci di giubilo...*

celui-ci entra dans un de ces accès de fureur
artistique que le poète s'était habitué déjà à
subir avec beaucoup de philosophie. « Veux-tu
donc, lui dit-il, ruiner la plus belle situation
de l'ouvrage? » De fait, il refusa absolument
de se prêter au caprice de la Lœwe, et celle-ci
s'en montra très courroucée. Le succès seul
put la calmer. Le jour de la représentation,
Ernani triompha complètement, et la chanteuse
eut pour sa part tant d'applaudissements, qu'elle
revint de son erreur. Elle voulut alors adoucir
Verdi et rentrer dans ses bonnes grâces ; mais
le compositeur la bouda, et refusa de faire sa
paix avec elle. Il partit de Venise après les
premières représentations d'*Ernani*, en se bornant à lui envoyer une carte de visite. Ce
n'est qu'au bout de plusieurs mois qu'il con-

sentit, sur une démarche de la cantatrice, à se
départir de sa rigueur. Dans le cours de l'automne, la Lœwe se trouvant à Bologne, où
précisément elle jouait *Ernani*, Verdi vint à
passer par cette ville se rendant à Rome, et
s'y arrêta quelques jours ; elle le sut, lui fit
parvenir un mot aimable, et le jeune maître
lui rendit aussitôt visite. La réconciliation
était faite. Deux ans plus tard, Verdi écrivait
pour elle le rôle principal de son *Attila*.

Ce n'est pas là le seul incident qui se produisit au sujet d'*Ernani*, dont les deux autres
interprètes essentiels étaient le ténor Guasco
(Ernani) et la basse Selva (Silva). Verdi était
allé chercher ce dernier sur une scène secondaire, le théâtre San-Samuele, où il chantait
un petit opéra de Ricci, *il Diavolo innamorato*,
et il le choisit contre le gré du directeur de
la Fenice, le comte Mocenigo ; ce noble *impresario*, qui avait une haute idée de la « dignité »
de son entreprise, ne voulait pas entendre
parler d'un chanteur sorti de si bas, et il fallut
tout l'entêtement et toute la volonté de Verdi
pour le faire céder. Mais le compositeur eut
encore à lutter contre les préjugés de ce terrible directeur, qui ne pouvait pas admettre

non plus, malgré l'exemple donné à Paris par la Comédie-Française, qu'on sonnât du cor sur la scène majestueuse de la Fenice. « Un cor à la Fenice ! s'écriait-il sur le ton de l'indignation ; un cor ! Cela ne s'est jamais vu ! — Eh bien, cela se verra, lui répondait Verdi sans s'émouvoir. » Et cela se vit, en effet, et même s'entendit.

Enfin Verdi se heurta encore ici contre les taquineries de la censure autrichienne, dont les prétentions n'allaient à rien de moins que supprimer la grande scène de la conjuration. Elle s'humanisa cependant, et la scène fut conservée, à la seule condition que le poète y changerait quelques vers ; ce qui n'empêcha pas le chœur vigoureux : *Si ridesti il leon di Castiglia*, de renouveler à Venise les enthousiasmes patriotiques dont Milan avait donné l'exemple lors de la représentation de *Nabucco*.

Au reste, *Ernani* est un des ouvrages de Verdi dont la carrière *politique* présente les incidents les plus caractéristiques, parfois les plus émouvants. Je rapporterai à ce sujet une anecdote curieuse. C'était à Rome, vers la fin de 1847, à l'époque de l'immense et fugitive popularité du pape Pie IX, que les Italiens, on le sait, purent considérer un moment comme le libérateur et le futur sauveur de leur pays. Cela dura peu, mais il est certain que le pontife était alors, particulièrement pour les Romains, l'objet d'un respect et d'un amour qui touchaient à l'adoration. On jouait *Ernani* au théâtre Tordinona, et, chaque soir, le public applaudissait avec frénésie certains morceaux dont la situation dramatique, rendue par le compositeur avec une sorte de flamme ardente et inspirée, excitait l'enthousiasme et soulevait les passions patriotiques de la multitude. Alors, au lieu de chanter : *A Carlo Quinto sia gloria e onor !* on chantait : *A Pio Nono*, etc., et, naturellement, les bannières et les cocardes tricolores remplaçaient les cocardes et les bannières austro-espagnoles dans l'acte de la conjuration. A chaque représentation, on faisait répéter cette scène. Un soir, un individu en costume de garde national, placé au poulailler, ayant une jambe en dehors de la balustrade, continua, le morceau ayant été redit une seconde fois, de crier : *Bis ! Viva l'Italia ! Viva Pio IX !* D'autres firent chorus, et la toile se releva pour la troisième fois. Cependant, notre homme encore n'était pas

satisfait ; il continuait de crier, tant qu'à la
fin le public s'impatienta et le siffla. Alors,
redoublant ses hurlements, et atteignant le
paroxysme de sa fureur patriotique, il porta
la main à son schako, et le jeta dans le parterre ; au schako succéda la tunique, puis le
gilet ; les habitants du parterre étaient effrayés,
craignant qu'il ne se précipitât lui-même sur
eux ; mais il fit pire encore : il tira son sabre,
et le lança au loin avec une telle violence,
qu'il alla se ficher sur la scène, à deux pas
de la rampe, au milieu de l'épouvante générale. A ce moment, un officier parvenait enfin
auprès de ce forcené, s'en emparait non sans
peine, et le faisait sortir de la salle, à la
grande joie du public, délivré de ce cauche-
mar et de ce danger [1].

1. *Ernani* parut à Paris, sur notre Théâtre-Italien, dans
les premiers jours de janvier 1846. Mais, Victor Hugo s'étant
opposé à la représentation d'un ouvrage qui, au point de vue
littéraire, n'était qu'une grossière mutilation de son drame, on
fut obligé de modifier l'action, de changer les noms et la
condition des personnages, enfin de donner un nouveau titre
à l'opéra, qui prit le celui d'*Il Proscritto* (Il était dit que Verdi
signerait quand même un ouvrage ainsi intitulé). Voici les
détails que donnait à ce sujet la *Gazette musicale* du 11 janvier ; il va sans dire que je prétends n'endosser en aucune
façon la responsabilité des opinions émises sur Victor Hugo et
sur Verdi par l'auteur de cet article, signé P. S., c'est-à-dire
Paul Smith, pseudonyme qui masquait la personnalité d'un

Huit mois ne s'étaient pas écoulés depuis le brillant succès d'*Ernani*, que Verdi affrontait de nouveau le jugement du public. Cette fois, c'est à Rome qu'il se présentait, et c'est sur le théâtre Argentina, de cette ville, qu'il donnait, le 3 novembre, un nouvel opéra, *i Due Foscari*, dont il avait encore fait écrire le livret par son jeune collaborateur Piave. Celui-ci, bien qu'accueilli sans hostilité par les spectateurs romains, fut moins fortuné que le précédent, et l'on peut dire qu'il n'eut jamais beaucoup de retentissement, ni en Italie ni

ex-vaudevilliste en rupture de couplets, Edouard Monnais : — « ... Donc, voilà qui est bien entendu, Oldrado, le proscrit, le corsaire vénitien, c'est Hernani ; Andrea Ritti, le sénateur, qui s'élève à la dignité de doge, c'est Charles-Quint, promu au trône impérial ; Zeno, c'est le vieux Silva, devenu père d'oncle qu'il était, et l'on ne saurait s'expliquer la raison de cette métamorphose; Elvira, c'est doña Sol; la scène se passe en Italie, au lieu de se passer en Espagne ; à cela près, c'est la même action, la même intrigue aussi extravagante, aussi ridicule que dans la tragédie : M. Victor Hugo n'a pas le plus petit mot à dire et doit être parfaitement content. Quant au public, c'est autre chose ; il attendait la venue d'un Messie, et il n'a rien vu de tel apparaître sur l'horizon. Quelque réserve que l'on mette à se prononcer sur un compositeur nouveau, il est impossible de ne pas sentir, de ne pas déclarer que, jusqu'à présent du moins, le génie manque à Verdi ; que c'est un de ces musiciens, sans inspiration originale, doué de plus de verve et d'habileté que ses rivaux actuels dans le maniement du rhythme et de l'orchestre, mais tout à fait inférieur aux maîtres, dont le dernier nous a donné *Lucie* et *la Favorite*. »

ailleurs. Il a toujours été considéré comme l'une des productions les plus pâles et les moins heureusement venues du maître[1].

Mais Verdi allait retrouver, grâce à une artiste admirable et inspirée, un succès, fugitif sans doute (car l'œuvre n'était encore que de seconde main et n'a pas résisté à l'épreuve du temps), mais très brillant. L'œuvre, c'était sa *Giovanna d'Arco*; l'artiste, c'était cette touchante et sublime Erminia Frezzolini, morte récemment au milieu de la ruine de toutes ses facultés, mais alors dans tout l'éclat de sa jeunesse radieuse, de sa beauté patricienne, de sa voix incomparable et de son merveilleux talent. Un écrivain a tracé de la Frezzolini ce portrait un peu précieux dans quelques-unes de ses lignes, mais où reparaît vivante et animée, aux yeux de tous ceux qui ont été assez heureux pour la connaître même sur son déclin, cette femme admirable

---

1. « ..... Verdi écrivit cette musique immédiatement après celle d'*Ernani*; mais l'intervalle qui sépare l'une de l'autre est immense. C'était son sixième opéra, composé en 1844 pour Rome et chanté par la Barbieri-Nini, Roppa et Debassini. En 1846, les *Due Foscari* nous furent donnés avec Mario, Coletti et mademoiselle Grisi pour interprètes. Le succès en fut des plus ternes, et nous ne voyons pas que, cette année, il ait changé de coloris. » (*Gazette musicale*, du 16 novembre 1856.)

qui fut une artiste sans rivale et sans seconde :
— « ..... Elle était brune ; ses grands yeux
mouillés, ombrés de longs cils noirs, déga-
geaient des effluves magnétiques, où la passion
avait de chaudes coulées d'amour. Rien n'éga-
lait la distinction de sa personne, l'élégance
de son buste, la troublante langueur de sa
démarche. Son profil de camée antique accu-
sait une fierté patricienne, et ses lèvres, ses
lèvres d'amoureuse, semblaient palpiter sous
les baisers de la muse lyrique. Sa voix, faite
de velours et quasi voilée par le sentiment,
était la voix de l'âme, une âme divine, éprise
à en mourir des joies et des tortures du cœur.
A vrai dire, ce n'était pas une voix, c'était la
passion même qui chantait en elle, vibrante,
intime, fascinatrice comme l'écho divin d'un
moi idéal. Jamais on n'a vu au théâtre une
héroïne plus vivante, plus chaste, plus élo-
quente. Son exquise sensibilité de femme donnait à son interprétation un charme pudique,
une poésie qui vous transportait dans le paradis des rêves. Son génie, fait de quintessence
de suavités féminines et de tendresses fondues,
enveloppait la salle ; c'était un parfum doux
et capiteux à la fois, qui s'imprégnait à l'âme

des auditeurs, quelque chose de délicieusement ému qui prenait tous les cœurs... » Alors dans toute la fleur de son printemps, la Frezzolini était bien la créature idéale qu'on pût rêver pour représenter, pour personnifier dans sa pureté physique et morale la chaste héroïne de Vaucouleurs. Son angélique beauté produisait une indicible impression sous le casque et sous l'armure, et un critique italien, rappelant son souvenir dans cet ouvrage, disait d'elle : — « Je la revois encore, dans cette *Giovanna d'Arco*, où elle m'apparut comme une vision de paradis, à la scène grandiose du couronnement, sous ce candide costume de guerrière, avec l'étendard fleurdelysé qu'elle pressait sur sa poitrine, alors que, sous l'arc admirable de ses longs sourcils noirs, on voyait briller ses yeux, ces yeux dont le regard vous allait droit au cœur, et qui alors semblaient s'élever vers le ciel dans un élan de foi intense... »

C'est donc à la Frezzolini surtout que Verdi dut le succès momentané de sa *Giovanna d'Arco*. Avec cet ouvrage, le compositeur reparaissait sur ce noble et glorieux théâtre de la Scala, qui lui avait toujours montré tant de sympathie, et que pourtant, chose singulière, il n'a plus jamais abordé, depuis lors, avec une œuvre nouvelle. Le public milanais, cette fois encore, lui fit fête et l'accueillit avec faveur; mais ce qui prouve bien qu'en cette circonstance l'interprète surpassait l'œuvre, et que celle-ci devait tout à celle-là, c'est que, d'une part, *Giovanna d'Arco* ne put retrouver ailleurs la même fortune qu'à Milan, et que, de l'autre, la voix de la Frezzolini ayant déjà subi des atteintes assez cruelles pour que la cantatrice, quand elle vint en France, n'osât pas aborder ce rôle écrasant, le compositeur se refusa obstinément à laisser jouer son ouvrage à Paris, n'ayant plus, pour le soutenir devant un public qu'il redoutait, l'artiste inspirée des premiers jours. Ce n'est que plus de vingt ans après, et lors des triomphes de mademoiselle Adelina Patti sur notre scène italienne, que le maître consentit enfin à se départir de sa rigueur et à y laisser représenter sa *Giovanna*. Il faut ajouter que, malgré la présence de la jeune artiste et l'influence incontestable qu'elle exerçait sur le public, le succès fut des plus modestes. Après quelques représentations, l'ouvrage fut complètement abandonné. De *Giovanna d'Arco*, il n'est guère resté que l'ouverture, que Verdi plaça plus tard en tête de son premier opéra français, *les Vêpres siciliennes*, et qu'il employa, plus tard encore, dans son *Aroldo*[1].

Je n'ai rien à dire d'*Alzira*, qui fut jouée au théâtre San-Carlo, de Naples, le 12 août 1845. J'ignore si le poème de cet ouvrage, écrit par Cammarano, est inspiré de l'*Alzire* de Voltaire; mais cet opéra ne fut pas très heureux, quoique chanté par la Tadolini, Fraschini et Coletti. Avec *Attila*, qui vit le

---

1. Il y aurait un livre à faire avec la seule histoire des démêlés que les opéras de Verdi eurent toujours à soutenir, avant l'affranchissement de l'Italie, avec la censure des États italiens autres que le Piémont. En voici encore un exemple. Le 26 octobre 1847, on donnait à Palerme, au théâtre Carolino, la *Giovanna d'Arco* de Verdi, c'est-à-dire qu'on exécutait la musique de *Giovanna*; car la police ne put se résoudre à permettre qu'on offrît aux yeux du public la figure de notre admirable héroïne, soulevant le peuple français et l'appelant au combat pour délivrer la patrie du joug de l'étranger. Les mots de Patrie et de Liberté, considérés comme subversifs, ne pouvaient exister alors pour le peuple italien (qui a trop vite oublié que c'est la France qui lui a permis de les prononcer). Bref, il fallut changer le sujet et écrire un autre poème *sous* la musique de Verdi : « On a changé le poème; l'héroïne française est devenue compatriote de Sapho; elle se nomme, dans la pièce qu'on a arrangée sur la musique de Verdi, *Orietta di Lesbo*. Ces changements ne sont pas de nature à donner de l'intérêt à la partition; on ne devrait jamais faire de pareilles substitutions sans l'autorisation du compositeur. » (*France musicale*, du 17 novembre 1847.)

jour à la Fenice, de Venise, le 17 mars de l'année suivante, Verdi retrouvait le compagnon de ses débuts, le poète Temistocle Solera. Plus fortuné qu'*Alzira*, *Attila* ne jouit pas cependant d'une longue popularité; mais, à Venise, il fut chaleureusement accueilli, peut-être parce que les Vénitiens y trouvaient encore un prétexte à allusions patriotiques et l'occasion d'affirmer leur ardent désir d'indépendance. Le public de la Fenice se souleva d'enthousiasme à l'audition de cet air resté fameux parmi eux :

Cara patria già madre e regina
Di possenti e magnanimi figli !...

et plus loin, lorsqu'on entendit ce vers :

Avrai tu l'universo, resti l'Italia a me !

la salle entière, comme prise de frénésie, jeta ce cri tout d'une voix : *A noi ! L'Italia a noi !*

Attila fut généralement mal accueilli en dehors de l'Italie. Représenté à Londres, le 18 mars 1848, et chanté par Sophie Cruvelli, Gardoni, Belletti et Cuzzani, il échoua piteusement, et un journal disait : — « Ce n'est pas la faute de ces artistes si l'ouvrage a fait un *fiasco* complet, quoiqu'il ait un mérite que n'ont pas tous les autres ouvrages du même auteur, celui d'être court. Jugez d'ailleurs de l'effet par la recette, qui ne s'est pas élevée au-dessus de *huit* livres sterling, environ deux cents francs francs[1] ! » Quelques années après cependant, ce même journal réclamait avec une sorte d'enthousiasme la représentation d'*Attila* à Paris. Il est vrai que c'était précisément pour y voir Sophie Cruvelli, qui, alors dans la splendeur de sa voix opulente et de sa beauté sculpturale, s'était montrée dans un fragment de cet ouvrage, où elle avait produit un effet foudroyant. On était à l'époque ou une sorte de lutte s'était établie, sur notre scène italienne, entre cette cantatrice justement admirée et une autre artiste extrêmement remarquable, madame Anna de Lagrange: — « C'est peut-être, disait le journal en question, c'est peut-être au noble désir de ne pas laisser les derniers triomphes à sa rivale, qu'il faut attribuer l'apparition de Sophie Cruvelli dans le prologue d'*Attila*, apparition foudroyante, adieu météorique ! Ah ! quelle magnifique héroïne, quelle sublime guerrière que Sophie Cruvelli ! quelle

---

1. *Gazette musicale*, 26 mars 1848.

formidable Jeanne d'Arc, et qui ne se laisserait pas brûler, celle-là ! Nous avions déjà vu dans *Nabucco* de quel air elle portait les armes. Dans *Attila*, c'est bien mieux encore. Nous demandons *Attila* tout entier, pour que Sophie Cruvelli achève de nous chanter ce rôle d'Odabella, qu'elle nous a laissé en partant comme une flèche incendiaire. Nous la regardons comme obligée de revenir l'année prochaine, rien que pour s'acquitter envers nous [1]. » *Attila* ne fut pas représenté aux Italiens, mais il fut un instant question de le faire traduire pour l'Opéra, à l'époque de l'apparition et du grand succès du *Trouvère* à ce théâtre. Il ne fut pourtant jamais joué à Paris, ni à l'Opéra ni ailleurs [2].

Nous arrivons à l'une des œuvres les plus intéressantes de Verdi, bien que celle-là, très heureuse en Italie, ne l'ait jamais été beaucoup à l'étranger ; je veux parler de *Macbeth*, qui fut représenté à la Pergola, de Florence, le 14 mars 1847, c'est-à-dire un an, presque jour pour jour, après *Attila*. Avant de retra-

1. *Gazette musicale*, 29 mai 1853.
2. V. Scudo, *l'Année musicale*, 2ᵉ année, p. 177.

cer l'historique de cet ouvrage, je veux rappeler les souvenirs consignés à son sujet sur Verdi par un autre artiste fameux, le sculpteur Giovanni Dupré, descendant d'une ancienne famille française depuis longtemps fixée en Italie.

Artiste classique par excellence, devenu célèbre pour plusieurs œuvres remarquables, un *Caïn*, un *Abel*, une *Pietà*, etc., Dupré, qui fut chevalier de la Légion d'honneur et membre correspondant de notre Académie des beaux-arts, comptait au nombre des plus ardents admirateurs de Verdi. Très épris de musique, comme tous ses compatriotes, et se trouvant à Florence lorsque l'auteur de *Nabucco* se rendit en cette ville pour y monter son *Macbeth*, il voulut connaître le jeune maître, à peine plus âgé que lui de quatre ou cinq ans, et il a raconté lui-même, dans un livre fort intéressant [1], de quelle façon il entra en relations avec lui. Je lui emprunte ce petit récit :

Giuseppe Verdi arrivait alors à Florence, pour mettre en scène son *Macbeth*. Si je ne me trompe, c'était la

---

1. *Pensieri sull' arte e Ricordi autobiografici* di Giovanni Dupré. — Firenze, successori Lemonnier, 1879.

première fois qu'il venait parmi nous ; sa renommée l'avait précédé ; des ennemis, comme il est naturel, il en avait beaucoup ; j'étais partisan de ses œuvres connues jusqu'alors, *Nabucco, i Lombardi, Ernani* et *Giovanna d'Arco*. Ses ennemis disaient que, comme artiste, il était très vulgaire et corrupteur du beau chant italien ; et, comme homme, ils en faisaient un ours mal léché, plein de hauteur et d'orgueil, dédaigneux de fréquenter qui que ce fût. Je voulus aussitôt m'en convaincre, et j'écrivis un billet en ces termes : « Giovanni Dupré prie le très cher maestro Verdi de vouloir bien, tout à son aise, faire une visite à son atelier, où il est en train de terminer le marbre de son *Caïn*, qu'il serait heureux de lui montrer avant de l'expédier. » Mais, pour voir jusqu'à quel point il était ours, je voulus porter cette lettre moi-même et me présenter comme un jeune élève de l'artiste. Il me reçut avec beaucoup d'urbanité, lut la lettre, puis, se tournant vers moi, me dit :

— Dis à ton maître que je le remercie beaucoup, et que j'irai le trouver le plus tôt qu'il me sera possible, car j'avais le désir de connaître personnellement un jeune sculpteur qui... etc.

Je répondis :

— Si vous avez envie, *signor maestro*, de connaître le plus promptement possible ce jeune sculpteur, vous pouvez vous satisfaire aussitôt, car c'est moi.

Il sourit avec amabilité ; puis, me serrant la main, il dit :

— Oh ! c'est vraiment d'un artiste.

Nous causâmes longuement, et il me montra diverses lettres d'introduction qu'il avait pour Capponi [1], pour Giusti et pour Niccolini [2] ; celle destinée à Giusti était de Manzoni [3]. Nous nous vîmes presque chaque jour pendant tout le temps qu'il resta à Florence. Nous faisions des promenades dans les environs, c'est-à-dire à la famille Ginori, à Fiesole et à la Torre del Gallo. Nous étions un petit groupe de quatre ou cinq : Andrea Maffei, Manara, qui plus tard mourut à Rome, Giulio Piatti, Verdi et moi. Le soir, il permettait à l'un ou à l'autre d'entre nous d'assister aux répétitions de *Macbeth*. Il venait très souvent le matin, avec Maffei, à mon atelier. Il goûtait extrêmement la peinture et la sculpture, et il en parlait avec une intelligence peu commune ; il admirait surtout Michel-Ange, et je me rappelle qu'à la chapelle du chanoine Sacchi, située sous Fiesole par la rue vieille, et où l'on peut voir une belle collection d'œuvres d'art, il resta près d'un quart d'heure à genoux à contempler un devant d'autel qu'on attribue à Michel-Ange.

1. Le marquis Gino Capponi, homme politique, écrivain de premier ordre, descendant d'une des plus anciennes familles nobles de Florence qui fut la rivale des Médicis. Ce grand patriote, qui fut un historien éminent, est mort en 1876.

2. Giuseppe Giusti et Giovan-Battista Niccolini, deux des plus grands poètes de l'Italie moderne, tous deux amis de Capponi, et fiers patriotes comme lui. Verdi se lia avec Giusti surtout d'une étroite amitié.

3. Alessandro Manzoni, le premier en date des romantiques, l'auteur immortel des *Fiancés (i Promessi Sposi)*.

Je voulais faire son portrait, mais, par suite de circonstances indépendantes de sa volonté et de la mienne, je ne pus mettre ce projet à exécution, et je me contentai de mouler sa main, que je sculptai ensuite et que j'offris à la Société philharmonique de Sienne, à laquelle j'appartiens depuis 1843. La main de Verdi est représentée comme si elle écrivait ; en levant le moule, la plume resta encastrée dans celui-ci, et elle sert aujourd'hui à une petite esquisse que j'ai faite de saint Antonin.

Il parut satisfait de mon *Caïn* ; cette fierté presque sauvage lui allait au sang, et je me souviens que Maffei s'attachait à le persuader qu'on pouvait tirer du *Caïn* de Byron, que justement le poète traduisait alors, un drame de beaucoup d'effet par les situations et les contrastes dans lesquels le génie et le tempérament de Verdi aimaient à se mouvoir. Le caractère doux et pieux d'Abel, mis en regard de celui de Caïn, férocement pris de colère et d'envie à la vue de l'offrande d'Abel que le ciel tenait pour agréable ; le contraste entre leurs caractères, Abel caressant son frère et lui parlant de Dieu, et Caïn repoussant dédaigneusement ses douces paroles et se répandant enfin en blasphèmes contre ce Dieu ; le chœur des anges invisibles dans l'espace, le chœur des démons sous terre ; Caïn, aveuglé par la colère, tuant son frère, et sa mère accourant au cri d'Abel, qu'elle trouve mort, puis son père, puis la jeune épouse d'Abel, la douleur de tous devant la mort de ce juste, leur horreur pour le meurtrier, le remords sombre et morne de Caïn, enfin sa malédiction, tout cela formait un ensemble vraiment digne du génie dramatique et biblique (1) de Verdi. Je me rappelle qu'à ce moment il en était comme envahi ; pourtant il n'en fit rien, et il eut sans doute pour cela de bonnes raisons. Peut-être les nudités étaient-elles un écueil, mais avec des peaux de bêtes on fait des tuniques et des vêtements extrêmement pittoresques ; et, de toute façon, il pouvait mettre en musique un tel sujet, celui-ci lui offrant vraiment des situations et des effets puissants, et Verdi ayant toujours déployé dans ses œuvres ce génie admirablement fier qui convenait à un si terrible drame. Lui qui sut trouver les grandes et sérieuses mélodies de *Nabucco*, les chants douloureux du *Trovatore* et de *la Traviata*, et la couleur locale, le caractère et les sublimes harmonies d'*Aida*, il pouvait mettre *Caïn* en musique. Si un jour Verdi lit ces lignes, qui sait ?...

Verdi ne songe plus à *Caïn*, je pense, depuis longtemps ; mais il remporta un grand succès à Florence avec *Macbeth*, succès que sa principale interprète, la Barbieri-Nini, qui se montrait admirable dans le personnage de lady Macbeth, changea souvent en un véritable triomphe. Les autres rôles étaient tenus par Brunacci, Varesi et Benedetti [1]. Ce qu'on

1. Dans une *Lettre sur l'état actuel de la musique en Italie*, publiée par la *Gazette musicale* du 27 mars 1847, et où l'au-

aurait quelque peine à croire, étant donné le sujet de *Macbeth*, c'est que cet ouvrage, représenté à Venise peu de temps avant la révolution de 1848, y excita presque des troubles et y fut encore le sujet de manifestations patriotiques et tumultueuses, tout comme avait fait *Attila*. Rien n'est plus vrai pourtant. A cette époque, où les imaginations italiennes étaient exaltées et excitées outre mesure, tout, au théâtre, devenait motif à allusions, et le public ne laissait échapper aucune occasion de manifester ses sentiments.

C'était un ténor espagnol nommé Palma, chaud libéral et dont le cœur battait à l'unisson des populations, qui jouait à Venise le rôle de Macduff et qui, au troisième acte, avait à chanter l'air fameux :

---

teur constatait le chaleureux accueil que les Florentins venaient de faire à *Macbeth*, on lisait ce qui suit : — «... Je te parle d'admirateurs aveugles ; je voudrais un mot plus fort, car imaginerais-tu qu'à Milan, on a imprimé une lithographie représentant Verdi écrasant sous ses pas les compositeurs passés, et tenant un pied sur la tête de Rossini ? Si celui-ci en a eu connaissance, combien il aura dû rire ! Il pouvait, par forme de vengeance, faire encadrer l'estampe et l'exposer dans son salon ; mais ni lui ni personne ne s'aviseront de supposer qu'un maître tel que Verdi ait trempé dans une pareille indignité ! Verdi n'en doit donc pas porter le ridicule. »

> *La patria tradita*
> *Piangendo c'invita:*
> *Fratelli, gli oppressi*
> *Corriamo a salvar.*

La physionomie en feu, l'œil inspiré, le regard étincelant, la cocarde tricolore à son chapeau, Palma chantait cet air avec tant de fougue, tant de chaleur, un tel enthousiasme, une ardeur si véhémente, que la salle entière était électrisée et que le public, s'enflammant à ses mâles accents, se mettait à faire chorus avec lui et allait jusqu'à pousser des cris patriotiques et, naturellement, « séditieux ». Cet air, dit un Italien, semblait devoir être la mèche qui met le feu aux poudres. La chose devint si grave, un jour, que la police jugea à propos de faire intervenir les grenadiers autrichiens pour maintenir l' « ordre » et imposer silence aux « factieux »[1].

---

[1]. Ce qu'on ne sait guère, c'est que les vers des deux strophes qui composent ce morceau sont du grand poète Andrea Maffei, l'ami de Verdi. Celui-ci avait été prié par le maître de lui écrire un livret; mais il s'en était gardé, incapable qu'il se sentait de se plier à ses exigences. Toutefois, pour lui être agréable, il écrivit non seulement *La patria tradita*, mais encore les paroles des chœurs des sorcières, qui inspirèrent à Verdi une musique si étrange, si pittoresque et si colorée. Celui qui lirait ces chœurs de Maffei verrait la distance qui sépare cette poésie vivace et expressive des pauvres vers que le pauvre Piave écrivait à la diable.

C'est à propos de la représentation et du succès de *Macbeth* à Florence que Verdi reçut de ses compatriotes, si prodigues de ce genre de manifestations qu'elles en sont devenues un peu banales, le premier hommage public de leur sympathie et de leur admiration. Le jeune prince Joseph Poniatowski, compositeur dilettante, qui par la naturalisation était devenu sujet toscan en attendant qu'il fût citoyen français et sénateur du second empire, lui présenta, au nom de « plusieurs de ses admirateurs », une couronne de lauriers d'or, dont chaque feuille portait inscrit le titre d'une de ses œuvres.

Si *Macbeth*, grâce surtout aux particularités que je viens de rapporter, devint jusqu'à un certain point populaire en Italie, il n'y obtint pourtant pas le succès retentissant et prolongé qui accueillit certaines autres grandes œuvres du maître. Il fut moins heureux encore à l'étranger, et en France même, sous sa seconde forme, sa fortune ne fut pas meilleure. On se rappelle qu'en 1865 (le 21 avril), *Macbeth* fut donné à notre Théâtre-Lyrique, alors florissant et entouré de la sympathie générale. Il ne s'agissait pas d'une simple traduction, mais d'une adaptation spécialement faite en vue de la scène française. Le livret nouveau avait été tracé par MM. Nuitter et Beaumont, et le compositeur, soucieux de plaire au public parisien, avait non pas seulement remanié son œuvre, mais refait la moitié de sa partition. Les parties nouvelles en étaient extrêmement remarquables, l'ensemble était profondément émouvant et d'une rare puissance, et pourtant, malgré ses grandes qualités, malgré une interprétation superbe confiée à trois artistes d'un tempérament et d'un talent supérieurs, Madame Rey-Balla, MM. Ismaël et Montjauze, *Macbeth*, ainsi refait, — *rinnovato*, comme disent les Italiens, — fut reçu avec respect, mais n'obtint chez nous qu'un succès relatif. Une fois la nouveauté épuisée, il n'en fut plus jamais question Depuis lors, on a joué en Italie tantôt l'une, tantôt l'autre version [1].

1. Verdi dédia en ces termes la partition de *Macbeth* à son bienfaiteur Antonio Barezzi, dont on se rappelle qu'il avait épousé la fille :

« Mon cher beau-père,

» Il a toujours été dans ma pensée de vous dédier un opéra, à vous qui avez été mon père, mon ami et mon bienfaiteur ; des circonstances impérieuses m'en ont empêché jusqu'ici. Maintenant que je le puis, je vous dédie mon *Macbeth*, que j'aime tant parmi mes œuvres. Le cœur l'offre, que le cœur l'accepte.

» Votre bien affectionné,
« Giuseppe Verdi. »

VII

Le nom de Verdi s'était imposé rapidement non seulement à la sympathie des Italiens, ses compatriotes, mais à l'attention de l'étranger. La France, qui n'est jamais en retard pour saluer les gloires du dehors, n'avait pas attendu longtemps pour faire accueil au jeune maître, et se préparait à ouvrir à ses *Lombardi*, baptisés à nouveau du nom de *Jérusalem*, l'accès de sa première scène lyrique; on a vu ce qu'il en advint. De son côté, l'Angleterre sollicitait du compositeur un ouvrage conçu expressément à son intention, et c'est alors que Verdi écrivit sa partition d'*i Masnadieri*. Le directeur de la grande scène italienne de Londres (*her Majesty's theatre*), était alors le fameux Lumley. Le sujet du nouvel opéra sembla devoir être d'abord *le Roi Lear*, mais on y renonça bientôt, ce sujet ne laissant pas place à la passion amoureuse, si essentielle dans une œuvre lyrique; Shakspeare céda donc le pas à Schiller, et c'est dans le répertoire de celui-ci qu'on se détermina à choisir l'action que Verdi devait mettre en musique. Un des écrivains les plus élégants de l'Italie, le « poète à la langue de miel », Andrea Maffei, dont il a été question plus haut, le traducteur de Gessner, de Milton et de Thomas Moore, se décidant enfin à associer sa muse à celle de son ami, tira pour lui le livret d'*i Masnadieri* du drame célèbre de Schiller, *les Brigands*. Verdi eut assez promptement fait d'écrire sa partition, et l'ouvrage, dont l'auteur lui-même dirigeait l'exécution, fut représenté à Londres le **22 juillet 1847**. Il ne fut pas heureux, malgré le semblant d'enthousiasme qui accueillit la première représentation, et voici ce qu'à son sujet on écrivait de Londres à un journal de Paris :

I Masnadieri, tel est, vous le savez, le titre du nouvel opéra que Verdi vient de donner au Théâtre de Sa Majesté ; mais ce que vous ne savez peut-être pas, c'est que la pièce est encore une imitation des trop fameux *Brigands* de Schiller. J'aurais mieux aimé, je l'avoue, un autre titre et un autre sujet. Je me souviens qu'il y a douze ou treize ans Mercadante travailla aussi sur ce texte, qui ne lui porta pas bonheur. Il avait écrit sa partition d'*i Briganti* pour le Théâtre-Italien de Paris, comme Verdi a écrit la sienne pour celui de Londres [1]. Je n'oublierai jamais le prodigieux succès d'hilarité qu'obtint Lablache en sortant d'une tour obscure où il était censé avoir langui pendant de longues années, victime de la soif!... La musique de Mercadante n'a pas laissé d'autre impression [2].

Quant à celle de Verdi, je vous dirai tout franchement que je suis de l'avis des critiques, qui sont loin de la regarder comme son chef-d'œuvre, et je n'ai pas besoin de vous dire ce que je pense en général des chefs-d'œuvre de Verdi. Paris et Londres sont unanimes à cet égard : le maestro n'a pas mieux réussi dans une ville que dans l'autre. Que ce soit préjugé, mauvais goût, injustice, comme le prétendent certaines gens, à la bonne heure, je n'ai nulle

---

1. L'opéra de Mercadante fut représenté à Paris le 22 mars 1836.

2. On sait que Lablache, taillé en Hercule, était d'une stature colossale et gros à proportion. Par une singulière coïncidence, c'est lui qui représentait, dans *i Masnadieri*, le personnage qu'il avait déjà figuré dans *i Briganti*.

envie de les contrarier. Libre à eux d'en appeler à l'avenir; je ne m'occupe que du présent [1].

Mais le présent, me répondra-t-on, c'est un succès immense, un effet incomparable, un enthousiasme sans égal ! N'avez-vous donc pas entendu les tonnerres de bravos qui ont commencé dès l'instant que Verdi a paru devant l'orchestre, le bâton à la main, et qui n'ont fini qu'après la chûte du rideau ? Comptez-vous pour rien la tempête des *bis* furibonds, des rappels frénétiques dont Jenny Lind, Gardoni, Lablache, Coletti ont été assaillis ? Eh ! mon Dieu, j'ai tout vu, tout entendu, je tiens compte de tout; mais j'ai tellement l'habitude de ces choses, qu'avec la meilleure volonté du monde, il ne m'est plus possible d'en être complètement dupe. Mithridate était bien parvenu à ne plus pouvoir mourir d'aucun poison.

... Le système musical de Verdi, vous le connaissez; il n'a pas encore existé de compositeur italien plus incapable de produire ce qui s'appelle vulgairement une mélodie [2]. Si vous ajoutez à cela qu'il

---

[1]. Il est certain qu'en effet, malgré l'intérêt qui s'attachait au nom de Verdi et la curiosité presque passionnée qu'excitaient chez nous les succès qu'il remportait auprès de ses compatriotes, les premières œuvres du maître furent accueillies, lors de leur apparition sur notre scène italienne, avec une extrême réserve. Cela se comprend, d'ailleurs, ces premières œuvres étant loin d'être les meilleures.

[2]. Pendant longtemps, en effet, et quelque étrange que cela puisse paraître, on s'obstina chez nous à refuser à Verdi le don de la mélodie.

n'écrit jamais d'ouverture, vous saurez jusqu'où s'étendent ses facultés du côté de l'inspiration et du côté de la science. Dans son nouvel opéra, pas d'ouverture, comme d'usage ; mais, en revanche, une espèce d'introduction, dans laquelle se distingue une phrase supérieurement récitée par le violoncelle de Piatti. Le premier chœur des *masnadieri*, ou brigands, chanté dans la coulisse, n'a rien de remarquable ; j'en dirais autant de l'air de Carlo : *O mio castel paterno*, s'il n'était chanté par Gardoni avec beaucoup de verve et de chaleur. Gardoni représente le frère noblement criminel, le brigand héroïque ; Coletti, le frère lâche et hypocrite. Ce dernier vient aussi chanter un air avec accompagnement de violoncelle obligé ; et puis Amélie, en la personne de Jenny Lind, paraît à son tour, précédée d'un petit morceau pour instruments à vent, lequel vaut mieux que l'air qui suit : *Lo sguardo avea degli angeli*. Jenny Lind est vraiment à plaindre d'être condamnée à chanter un pareil air, qui n'est écrit ni pour sa voix, ni pour la voix de personne. Je donnerai volontiers des éloges au duo du père, Maximilien Moor, et d'Amélie. Le père, c'est Lablache, Amélie, c'est Jenny Lind, et vous comprenez qu'ils exécutent leur duo avec une rare perfection. Le quatuor qui termine l'acte renferme également de très bonnes choses : chanteurs et compositeur ont été rappelés avec fracas.

Au second acte se trouve le morceau capital, la grande scène chantée par Jenny Lind, et dans laquelle je dois dire que Verdi s'est montré plus vocal que de coutume. Le morceau commence par un *largo* plein d'expression : *Tu del mio Carlo al seno*, et finit par une cabalette triomphale : *Carlo vive*. Il faut avoir entendu Jenny Lind dans les deux parties si tranchées de cette scène, où, en apprenant que Carlo existe encore, elle passe de la douleur la plus profonde à la joie la plus vive, pour se faire une idée du talent qu'elle déploie et de l'effet qu'elle produit. Il est impossible de porter plus loin l'énergie dramatique, et en même temps de pratiquer les finesses de l'art avec une *maestria* plus exquise et plus sûre. Ici, l'enthousiasme, le délire, la fureur ne se continrent plus ; la salle entière se leva pour rappeler la cantatrice et pour l'obliger à redire son air, quelque fatigant, quelque impossible que fût un pareil tour de force, et il fallut bien que Jenny Lind s'y résignât ; il lui fallut prendre son triomphe en patience, heureuse et deux fois heureuse de pouvoir le porter jusqu'au bout.

Après cet air, il y a un duo d'Amélie et de Francesco ; il y a des chœurs de brigands qui ressemblent à des quadrilles de Musard, et ces chœurs terminent le second acte. Après cet acte, il y en a un troisième, et, après le troisième, un quatrième ; mais je vous demanderai la permission de ne vous en rien dire, parce que le *decrescendo* m'a paru s'y faire sentir constamment, et que je serais réduit à me servir trop souvent de la même formule ; ce qui, à la longue, deviendrait aussi fastidieux pour moi que pour vos lecteurs. Le trio final chanté par Jenny Lind, Lablache et Gardoni, n'est que le clair de lune du trio finale d'*Ernani*, si toutefois vous admettez que ce dernier soit un soleil... [1].

Il est certain que le succès d'*i Masnadieri* fut absolument négatif. On s'en rendra compte par ces lignes du *Court Journal*, de Londres, qui nous font savoir que l'ouvrage disparut du répertoire après trois représentations : — « La chute de l'opéra de Verdi, *i Masnadieri*, est constatée par sa disparition de l'affiche. Exécuté une seconde fois le samedi, avec Verdi pour chef d'orchestre, on l'a rejoué le jeudi sous la direction de Balfe. Une étude plus intime de la musique a confirmé les premières impressions que nous avions gardées de sa faiblesse, et nous regrettons que M. Lumley ait perdu ses soins et ses peines pour une chose de si peu de valeur. Verdi a quitté l'Angleterre profondément dégoûté, comme on doit le croire, de la sottise des connaisseurs de Londres, qui, sans hésitation, ont condamné son œuvre en la jugeant au-dessous de la médiocrité. »

1. *Gazette musicale*, 1ᵉʳ août 1847.

Si motivé que pût être un pareil jugement, on peut regretter qu'il ait été exprimé d'une façon aussi brutale, étant donnée la valeur de l'artiste en cause. Quoi qu'il en soit, la chute d'*i Masnadieri* est incontestable, et la faiblesse de l'œuvre est affirmée par ce fait que, même en Italie, elle n'obtint jamais de succès. Elle ne fut non plus heureuse en France, où, d'ailleurs, elle se produisit dans des conditions peu favorables, sur une scène de proportions beaucoup trop réduites pour un ouvrage de ce genre. Le 3 février 1870, on donnait au petit théâtre de l'Athénée, aujourd'hui disparu, la traduction d'*i Masnadieri* sous le titre des *Brigands*, avec mademoiselle Marimon dans le rôle créé naguère à Londres par Jenny Lind. *Les Brigands* n'obtinrent qu'un petit nombre de représentations [1].

En se rendant d'Italie à Londres pour diriger les études de cet ouvrage, dont le sort devait être si peu fortuné, Verdi s'était arrêté à Paris, où il avait pris ses arrangements pour la prochaine représentation de *Jérusalem*. Il y revint bientôt pour monter cet opéra, y

---

1. La traduction était l'œuvre de M. Jules Ruelle.

séjourna pendant plusieurs mois, et ne songea
à retourner dans sa patrie qu'aux premiers
coups de la révolution italienne de mars 1848,
qui, succédant à celle qui venait d'éclater à
Paris, le fit partir pour Milan. Il espérait
retrouver libre cette ville qu'il chérissait et où
il avait obtenu ses premiers succès; mais,
s'étant arrêté un instant à Lyon, il y reçut la
nouvelle des revers douloureux qui avaient
succédé aux chances favorables des premiers
jours de l'insurrection, et, le cœur navré, il
écrivait à l'ami qui lui avait envoyé ces nouvelles : « J'espère qu'au moins vous aurez fait
votre devoir ! » Après avoir pénétré cependant
en Italie, il revint ici au bout de peu de temps,
s'installa au Ranelagh, dont le séjour était si
charmant pendant les chaleurs de l'été, et
c'est là qu'il écrivit deux opéras nouveaux
qu'il s'était engagé à composer, l'un pour
Trieste, *il Corsaro*, l'autre pour Rome, *la Battaglia di Legnano*.

Un moment, pourtant, Verdi avait été sur
le point de devenir chef d'orchestre; l'obstination d'un de ses éditeurs l'empêcha de donner
suite aux propositions brillantes qui lui étaient
faites en ce sens. Voici les faits. Lumley, le

directeur du Théâtre de la Reine, à Londres, où l'on jouait l'opéra italien et où les *Masnadieri* venaient d'être représentés, voyait s'élever devant lui une concurrence redoutable. Une seconde scène italienne s'établissait à Covent-Garden, et le directeur de cette scène rivale, faisant un véritable coup de maître, lui avait à prix d'or enlevé son chef d'orchestre, le célèbre Michael Costa, dont le renom était immense et mérité. Lumley, voulant, de son côté, répondre par un coup d'éclat, fit offrir à Verdi un engagement de trois ans en qualité de chef d'orchestre de ce théâtre, engagement complété par cet avantage que le compositeur écrirait et ferait représenter chaque année un opéra nouveau. L'offre était séduisante, et Verdi inclinait à l'accepter ; mais, d'autre part, il avait un traité avec un éditeur italien, Francesco Lucca, traité par lequel il s'était engagé à écrire pour celui-ci deux opéras. De ces deux opéras, l'un, *i Masnadieri*, était livré ; mais le second était à faire, et Lucca, qui avait pris déjà des arrangements avec divers théâtres pour la représentation de ce dernier, ne put permettre à Verdi de se soustraire à ses obligations. Verdi se vit donc forcé de décliner les propositions de Lumley; un peu de mauvaise humeur, d'ailleurs un peu souffrant aussi, il mit en musique pour Lucca le livret d'*il Corsaro*, se refusa à aller surveiller les études et les répétitions de cet ouvrage, et n'en reçut pas moins pour cette partition, aux termes du traité qui la concernait, la somme de vingt mille francs. Aussitôt après *il Corsaro*, il composa *la Battaglia di Legnano*, qui lui était demandée par l'administration du théâtre Argentina, de Rome.

Son ami Piave avait emprunté au poème célèbre de Byron le sujet et le titre d'*il Corsaro*, qui, malgré la valeur de ses interprètes: la Barbieri-Nini et la Rampazzini, Fraschini et De Bassini, n'obtint aucun succès à son apparition sur le Grand-Théâtre de Trieste, le 25 octobre 1848. On assure que l'auteur lui-même ne fut jamais satisfait de cet ouvrage, conçu dans des conditions fâcheuses, et qu'il le condamne volontiers. C'est peu de mois après, le 27 janvier 1849, qu'il donna à Rome sa *Battaglia di Legnano*. Chantée par la De Giuli, par Fraschini et Collini, celle-ci fut plus heureuse, au moins à cette époque de sa création; car, par la suite, la fortune n'en fut pas beaucoup meilleure. Son succès d'un moment fut dû surtout à l'état des esprits, fort surexcités alors en Italie, et au sujet patriotique du livret.

Il est, d'ailleurs, curieux de voir ce qui a été écrit, à ce propos, sur la nature *politique* du génie musical de Verdi. M. Basevi, dans son Étude sur le maître, aborde incidemment la question par une comparaison sommaire entre le caractère artistique de Rossini et celui de Verdi : — « Ce grand génie (Rossini), dit-il, commença à briller au temps où l'Italie, et avec l'Italie l'Europe, fatiguée des guerres napoléoniennes, désirait vivement la paix. Le caractère du génie rossinien est tout à la fois de guerre et de paix : de guerre, par le fait des impressions profondes laissées dans la mémoire par les événements ; de paix, par les désirs de l'âme. La musique de Rossini est dégagée, franche, ouverte, véhémente, enthousiaste comme un soldat, et elle est en même temps gaie, aimable, joyeuse, sensuelle comme un épicurien. Le Pésarais à bon droit représente son époque... Verdi peut être considéré comme le pôle opposé de Rossini, de même que le temps de l'un est le contraire du temps de l'autre. Rossini se fit admirer à une époque où l'on sortait d'une période de convulsions pour entrer dans une ère de paix et de tranquillité ; tandis que Verdi apparaissait alors que les peuples, las de vivre tranquilles, se disposaient à s'aventurer sur la mer orageuse des commotions politiques. Comparé à celui de Rossini, le génie de Verdi est pareillement franc, dégagé, véhément comme un soldat ; mais il en diffère en ce qu'il est brusque, emporté, irritable, sombre, ou gai-convulsif comme un hypocondriaque... A Verdi, qui, depuis 1842, a régné seul en Italie, s'applique bien le nom de représentant du goût musical de son temps. Comme tel, il devait écrire un opéra correspondant au nouvel état des âmes en l'année 1848. Et ainsi fit-il... Les travaux de l'Italie étaient près d'arriver à leur terme, quand, en janvier 1849, *la Battaglia di Legnagno* fut mise en scène à Rome »[1].

Voici, d'autre part, ce qu'écrivait un journal italien, *il Pungolo*, lorsqu'à la fin de 1861 *la Battaglia di Legnagno*, qui n'avait encore jamais été jouée à Milan, fit sa première appa-

1. *Studio sulle opere di Giuseppe Verdi*, pp. 148-150.

rition sur le théâtre de la Scala (le 23 novembre) :

La musique de *la Battaglia di Legnano* n'est certainement pas la meilleure parmi les musiques de Verdi. Il lui manque ce qui forme sa valeur caractéristique, la couleur locale ; il lui manque quelque chose de plus, cet ensemble, cette conformité qui font de la musique de ses diverses œuvres comme une continuation logique d'idées musicales qui se succèdent rapidement l'une à l'autre avec un lien si intime, si étroit, qu'on n'en peut altérer, déplacer une, sans détruire toute la pensée dans son développement, dans sa synthèse.

Dans *la Battaglia di Legnano*, on voit, pour ainsi dire, les coutures des divers morceaux, et on les voit si bien, que souvent elle semble une musique faite de pièces et de fragments ; c'est, en somme, une véritable musique d'*actualité*, et elle a tous les défauts de son genre : la phrase sonore, redondante mais vide, la déclamation substituée au sentiment, l'emphase à la chaleur, la boursouflure à la grandeur, la convention à la conviction.

Ce serait une curieuse étude pour la critique de rechercher les raisons pour lesquelles les grands et robustes génies, quand ils ont voulu faire de *l'actualité* en art, — en prose, en vers ou en musique, la forme importe peu, — se sont complètement trompés.

Les deux révolutions italiennes ont passé sans un

chant qui les résumât, et, si la Révolution française a eu *la Marseillaise*, il est à remarquer que celle-ci n'est pas due à l'inspiration d'un artiste, mais qu'elle a jailli du cœur agité d'un proscrit.

C'est que l'art a besoin de l'avenir, ou du passé, pour s'inspirer soit des espérances, soit des souvenirs, qui sont ses Muses véritables et légitimes. — Le présent le chagrine toujours, et le suffoque.

Étrange chose ! vous sentez davantage le frémissement, le bruit de la révolution italienne dans *Nabucco* et dans *i Lombardi*, écrits quand la révolution était latente, renfermée dans les âmes, contrainte dans ses aspirations ; — vous la sentez, dis-je, beaucoup plus que dans cette *Battaglia di Legnano*, écrite à Rome en 1849, quand la révolution était à son comble, quand des aspirations elle était traduite en faits, quand des esprits elle était passée dans le domaine de la réalité.

De 49 ensuite, pendant dix années de lutte et de protestation nationales, Verdi fit de la politique avec de la musique, comme nous en avons tous fait avec la littérature et l'humorisme ; il fit de la politique avec la musique, parce que peut-être, sans s'en rendre compte à lui-même, il tirait des inquiétudes, des tumultes de son âme une musique qui répondait précisément aux inquiétudes, aux tumultes, aux spasmes de nos âmes ; — mais, quand ces tumultes, ces spasmes eurent leur explosion, alors il ne chercha plus de sujets *d'actualité* pour rendre extrinsèques dans les actions ces sentiments qu'il avait devinés si merveilleusement quand ils étaient renfermés dans l'âme de son public. Et il ne les chercha plus, justement parce que sa *Battaglia di Legnano* le convainquit qu'on ne peut faire en même temps de l'art et de l'actualité[1].

Ces citations ne m'ont pas semblé inutiles, parce qu'elles sont caractéristiques, parce qu'elles nous font connaître l'opinion des Italiens eux-mêmes, des compatriotes de Verdi, sur les tendances politiques intentionnelles ou involontaires réelles ou latentes, qu'on a attribuées, dans son pays ou ailleurs, au génie du maître. C'est pour cette seule raison que je me suis tant étendu sur *la Battaglia di Legnano*[2].

Verdi, qui s'était éloigné de France pour aller diriger les études d'*il Corsaro* à Trieste et de *la Battaglia di Legnano* à Rome, y revint presque aussitôt que ce dernier ouvrage eut été représenté, et s'installa à Paris, au n° 13 de la rue de la Victoire. Mais il n'y put rester longtemps cette fois. On sait avec quelle fu-

1. Feuilleton du *Pungolo*, de Milan, du 25 novembre 1861.
2. Le livret de *la Battaglia di Legnano* était du poète Salvatore Cammarano.

reur le choléra s'abattit sur Paris dans l'été de cette année 1849, et le nombre de victimes que fit le fléau. Verdi n'en était point effrayé pour lui; mais son père, horriblement inquiet à son sujet, lui écrivait lettre sur lettre, et le conjurait de revenir en Italie pour échapper aux dangers de l'épidémie. Il se décida donc, pour répondre aux affectueuses instances de son père.

D'ailleurs, il avait écrit ici sa partition de *Luisa Miller*, qui lui avait été commandée par l'*impresario* du théâtre San-Carlo, de Naples, et le moment approchait où il devrait se rendre en cette ville pour préparer et diriger les études de cet ouvrage. Toutefois, comme un système très compliqué de quarantaines maritimes et terrestres avait été organisé en Italie pour les voyageurs arrivant de France, et cela dans chacun des innombrables États qui divisaient politiquement la Péninsule à cette époque, Verdi, au lieu d'aller purger cette quarantaine dans la petite île de Nisida, où le gouvernement napolitain avait établi son lazaret, préféra la subir à Rome. C'est donc à Rome qu'il se rendit, et c'est de Rome qu'il se dirigea sur Naples, où il arriva juste au moment où l'administration du théâtre San-Carlo, depuis longtemps embarrassée, venait d'être déclarée en faillite. Fâcheusement surpris à cette nouvelle, Verdi se préparait à repartir, lorsque le surintendant des théâtres royaux, le duc de Ventignano, émit la prétention au moins singulière de l'empêcher de s'éloigner s'il ne laissait sa partition, et cela tout en se refusant à lui payer les trois mille ducats napolitains (12,750 francs) qui constituaient le prix convenu d'avance pour celle-ci. Avec un homme de la trempe de Verdi, une telle prétention, qui pouvait passer pour une ingénieuse plaisanterie, courait grand risque de ne pas réussir. Elle réussit médiocrement, en dépit de l'obstination du noble personnage. Le compositeur ayant déclaré qu'il n'entendait nullement se plier aux exigences du duc, celui-ci voulut se prévaloir d'une loi bizarre qui était encore en vigueur, loi par laquelle il était interdit à quelque artiste que ce fût de quitter Naples sans que son passeport eût reçu le visa du surintendant des théâtres. On raconte qu'un colloque à haute voix s'établit un jour à ce sujet, *coram populo*, entre le fonctionnaire, entêté de son idée, et Verdi, qui lui parlait de la fenêtre de l'appartement occupé par lui à l'hôtel de *Russie*. Impatienté, ce dernier finit par dire à son interlocuteur, en lui montrant du doigt une frégate française mouillée dans le port pour servir de refuge aux personnages compromis dans les récents événements politiques : — « Eh bien, si vous insistez, vous viendrez me prendre, moi et mon opéra, sur le vaisseau que vous voyez là ! » Voyant qu'elle n'obtiendrait rien autre chose, Son Excellence prit le seul parti qu'elle avait à prendre pour retenir Verdi : elle lui fit envoyer les trois mille ducats, et, les affaires de San-Carlo s'étant arrangées, on put commencer les répétitions de *Luisa Miller*.

On a vu qu'*Alzira*, donnée en 1845 à ce même théâtre San-Carlo, n'y avait obtenu qu'un médiocre succès, malgré le renom que Verdi s'était acquis déjà par ses précédents ouvrages. Les amis qu'il avait à Naples, superstitieux comme on l'est en ce pays, avaient prétendu que le sort fâcheux de cet ouvrage était dû à l'*influenza* du compositeur Capecelatro, musicien amateur d'un talent discutable, mais qui passait, aux yeux de ses compatriotes, pour un *jettatore* accompli. Or, on connaît la puissance malfaisante attribuée au « mauvais œil » par les Napolitains. Ceux-ci voulurent, cette fois, faire le possible et l'impossible pour conjurer la fâcheuse influence de Capecelatro, et il en résulta une situation assez burlesque, dont en France on aurait pu tirer un amusant vaudeville.

A peine Verdi avait-il pris pied à Naples et s'était-il installé à l'hôtel de *Russie,* que ses amis, pour éviter toute rencontre entre lui et le *jettatore* redouté, commencèrent à monter la garde à sa porte, et ne le quittèrent plus d'une semelle, se relevant de faction comme il convenait et se succédant sans relâche. Le Capecelatro se présentait-il à l'hôtel? vite, il était éconduit sans pitié. Insistait-il? on le rudoyait. Bref, on le forçait inévitablement à s'éloigner. Mais la faction au logis ne constituait pas toute la besogne de ces fidèles et vigilants gardiens. Dès que Verdi sortait, il était entouré d'un petit groupe d'amis, qui ne le laissaient pas un instant seul, qui l'accompagnaient partout, au théâtre, au restaurant, à la promenade, et dont tous les efforts tendaient à ce seul but : empêcher Capecelatro de lui parler, de le toucher, même de l'approcher. Peut-être ces façons d'agir n'étaient-elles pas toujours du goût de Verdi, et je soupçonne que ce manque absolu de solitude, que cette société forcée ne furent pas sans l'agacer et l'énerver quelquefois. Mais comment se fâcher contre des amis si dévoués, qui agissaient pour son plus grand bien, dans son seul intérêt ? Le mieux était sans doute de tout supporter, quitte à maugréer quelque peu en soi-même.

Quoi qu'il en soit, ces gardes du corps d'un nouveau genre en vinrent à leurs fins, et menèrent courageusement leur campagne jusqu'au bout. La représentation de *Luisa Miller* eut lieu au San-Carlo, le 8 décembre 1849, sans que le Capecelatro eût pu réussir une fois à forcer la consigne et à approcher Verdi, et — naturellement — l'ouvrage obtint un très grand succès[1].

---

1. Peut-être suis-je ici un peu trop affirmatif. Si je m'en rapporte au récit italien que je vais transcrire, le succès ne fut complet en effet qu'après la première soirée, qui ne fut pas tout à fait heureuse, et cela précisément par la faute de ce terrible Capecelatro : — « Les amis de Verdi avaient effectivement réussi à empêcher le pauvre Capecelatro de parler au maestro jusqu'au jour de l'apparition de l'opéra. Les premiers actes de *Luisa Miller* avaient obtenu un succès complet : tout avait été à souhait. On arrive au dernier acte, qui non seulement est le meilleur de l'œuvre, mais que, par la puissance

Selon M. Basevi, que j'ai eu déjà plus d'une fois l'occasion de citer, la partition de *Luisa Miller* inaugure chez son auteur une *seconde manière*. Jusque-là, au dire du critique, le compositeur ne s'était pas départi, dans ses œuvres, d'une tension extraordinaire, d'un *grandiose* exagéré, de quelque chose que nous pourrions qualifier, en France, d'emphase excessive ou de grandiloquence. « Dans la seconde manière, dit l'écrivain, le *grandiose* diminue ou cesse tout à fait, et chaque personnage ne représente autre chose que lui seul. La passion, du moment qu'elle est individualisée, n'a pas besoin de tant d'exagération ; il en résulte que le chant, pour passionné qu'il soit, procède avec plus de calme. Les cantilènes sont moins larges et plus lé-

dramatique et la valeur immense de la musique on peut proclamer un vrai chef-d'œuvre. Au moment où on allait commencer cet acte, Verdi était sur la scène pour organiser les dernières dispositions, quand un homme surgissant des coulisses accourt se jeter à son cou : au même moment, une coulisse se détache et tombe sur la scène ; Verdi s'en aperçoit heureusement, fait un grand pas en arrière en entraînant avec lui Capecelatro (c'était lui !), et la coulisse tombe au pied du maestro, qui avait failli être écrasé au milieu d'une embrassade... de Capecelatro !... Mais ce n'est pas tout. On commence le dernier acte, et on ne sait pourquoi, mais son succès est beaucoup moindre que celui des précédents. Après cela, allez donc nier la *jettatura*, si vous en avez le courage ! »

gères; les rythmes plus mobiles, et plus découverts; les *motifs*, en général, plus accessibles à l'oreille, et plus vulgaires. Le besoin de caresser davantage l'oreille a réclamé, dans cette seconde manière, les *parlanti*, que Verdi semblait avoir condamnés, tant il en usait peu dans sa première manière. Les effets de sonorité sont, d'autre part, beaucoup moins employés, et généralement à propos... Avec cette seconde manière, Verdi se rapproche considérablement de Donizetti : la différence entre eux consiste principalement en ceci, que le premier, étant plus passionné, s'efforce le plus souvent d'agiter et de secouer l'auditeur; tandis que le second veut presque toujours le charmer. La *Luisa Miller* est la première œuvre digne de figurer en tête de la nouvelle manière de Verdi [1]. »

Luisa Miller parut à Paris, sur notre Théâtre-Italien, le 7 décembre 1852; malgré la présence de Sophie Cruvelli, qui jouait le

---

[1]. Il me semble difficile d'admettre que Donizetti soit moins passionné que Verdi. Sous le rapport de la passion, l'auteur de *Lucia* et de *Lucrezia Borgia* n'a rien à envier, à mon avis, à l'auteur d'*Ernani* et de *Rigoletto*. Chacun d'eux, seulement, l'exprime d'une façon différente, par les moyens qui lui sont propres, et selon son tempérament personnel.

rôle de Luisa (ceux de Rodolfo et de Walter étaient tenus par Bettini et Susini), le succès fut « discret », comme on dit en Italie. Il fut moindre encore lorsque, peu de semaines après, le 2 février 1853, l'ouvrage fut joué à l'Opéra, où le livret italien que Cammarano avait tiré d'un drame de la jeunesse de Schiller était traduit par B. Alaffre et Émilien Pacini. Ici pourtant, le rôle principal était encore confié à une cantatrice de premier ordre, cette adorable Angiolina Bosio, artiste d'un talent si délicat, si élégant et si pur, qui devait s'en aller mourir, à la fleur de l'âge, sous les neiges de la Russie; et les autres avaient pour interprètes mademoiselle Masson, MM. Gueymard, Morelli et Merly. Rien n'y fit, et *Louise Miller* reçut du public un accueil si réservé, qu'on n'en put donner plus de huit représentations.

VIII

Je n'ai rien à dire de *Stiffelio*, ouvrage dont Verdi écrivit la partition sur un livret de Piave, et qui fut représenté sans succès sur le Grand-Théatre de Trieste, le 16 novembre 1850. *Stiffelio* fut donné, sans plus de bonheur qu'à Trieste, en diverses autres villes. Remanié plus tard, refondu, — *rimpastato*, comme on dit en Italie, — aussi bien en ce qui concerne le poème que la musique, il fut de nouveau présenté au public sous le titre d'*Aroldo*, mais jamais ne put vaincre la mauvaise fortune.

Nous touchons néanmoins à l'époque des plus grands succès du compositeur, et nous allons voir se succéder coup sur coup les trois ouvrages du maître qui sont restés les plus populaires : *Rigoletto, il Trovatore* et *la Traviata*.

Ce n'est pas sans peine que *Rigoletto* put parvenir à voir les feux de la rampe, et l'on en put désespérer un instant.

Ce qu'on ignore généralement, c'est que, en principe, Verdi est l'auteur de tous ses poèmes. C'est-à-dire que non seulement il choisit toujours les sujets de ses opéras, mais encore qu'il trace le canevas des livrets, en indique toutes les situations, les construit presque entièrement en ce qui concerne le plan général, présente ses personnages et ses caractères, de telle façon, que son collaborateur n'a plus qu'à suivre ses indications, à parfaire l'ensemble et à écrire les vers.

Or, Verdi s'était engagé à composer un opéra nouveau pour la Fenice, de Venise, qui se souvenait du succès d'*Ernani*, et le maître voulant, cette fois encore, prendre son sujet dans le théâtre de Victor Hugo, avait fixé son choix sur *le Roi s'amuse*. Il avait donné ses instructions à Piave, qui s'était mis aussitôt à l'œuvre, et promptement lui avait fourni un livret qui portait le titre de *la Maledizione*. Mais il était dit que *le Roi s'amuse* ameuterait après lui toutes les censures, et serait traqué avec autant d'acharnement en Italie qu'en France.

On sait combien le gouvernement autrichien, qui pesait alors de tout son poids sur l'infortunée Vénétie, était chatouilleux en matière théâtrale. La censure, ayant été informée de la source à laquelle le poète Piave avait puisé le sujet de son nouveau livret, mit immédiatement l'embargo sur celui-ci, et n'en voulut permettre ni le sujet, ni même le titre, — bien que celui-ci pourtant fût bien inoffensif!

On conçoit l'embarras de la direction de la Fenice, qui se trouvait ainsi sans opéra nouveau. L'impresario Lasina se lamentait, les artistes attendaient, et Piave, ne sachant où donner de la tête, cherchait un autre sujet à traiter. Mais celui-ci avait compté sans Verdi, qui tenait *mordicus* à son livret et qui se montrait inexorable. Ou *le Roi s'amuse*, — c'est-à-dire *la Maledizione*, — ou rien!

Comment faire? Tout le monde se désespérait, chacun s'apprêtait à jeter le manche après la cognée, lorsque la situation fut sau-

vée par un *Deus ex machiná* se présentant —
qui l'aurait cru ? — sous les traits d'un commissaire de police. Oui, c'est un commissaire
de police, du nom de Martello, et ne manquant pas de quelque littérature, qui s'en vint
un jour trouver Piave et lui donna, en un
tour de main, la solution du problème que
celui-ci cherchait vainement à résoudre. C'està-dire qu'il lui indiqua les modifications secondaires, mais pourtant essentielles, à apporter à son œuvre, lui conseilla de substituer
au personnage du roi celui du duc de Mantoue, et lui fournit jusqu'à son nouveau titre,
Rigoletto, buffone di corte. Bref, tout était sauvé
grâce à l'intervention aussi efficace qu'inattendue de ce policier, qui — il est bon de le
remarquer — s'était distingué en plus d'une
occasion par son zèle et son ardeur à poursuivre les patriotes italiens, et à sévir contre
eux. Tant il est vrai qu'en ce monde on ne
saurait s'étonner de rien.

Restait à savoir si les quelques modifications proposées au projet primitif n'effaroucheraient point trop Verdi. Heureusement
non, et Piave put travailler en toute sécurité.
Mais tous ces retards, toutes ces indécisions,

en laissant les choses en suspens, avaient empêché, jusque-là, le compositeur d'écrire un seul morceau de sa partition. Il fallait donc, pour tout le monde, mettre les bouchées doubles. Le poète eut bientôt fait d'opérer les remaniements indiqués, la censure ne fit pas trop attendre son approbation, et Verdi, en possession de son manuscrit, alla s'enfuir à Busseto, en tête-à-tête avec son piano de Fritz, pour travailler tranquillement et rapidement au milieu d'une complète solitude. Son activité fut telle et son inspiration fut si favorable, que, dans l'espace de quarante jours, la partition était écrite et instrumentée, le maître était de retour à Venise, et *Rigoletto* était mis à l'étude, répété et représenté avec le succès que l'on sait (11 mars 1851).

Un fait assez singulier se produisit avant la représentation. Lorsqu'on en vint à étudier le quatrième acte, le ténor Mirate, chargé du rôle du duc de Mantoue, s'aperçut qu'il manquait sur son rôle un morceau qu'il avait à chanter seul.

— *Mi manca un pezzo* (il me manque un morceau), dit-il au compositeur.

— *C'è tempo... Te lo daro* (nous avons le

temps, je te le donnerai), lui répondit celui-ci.

Chaque jour, la demande se répétait d'un côté, et, chaque jour, la réponse était faite de l'autre. Mirate commençait à être inquiet et à s'impatienter, lorsqu'enfin, la veille de la répétition d'orchestre, Verdi lui apporta un papier sur lequel était la fameuse *canzone : La donna è mobile.*

— Tiens, lis, lui dit-il.

Mirate ouvre le papier, voit que la chose est facile, et se montre enchanté.

— Mirate, ajoute alors Verdi, tu me donnes ta parole d'honneur que tu ne chanteras pas cette cantilène chez toi, que tu ne la murmureras pas, que tu ne la siffleras même pas, en un mot, que tu ne la laisseras entendre à qui que ce soit?

— Je te le promets, répond Mirate. — Et Verdi se tranquillisa à son tour.

Voici la raison du mystère cherché en cette occasion par Verdi. Le maître comptait beaucoup, et avec raison, sur l'effet de cette *canzone*, d'un rythme si neuf et si plein d'un élégant abandon. Or, il savait qu'elle était d'un tour mélodique facile à retenir, et, connaissant, sous ce rapport, les facultés des Italiens, il craignait non seulement qu'on ne lui déflorât sa mélodie, mais qu'elle ne se répandît dans Venise avant la représentation, et que, lorsqu'on l'entendrait au théâtre, chacun ne l'accusât de plagiat au lieu d'applaudir à son inspiration.

La recommandation faite à Mirate n'était donc pas inutile, comme on va le voir; mais elle serait demeurée insuffisante, et le maître le sentait bien. Aussi, le jour de la répétition générale, l'adressa-t-il non seulement à l'orchestre, mais à tout le personnel du théâtre, en sollicitant de chacun le secret le plus absolu. Ce secret fut bien gardé; aussi l'effet de la chanson fut-il prodigieux. Dès l'élégante ritournelle des violons, le public fut mis en éveil par la carrure et la franchise du motif, et, lorsque le ténor eut achevé le premier couplet, un tonnerre d'applaudissements éclata dans la salle, suivi, après le second, d'un *bis* formidable. Ce fut un véritable triomphe, aussi éclatant que possible. Et, ce qui prouve que le compositeur avait eu raison, c'est que, le soir même, à la sortie du théâtre, tout le monde fredonnait les paroles et la musique de la *canzone*.

Au reste, celle-ci devint rapidement populaire; tout Venise en fut affolée, et les hommes, dit-on, la chantaient dans la rue aux oreilles des femmes. On a même raconté, à ce sujet, une anecdote assez piquante, dont Piave lui-même, l'auteur des paroles, aurait été le héros.

Il se promenait un jour dans les rues de Venise, lorsqu'il rencontra une personne qui lui avait été chère, et qui, peu de temps auparavant, avait jugé bon de rompre avec lui toutes relations pour convoler à d'autres amours. Piave, en passant auprès d'elle, murmure entre ses dents les deux premiers vers de la fameuse *canzone* :

La donna è mobile
Qual piuma al vento...

la dame, piquée au vif, et qui ne manquait ni d'esprit ni d'à-propos, ne lui laisse pas le temps d'achever, et, continuant l'air elle-même, le chante, en substituant aux deux vers suivants ceux-ci, qu'elle improvise :

E Piave è un asino
Che val per cento[1].

[1].   Et Piave est un âne
     Qui en vaut cent.

La *signora* n'était point polie, il faut l'avouer ; mais, après tout, sa réponse était de bonne guerre.

Le succès de *Rigoletto* était incontestable, et pourtant il fut contesté à Paris, où des défenseurs à la fois trop ardents, trop maladroits et trop intéressés avaient créé à Verdi de nombreuses inimitiés. Les deux frères Escudier, propriétaires de ses œuvres pour la France et directeurs d'une feuille spéciale, *la France musicale*, ne cessaient d'exalter, à tout propos et outre mesure, jusqu'aux productions les plus faibles du maître italien. C'était leur droit assurément ; mais ils allaient plus loin, et, pour faire briller d'autant plus leur idole, ils cherchaient constamment à jeter le discrédit et l'outrage sur toutes les œuvres musicales jouées en France et sur tous les écrivains qui ne se trouvaient pas de leur avis. Il en résultait des polémiques irritantes, qui faisaient le plus grand tort à l'artiste que ces avocats inhabiles prétendaient défendre lorsque, en réalité, ils ne cherchaient à défendre que les intérêts de leur entreprise commerciale. Un autre journal, la *Gazette musicale*, beaucoup plus digne dans sa conduite, mais que cette situation avait fini par agacer, en était venue à prendre Verdi en grippe et à se montrer injuste envers lui. C'est ainsi que ce dernier, en annonçant la récente apparition de *Rigoletto* à Venise, publiait les lignes suivantes, qui étaient évidemment le contre-pied de la vérité : — « L'opéra nouveau de Verdi, *Rigoletto*, est écrit sur le sujet du *Roi s'amuse*. S'il était vrai qu'on ne pût composer de bonne musique que sur un mauvais libretto, celui de M. E. Piave serait pour le musicien une véritable Californie. Verdi s'en est tiré comme il a pu. Sa partition est pauvre de mélodies et manque entièrement de *pezzi concertati*. On voit qu'il a cherché à rendre son instrumentation moins bruyante : celle de *Rigoletto* se distingue par un caractère général de calme et de tranquillité. En cherchant à modeler son harmonie sur les grands maîtres de l'école allemande, la critique italienne trouve qu'il ne ferait pas mal de retremper ses idées mélodiques à la source de Rossini et de Bellini [1]. »

Dire que le livret de *Rigoletto* était mauvais,

1. *Gazette musicale*, 30 mars 1851.

que la partition manquait de morceaux concertés (lorsqu'on y peut signaler, à tout le moins, l'admirable quatuor que chacun connaît), qu'elle était dépourvue d'idées mélodiques, c'était évidemment là se tromper en trompant le public. Deux ans après pourtant, lors de la représentation de *Rigoletto* à Londres, la *Gazette* persistait dans son dire et imprimait ce qui suit : « *Rigoletto* vient d'être donné au théâtre italien de Covent-Garden. *C'est le moins fort des ouvrages de Verdi que l'on ait jusqu'ici représentés en Angleterre. La mélodie manque, et son absence n'est pas rachetée par quelque beau morceau d'ensemble,* comme l'auteur en a écrit quelquefois. Malgré le talent de Ronconi, chargé du principal rôle, malgré celui de Mario et de madame Bosio, cet opéra n'a guère chance de se maintenir au répertoire [1]. »

Il fallut qu'enfin *Rigoletto* fût joué à Paris pour que la *Gazette*, mise à même de juger l'œuvre personnellement, consentît à se départir de sa rigueur. Elle le fit de bonne grâce, et voici de quelle façon : — « ... Verdi a subi

---

1. *Gazette musicale*, 22 mai 1853.

des phases diverses; son œuvre, qui date de dix-huit ans et se compose à peu près d'autant d'ouvrages, se divise en deux ou trois époques, dont le caractère offre des nuances singulièrement tranchées, et dénote un louable effort de transformation. Il y eut d'abord le Verdi de *Nabucco*, d'*i Lombardi*, d'*Ernani*, des *Deux Foscari*, génie fier, éclatant, disons même dur et brutal jusqu'en ses plus grandes tendresses, au rebours de Quinault, le poète français, qui exprimait amoureusement jusqu'à la haine. Ce style audacieux, étrange, eut l'avantage qui ne pouvait lui manquer, celui de faire explosion dans un pays accoutumé à toutes les douceurs mélodiques, et de l'agiter profondément. Mais bientôt l'abus se fit sentir, et le système de l'énergie à outrance ne tarda pas à porter ses fruits. C'est alors que Verdi se plongea dans la période sombre que remplissent *Giovanna d'Arco*, *Alzira*, *Macbeth*, *i Masnadieri*, *la Battaglia di Legnano*, *il Corsaro*, toutes partitions plus ou moins obscures. Celle de *Luisa Miller* leur succéda, et montra du moins que l'auteur cherchait à faire autre chose que ce qu'il avait fait jusqu'alors. Verdi écrivit encore *Stiffelio*, que nous n'avons pas entendu, mais qui ne passe pas pour un de ses chefs-d'œuvre, et puis il en vint à ce *Rigoletto*, représenté à Venise le 11 mars 1851, et à Paris lundi dernier. *Rigoletto* marque un progrès immense dans sa manière, nous n'hésitons pas à le déclarer; nous l'accueillons comme nous avons accueilli le *Trovatore*, qui ne fut donné à Rome que deux ans plus tard, mais qui fournit encore une nouvelle preuve de ce progrès[1]. Désormais Verdi n'est plus seulement pour nous le compositeur âpre et fougueux, épris de la force et du bruit, sacrifiant aux excès de sonorité le charme et la grâce. Il a mis de tout cela dans *Rigoletto* et dans le *Trovatore*. Voilà pourquoi, nous qui l'avons souvent critiqué, nous ne lui adressons guère aujourd'hui que des éloges. Si nous changeons de style à son égard, c'est que nous trouvons qu'il a commencé par en changer lui-même, et nous l'en félicitons sincèrement[2]... »

C'est le 19 janvier 1857 que *Rigoletto* se montrait pour la première fois sur notre Théâ-

---

1. Quoique joué effectivement en Italie deux ans plus tard, le *Trovatore* avait conquis plus rapidement chez nous droit de cité, et avait été offert au public parisien avant *Rigoletto*.

2. *Gazette musicale*, 25 janvier 1857.

tre-Italien, où il était joué et chanté d'une façon admirable par la Frezzolini (Gilda), Marietta Alboni (Maddalena), Mario (le duc) et Corsi (Rigoletto). C'était le premier succès véritable, incontesté, que Verdi remportât à Paris, mais il fut éclatant, et depuis ne s'est jamais ralenti. Il fallut pourtant plusieurs années encore avant que l'on songeât à transporter sur une de nos scènes françaises un ouvrage si profondément émouvant; il n'eut pas, d'ailleurs, à se plaindre de ce retard; car, cette fois encore, le succès fut immense, et l'œuvre devint aussitôt populaire. C'est le Théâtre-Lyrique, alors si florissant et si actif, qui eut la gloire d'offrir à son public, le 24 décembre 1863, la traduction de *Rigoletto*, due à M. Édouard Duprez, et qui avait pour interprètes excellents MM. Ismaël (Rigoletto), Montjauze (le duc), Wartel (Sparafucile), et mesdemoiselles de Maësen (Gilda) et Dubois (Maddalena)[1].

1. Comme il s'était opposé naguère à la représentation d'*Ernani*, Victor Hugo voulut s'opposer à la représentation de *Rigoletto* au Théâtre-Italien. Il intenta une action à M. Calzado, alors directeur de ce théâtre, l'accusant d'offrir au public un ouvrage qui n'était qu'une « contrefaçon » du *Roi s'amuse*. Il perdit son procès, et le tribunal, conformément aux conclu-

Un espace de près de deux années s'écoule entre la représentation de *Rigoletto* à la Fenice et celle d'*il Trovatore*, qui fut donnée au théâtre Apollo, de Rome, le 19 janvier 1853. Si jamais la valeur purement musicale d'une œuvre lyrique put légitimer à elle seule le succès qui l'accueillit, il faut bien croire qu'*il Trovatore* a droit, sous ce rapport, à une mention toute particulière, car ce n'est pas le livret pénible, obscur et absolument indéchiffrable de cet ouvrage qui put aider à son triomphe. Ce qu'on ignore généralement, c'est que ce livret a été tiré par le poète Cammarano d'un drame espagnol contemporain portant le même titre, drame écrit en vers superbes par un écrivain de dix-sept ans et qui, comme on va le voir, exerça sur la carrière de celui-ci une bienheureuse influence.

Le jeune Antonio Garcia Guttierez, né en

sions de M. Moignon, avocat impérial, statua en ces termes : — « Attendu qu'il est constant et reconnu entre les parties que la publication de *Rigoletto* remonte à plus de trois ans; que, dans cet état, Victor Hugo articule une véritable contrefaçon, c'est-à-dire un délit couvert par la prescription; qu'ainsi l'action intentée par lui ne pourrait être admise qu'autant qu'il ferait la preuve d'un délit prescrit, laquelle preuve est prohibée par les lois criminelles ; par ces motifs, déclare Victor Hugo non recevable et mal fondé dans sa demande, l'en déboute et le condamne aux dépens. »

1815, allait tirer au sort en 1832 lorsqu'il acheva son drame *el Trovador*, qu'il porta au théâtre del Principe, où il fut aussitôt reçu et mis en répétition. Cette heureuse chance en ce qui concernait sa première œuvre ne le consolait qu'à moitié, car il tira de l'urne précisément le numéro 1, qui lui donnait tous les droits possibles à être incorporé sans retard dans la milice nationale. Trop pauvre pour pouvoir se racheter, il s'apprêtait donc à endosser l'uniforme, remettant à plus tard ses rêves de gloire littéraire, lorsque la représentation de son drame obtint un tel succès, qu'elle lui permit de se fournir un remplaçant et de poursuivre tranquillement sa carrière. Depuis lors, Guttierez devint l'un des auteurs dramatiques les plus féconds, les plus brillants et les plus appréciés de l'Espagne. Je veux croire pourtant que sa pièce était beaucoup plus claire, beaucoup plus limpide, beaucoup plus compréhensible que l'étrange livret qui en a été extrait pour Verdi par son collaborateur Cammarano [1].

1. Garcia Guttierez est mort à Madrid, au mois d'août 1884. Quant à Cammarano, il ne vit pas luire le jour de la représentation du *Trovatore*; car lui-même avait disparu de ce monde cinq mois auparavant, en août 1852.

C'est là, du reste, le seul renseignement que je puisse fournir sur *il Trovatore*, au sujet duquel je n'aurais rien de particulier à faire connaître, si ce n'était l'empressement vraiment prodigieux que le public romain, dont l'intérêt était vivement excité par l'annonce nouvelle d'une œuvre de Verdi, mit à assister à sa première représentation. A ce moment, Rome était précisément en proie à un de ces débordements auxquels le Tibre l'a depuis longtemps habituée, et les ondes du fleuve envahissaient tous les quartiers et les rues avoisinant le théâtre Apollo. Eh bien, malgré tout, malgré le froid, malgré la boue, malgré l'inondation, dès les neuf heures de la matinée du 19 janvier, les portes de ce théâtre étaient assiégées par une foule nombreuse de gens qui, les pieds dans l'eau jusqu'à la cheville, se pressaient, se bousculaient et se disputaient afin d'obtenir des places pour le spectacle du soir. Jamais on ne vit telle affluence, et, lorsque l'œuvre se déroula devant ce public impatient et avide d'émotions, magnifiquement chantée par la Penco et la Goggi, par Baucardé, Guicciardi et Balderi, elle obtint un succès immense, foudroyant, dont les échos retentirent bientôt d'un bout à l'autre de l'Italie. Ce succès se propagea rapidement dans l'Europe entière, car rarement ouvrage fut plus fortuné que le *Trovatore* [1]. Dès les derniers jours de décembre 1854, notre Théâtre-Italien l'offrait à ses habitués, avec mesdames Frezzolini et Borghi-Mamo, Mario et Graziani pour interprètes; le 11 mai 1855, il était chanté sur le théâtre de Covent-Garden, à Londres, par Tamberlick, Graziani, mesdames Viardot et Jenny Ney; et, au mois de décembre de la même année, il faisait son apparition à Saint-Petersbourg, où il était exécuté par Tamberlick et Debassini, mesdames Bosio et de Méric. Partout il était accueilli triomphalement. Enfin, le 12 janvier 1857, *il Trovatore*, traduit en français par Émilien Pacini et devenu *le Trouvère*, était représenté pour la première fois à notre Opéra, et chanté pour ses débuts par madame Deligne-Lauters (qui de-

1. C'est à propos du *Trovatore* que le critique Scudo, qui, pendant longtemps, poursuivit Verdi de ses sarcasmes, écrivait ceci : — «... M. Verdi aura sa place au soleil de notre civilisation, et il sera classé au-dessous de Bellini, dont il n'a pas la distinction ni la tendresse; après Donizetti, dont il ne possède pas la *maestria*, le *brio* et la flexibilité, et à une si grande distance de Rossini, que celui-ci doit le considérer comme un *barbaro*... » (V. *Critique et Littérature musicales*, 1re série.)

vait bientôt devenir madame Gueymard), par madame Borghi-Mamo, qui l'avait joué aux Italiens, et par MM. Gueymard et Bonnehée. Le compositeur n'avait point touché à sa partition, si ce n'est pour y ajouter, au troisième acte, après le chœur des soldats, un divertissement comprenant quatre airs de ballet. A Paris aussi, le succès fut très grand : *le Trouvère* atteignait sa centième représentation le 25 janvier 1863, et la deux-centième en était donnée dans le courant de 1872[1].

Nous arrivons à celui des ouvrages de Verdi dont la destinée fut la plus singulière. L'*impresa* de la Fenice, de Venise, lui avait demandé une œuvre nouvelle. Le maître, qui avait vu à Paris, quelques mois auparavant, le beau drame de M. Alexandre Dumas fils, *la Dame aux Camélias*, et qui en avait été enthousiasmé, avait aussitôt formé le projet d'en tirer un

---

[1]. Je dois faire remarquer à ce sujet que la date du 1er avril 1857, donnée dans l'*Histoire de la musique dramatique* de M. Chouquet comme celle de la représentation du *Trouvère* à l'Opéra, est une erreur résultant d'une faute d'impression (c'est celle de la représentation de *Marco Spada*). Le 12 janvier, que j'indique ici, est bien la date exacte.

opéra. Il avait donc, suivant sa coutume, donné ses instructions à Piave, et celui-ci, d'après son propre plan, lui avait tracé le livret de *la Traviata (l'Égarée).* La partition de *la Traviata* avait été écrite presque concurremment avec celle d'*il Trovatore* (Verdi emploie généralement quatre mois à écrire un opéra), et elle était presque prête lorsque celui-ci fut donné à Rome. C'est pourquoi la représentation du nouvel ouvrage put être donnée à Venise le 6 mars 1855, deux mois et demi seulement après celle d'*il Trovatore*.

Il faut bien le constater, *la Traviata,* qui est assurément l'une des œuvres les plus originales, les plus touchantes et les moins exagérées qui soient sorties de la plume de Verdi, fit à son apparition un *fiasco* éclatant. Il n'y a pas à en douter, puisque, dès le lendemain de la représentation, le maître le déclarait lui-même dans un billet laconique et significatif adressé à son élève et l'un de ses meilleurs amis, M. Emanuele Muzio, billet qui a été publié dans la *Gazzetta musicale* (Milan) du 15 mars 1853 et dont voici la teneur :

Caro Emanuele,

La Traviata ieri sera, fiasco. La colpa è mia, o dei cantanti?... Il tempo giudicherà.

Sempre vostro

G. VERDI.

Cet échec inattendu et immérité tenait à plusieurs causes, que je vais énumérer.

Tout d'abord la Donatelli, qui personnifiait Violetta, n'était nullement la femme du rôle, malgré son talent très réel. Cette cantatrice était affligée d'un énorme embonpoint, qui lui enlevait toute grâce et toute légèreté, et l'on conçoit ce que pouvait devenir le personnage, avec un tel physique. D'autre part, le ténor Graziani, en proie à un enrouement violent, se trouvait presque dans l'impossibilité de chanter le jour de la première représentation. Enfin, le baryton Varesi, furieux de se voir chargé d'un rôle en apparence secondaire, dont il ne saisissait pas l'extrême importance, n'apportait qu'un soin très médiocre à son interprétation.

Ce n'est pas tout. Ces artistes étaient profondément troublés, on pourrait dire complètement dévoyés par l'accent tout particulier qui distingue la partition de *la Traviata*, par la note nouvelle, intime, mélancolique, que le maître y faisait entendre, et qui les sortait si absolument du genre auquel il les avait habitués. Ainsi déroutés, manquant de confiance dans l'œuvre aussi bien qu'en eux-mêmes, ils n'en surent point faire ressortir les beautés, le caractère tendre et touchant, et n'exercèrent sur le public aucune action, aucune autorité, restant naturellement impuissants à lui communiquer une émotion qui n'était pas en eux. A tout cela il faut ajouter que la pièce ne se jouait pas alors en Louis XIII, comme aujourd'hui, mais en costumes de ville, et que nos habits modernes, si froids, si tristes, si guindés, n'étaient pas faits pour réjouir l'œil du spectateur et pour le bien disposer.

Bref, on l'a vu, *la Traviata* fit un *fiasco* complet. Seul, le premier acte, dans lequel la Donatelli, faible comédienne, pouvait du moins faire apprécier ses grandes qualités de virtuose, se vit bien accueilli. Mais tout ensuite alla de mal en pis, et divers incidents, pour la plupart burlesques, contribuèrent à faire échouer l'œuvre misérablement. Au second acte, l'air si pathétique de Germond : *Di Provenza il mare*, qui se répétait alors d'un bout à l'autre, parut interminable et insupportable ; dans la scène du bal, des détails ridicules de mise en scène commencèrent à mettre le public en belle humeur; quant au dernier acte, il se termina au milieu d'un fou rire général, ce qui n'était pas précisément l'effet qu'on en devait attendre. Les Vénitiens, joyeux et bons vivants de leur nature, même un peu gouailleurs, s'abandonnèrent à une joie folle en entendant un médecin de carnaval, parlant d'une commère douée d'un aussi bel embonpoint que la Donatelli, déclarer sérieusement que la phtisie ne lui laissait plus que peu d'heures à vivre! De sorte que, quand le rideau tomba sur la dernière scène, l'hilarité était à son comble.

Pourtant, nous avons vu que le maître ne désespérait pas, et qu'il ne se tenait pas pour battu par ce fâcheux résultat. « La faute en est-elle à moi, disait-il en le constatant, ou aux chanteurs ? » — et l'on peut croire qu'il visait volontiers ces derniers. Et puis cette dernière phrase : *Il tempo giudicherà*, n'indique-t-elle pas qu'il compte en appeler d'un jugement qu'il considère comme injuste[1]?

Et, de fait, le temps, sur lequel il avait compté, ne tarda pas à prouver qu'il avait raison. Au bout d'une année environ, la Traviata fut reprise à Venise même, mais sur un autre théâtre et dans des conditions toutes différentes. Le compositeur pratiqua quelques coupures dans sa partition, fit apporter aux costumes les modifications qui ont toujours persisté depuis, et reproduisit ainsi son ouvrage sur le théâtre San-Benedetto, avec la Spezia (devenue depuis madame Aldighieri) dans le personnage de Violetta, le ténor Landi et, je crois, le baryton Coletti dans les deux autres rôles. Ces deux derniers étaient excellents, et quant à la Spezia, touchante et pathétique au possible, elle arrachait, dit-on, des larmes de tous les yeux dans ce rôle pathétique et touchant. Cette fois, et dans ces conditions nou-

---

[1]. Ce qui l'indique plus encore, c'est le petit fait que voici : La chute de la Traviata paraissait tellement irrémédiable, qu'un des interprètes de l'œuvre, le baryton Varesi, qui avait joué le rôle de Germond, crut devoir, à la fin de la représentation, porter à Verdi « ses condoléances ». — « Faites-les, lui répondit sèchement celui-ci, à vous et à vos compagnons, qui n'avez point compris ma musique ! »

velles, *la Traviata* obtint un succès éclatant et fit bientôt triomphalement le tour de l'Italie et de l'Europe entière. On sait quelle a été sa fortune jusqu'à ce jour.

A propos de *la Traviata*, je ne crois pas sans intérêt de reproduire ici les réflexions qu'un critique italien de grand sens, M. le docteur Basevi, que j'ai déjà cité, a faites sur cet ouvrage. Voici comme il en parle :

La Traviata est une composition qui, par la qualité des personnages, par la nature des sentiments, par le manque de spectacle, avoisine la comédie. Verdi a trouvé une troisième manière, qui en plusieurs points se rapproche du genre français de l'opéra comique[1]. Ce genre de musique, bien qu'il n'ait pas été expérimenté sur le théâtre en Italie, n'est cependant pas inconnu dans les cercles privés. Dans ces dernières années, on a vu principalement se signaler dans cette musique, dite *da camera*, Luigi Gordigiani et Fabio Campana. Verdi, avec sa *Traviata*, a transporté sur la scène, et avec un heureux succès, la musique de chambre, à laquelle se prêtait fort bien le sujet choisi par lui. On ren-

---

1. Ceci ne me paraît pas absolument juste, et je ne vois pas là trace d'une troisième manière, que le compositeur n'aurait jamais retrouvée ni employée par la suite. *La Traviata* me semble plutôt une exception, un *accident*, — accident heureux dans la carrière du maître.

contre plus de simplicité dans ce travail que dans les autres du même auteur, spécialement en ce qui concerne l'orchestre, où presque toujours domine le quatuor des instruments à cordes ; les *parlanti* occupent une grande partie de la partition ; on rencontre plusieurs de ces airs qui se répètent sous forme de couplets ; et enfin les cantilènes principales se développent pour la plupart en petits mouvements binaires et ternaires, et n'ont pas, en général, l'extension que réclame le genre italien.

Outre cela, Verdi a mis en cette musique beaucoup de passion, mais sans cette exagération que l'on rencontre parfois encore dans sa seconde manière ; aussi jamais n'a-t-il réussi, comme dans cet opéra, avec moins d'affectation dans l'expression de l'amour. Mais l'amour ainsi exprimé par Verdi est voluptueux, sensuel, complètement privé de cette angélique pureté qui se trouve dans la musique bellinienne. Celle-ci conserve toujours ce caractère d'innocence, cette candeur qui vous emplit l'âme de suavité, même quand elle est appliquée à un personnage qui n'est rien moins qu'honnête. La différence de l'amour, selon que Bellini et Verdi en ont empreint leur musique, témoigne des diverses façons de sentir au temps où ont vécu ces deux maîtres. Mais, bien que le caractère de la *lorette* ne soit pas encore bien naturalisé en Italie (et il faut espérer qu'il ne le sera jamais), Verdi ne l'a pas si bien dépeinte qu'il ne l'ait altérée légèrement, en l'italianisant un peu, en la faisant moins laide.

Si Bellini a dépeint dans *Norma* la femme coupable, il l'a présentée à un moment où elle est tellement aveuglée par la passion qu'elle ne peut voir l'énormité de sa faute. D'ailleurs, la faute de Norma nous offense d'autant moins que, par le fait de l'éloignement du temps, de la différence des costumes, il nous est plus difficile d'apparier notre conscience avec celle du personnage. Il n'en est pas de même dans *la Traviata*, où nous nous trouvons en présence de personnages qui non seulement sont voisins de nous par le temps et par les mœurs, mais encore par leur condition... [1]. »

Je ne crois pas que ce parallèle entre Bellini et Verdi ait été jamais essayé. C'est pour cela qu'il m'a semblé intéressant de le produire ici.

Pour en finir avec *la Traviata*, je rappellerai que cet ouvrage fut chanté pour la première fois à Paris, sur notre Théâtre-Italien, le 6 décembre 1856, avec la Piccolomini, Mario et Graziani pour principaux interprètes, et que la traduction française (due à M. Édouard Duprez) en fut donnée au Théâtre-Lyrique le 27 octobre 1864, sous le titre de *Violetta*. Elle servit au début éclatant de mademoiselle Christine Nilsson, qui du coup affola les Pari-

---

1. Abramo Basevi : *Studio sulle opere di Giuseppe Verdi.*

siens, et les deux rôles masculins en étaient joués par MM. Montjauze et Lutz[1].

[1]. Peu de jours avant son apparition sur notre scène italienne, la Traviata avait été donnée, le 1ᵉʳ novembre, au théâtre impérial de Saint-Pétersbourg, où elle était chantée par l'aimable madame Bosio, par MM. Calzolari et Bartolini. Le succès qu'elle y obtint renouvelait celui qu'elle avait enfin trouvé en Italie, et il se reproduisit ici avec une sorte de fureur, qui arracha à Scudo, désenchanté, ces paroles amères : — « ... On répète chaque jour que l'Italie est malade ; sa chute est plus profonde encore qu'elle ne le croit, et nous n'en voudrions d'autre preuve que le succès prodigieux qu'obtiennent, au delà des monts, des œuvres comme la Traviata. » Quant à la Piccolomini, qui remporta chez nous un véritable triomphe dans cet ouvrage, on ne lira peut-être pas sans intérêt les détails curieux que donnait alors sur elle un de nos journaux : — « Mademoiselle Maria Piccolomini débutait dans le principal rôle. Faut-il dérouler ici la liste tant de fois publiée de toutes les grandeurs qui environnèrent le berceau de la jeune artiste? Faut-il rappeler que sa famille, qui remonte aux grands officiers de Charlemagne, qui donna des souverains à Sienne pendant des siècles, compte parmi ses membres le pape Pie II, d'illustres capitaines célébrés par Schiller, et qu'elle possède encore aujourd'hui un cardinal dont la jeune Marie est la propre nièce? Autant d'ancêtres, autant d'obstacles à une vocation théâtrale; mais les vocations vraies ne triomphent-elles pas de tout ce qui les entrave, et ne doublent-elles pas de force en luttant généreusement! Ainsi a fait la vocation de la jeune Marie, qui, dès l'âge de quinze ans, chantait dans un concert de bienfaisance au théâtre de Sienne, et qui, deux ans plus tard, débutait à la Pergola, de Florence, dans Lucrezia Borgia. Une toute petite fille, se posant en illustre empoisonneuse, en femme déjà parvenue à son quatrième mari, n'était-ce pas chose étrange? On l'applaudit, on devait l'applaudir à outrance, rien que pour la rareté du fait. Depuis ce jour, Marie Piccolomini s'essaya sur plusieurs théâtres, à Rome, à Pise, à Reggio, à Palerme, à Udine, à Bologne; mais ce fut à Turin, en 1855, que sa renommée fit une explosion soudaine, après qu'elle s'y fut montrée dans la Traviata... » Depuis lors, mademoiselle Piccolomini, devenue marquise Gaetani, a renoncé à ses triomphes scéniques.

IX

Après *la Traviata*, Verdi garda un silence de quatre années. Mais c'est à cette époque qu'il s'occupa du premier ouvrage écrit expressément par lui pour notre Opéra. On sait qu'au point de vue musical la France a toujours offert aux étrangers la plus large hospitalité, poussant même à l'excès cette vertu, et l'exerçant aux dépens de ses plus nobles enfants. C'est ainsi que, préparant une Exposition universelle pour 1855, et voulant que notre grande scène lyrique offrît à cette occasion, aux visiteurs qui accourraient à Paris de tous les points de l'Europe, la primeur d'une œuvre nouvelle, elle n'eut garde de s'adresser à l'un des siens, à Auber, à Halévy ou à Berlioz, et demanda cette œuvre à Verdi. Je constate le fait, sans insister autrement à son sujet.

Mais ce qui est plus étrange encore, il faut l'avouer, c'est le choix du sujet confié aux soins du compositeur. On ne trouva rien de mieux, en effet, à offrir à un musicien italien écrivant pour la France, qu'un livret portant ce titre : *les Vêpres siciliennes*, et rappelant l'un des épisodes les plus sanglants des anciennes guerres franco-italiennes !

Ce livret était en cinq actes, et avait pour auteurs Scribe et Duveyrier. Dès le mois de mai ou juin 1854, Verdi arrivait à Paris, afin de s'entendre avec ses collaborateurs ; puis bientôt il allait s'installer dans une maison de campagne des environs, pour s'y livrer en paix au travail, loin du bruit et du mouvement fiévreux de la capitale. Vers le milieu de septembre, le compositeur donnait la copie des principaux morceaux de son œuvre ; on convint alors que les études commenceraient le 1er octobre, et l'on espérait que l'ouvrage pourrait être offert au public dans le courant ou vers la fin du mois de janvier. Mais on avait compté sans les lenteurs traditionnelles de l'Opéra, et surtout sans un incident étrange, presque scandaleux, qui fit un bruit du diable et pendant plusieurs semaines mit Paris en émoi. *La donna è mobile*, avait fait chanter Verdi au duc de Mantoue dans son *Rigoletto;* il l'éprouva plus que personne dans cette circonstance.

La grande artiste qui avait nom Sophie Cruvelli et qui avait fait apprécier à notre Théâtre-Italien, dans *Luisa Miller*, son opulente beauté, sa voix prodigieuse et son remarquable talent, avait remporté au même théâtre, en se montrant dans *Ernani*, un de ces succès éclatants qui consacrent une renommée. Ce succès fut tel, que l'Opéra s'en émut, et songea à s'attacher la jeune cantatrice; à une époque où les appointements des chanteurs n'étaient pas encore devenus ce qu'ils sont aujourd'hui, il lui fit, on peut le dire, un pont d'or, qu'elle n'hésita pas à franchir, consentant sans trop de peine à accepter les cent mille francs annuels que lui octroyait libéralement l'administration de notre première scène lyrique. Mademoiselle Cruvelli avait donc débuté au mois de janvier 1854 dans *les Huguenots*, et ce début, qui avait fait sensation dans le dilettantisme parisien, avait été pour l'artiste un véritable triomphe. En arrivant ici, Verdi retrouvait donc à l'Opéra la cantatrice qui avait été au Théâtre-Italien son interprète ardente et inspirée, et, d'accord avec Scribe, il résolut d'écrire pour elle le principal rôle de l'œuvre qu'il préparait.

Tout semblait en bon chemin : le poème des *Vêpres siciliennes* était terminé, la compositeur, nous l'avons vu, avait livré à la copie les morceaux les plus importants de sa partition; la distribution de l'ouvrage avait été réglée définitivement; enfin, comme on en était convenu, les études avaient été entamées le 1er octobre, lorsque, huit jours après, un événement que personne assurément n'eût su prévoir vint tout arrêter et tout mettre en question. Le lundi 9 octobre, l'affiche de l'Opéra annonçait *les Huguenots*, et le nom de mademoiselle Cruvelli, indiquée comme devant jouer le rôle de Valentine, faisait présager une grosse recette. L'affluence était grande en effet, et de bonne heure les portes du théâtre étaient assiégées par une foule sans cesse grossissante; cependant, l'heure du spectacle arrivait, les bureaux restaient obstinément clos, et les spectateurs, étonnés d'un retard dont ils ne pouvaient démêler la cause, commençaient à manifester leur impatience et leur mécontentement. Ils tenaient bon pourtant lorsqu'enfin... ils virent paraître un employé qui se mit en devoir d'apposer sur chaque affiche une bande par laquelle l'administration faisait savoir au public que mademoiselle Cruvelli ayant, au mépris de toutes ses obligations, quitté subitement Paris sans la prévenir, on se trouvait dans l'impossibilité de donner la représentation annoncée.

On devine le désappointement général! Mais ce dont on aurait peine à se rendre compte, c'est de l'effet produit dès le lendemain, dans la société parisienne, par cette fugue d'une artiste que, depuis son apparition, on avait choyée, caressée, cajolée, enguirlandée de toutes façons. De plus, il faut remarquer que, depuis quelques mois, un décret impérial avait fait entrer l'Opéra dans les attributions de la liste civile et de la maison de l'Empereur; que ce théâtre, par conséquent, était régi au compte de l'État, si bien que la fugitive semblait en quelque sorte avoir manqué de respect au souverain en personne. C'est bien le cas de dire qu'on fit alors de cette affaire comme une affaire d'État, que la diplomatie elle-même s'en occupa, et que, pendant tout un mois, ce fut un sujet de gloses pour Paris et même pour l'étranger. Le fait est que quelque adresse qu'on y mît, si bien que l'on cherchât, il fut impossible de découvrir la retraite de mademoiselle Cruvelli. Quinze jours après l'événement, on l'ignorait encore; ce qui motivait la nouvelle ainsi donnée par *la France musicale :* — « On ne sait pas encore ce qu'est devenue mademoiselle Cruvelli. Sa fuite inattendue rend impossible, pour le moment, l'exécution de l'opéra de MM. Scribe et Verdi, qui était entré en répétition le 1er de ce mois. Dans cette situation, M. Verdi a déclaré officiellement à l'administration de l'Opéra qu'il retirait sa partition [1]. » D'autre part, la *Gazette musicale* faisait connaître en ces termes les mesures qu'on avait cru devoir prendre pour sauvegarder les intérêts de l'administration de l'Opéra : — « On ne sait encore rien de positif sur les causes du brusque départ de mademoiselle Sophie Cruvelli. Cependant il paraît probable que la célèbre

---

1. *France musicale*, du 22 octobre 1854.

cantatrice s'est rendue en Allemagne auprès de sa famille [1]. Dès le vendredi de l'autre semaine, au nom de M. le ministre de la maison de l'Empereur, M. Blot, avoué, avait présenté une requête à M. le président du tribunal civil, à l'effet d'être autorisé à pratiquer une saisie conservatoire sur le mobilier garnissant l'appartement occupé par mademoiselle Cruvelli, rue Tronchet, 15, pour la garantie d'une somme de cent mille francs, à laquelle est évalué provisoirement le préjudice souffert par suite de l'inexactitude de l'engagement régulièrement contracté. Une autre requête a encore été présentée, afin d'avoir l'autorisation de former une saisie-arrêt entre les mains de M. de Rothschild, détenteur de fonds ou valeurs appartenant à mademoiselle Cruvelli. M. le président a rendu deux ordonnances autorisant ces mesures conservatoires, qui ont été pratiquées sur-le-champ. Mademoiselle Sophie Cruvelli avait laissé son appartement dans le plus grand ordre, et rien n'avait été distrait par elle de son mobilier,

---

[1]. Mademoiselle Crüwell, dite *Cruvelli*, était de naissance et d'origine allemandes.

où se trouvaient jusqu'à ses costumes de théâtre [1]. »

Les jours s'écoulaient cependant, et l'on ne parvenait pas à retrouver les traces de la fugitive. Ce que voyant, *la France musicale* publiait sous ce titre : *Une Fuite*, l'article violent que voici :

Quelques mots encore sur mademoiselle Sophie Cruvelli : son brusque départ, sa disparition subite, plutôt, défraye depuis quelques jours les causeries des théâtres et des salons. Pourquoi est-elle partie ? Où est-elle ? Les uns la croient en Amérique, d'autres à Saint-Pétersbourg, d'autres à Francfort. Elle a quitté l'Opéra pour épouser un comte, un prince [2]; que ne débite-t-on pas sur l'artiste qui a manqué à tous ses devoirs, violé ses engagements et n'a pas craint de s'exposer à un grand scandale public ! Nous admirions le talent de mademoiselle Sophie Cruvelli ; dans plus d'une circonstance, nous lui avions témoigné notre admiration ; mais aujourd'hui sa conduite attiédit sin-

1. *Gazette musicale* du 22 octobre 1854.
2. Le même jour, la *Gazette musicale* publiait la nouvelle suivante : — « Les journaux de Bruxelles annoncent la nouvelle du prochain mariage de mademoiselle Sophie Cruvelli avec M. Georges Vigier, second fils de M. le comte Vigier. » On sait qu'en effet mademoiselle Sophie Cruvelli est devenue depuis lors madame la baronne Vigier. C'est à partir de cette époque qu'elle renonça pour toujours à la carrière du théâtre.

gulièrement nos sympathies. Au-dessus du talent, il y a l'honneur, dont nul n'a le droit de se faire publiquement un jouet. Partir ainsi, laissant la scène où l'on vous aime, où l'on vous applaudit, dans des embarras inextricables, partir furtivement, comme le ferait un commerçant qui voudrait tromper la confiance de ses créanciers, c'est là un fait sans exemple à l'Opéra français et qu'on ne saurait assez flétrir.

Mademoiselle Sophie Cruvelli, dit-on, est sujette aux coups de tête. A Milan, à Gênes, à Londres, elle a eu avec les *impresarii* des démêlés qui ont mis à nu la légèreté de son caractère. Ces sortes de péchés lui sont donc familiers. Si elle est atteinte d'un grain de folie, qu'on la soigne une fois pour toutes ; avec des douches, on en viendra à bout. Si, au contraire, c'est avec réflexion qu'elle se livre à ces coupables fredaines, qu'on la mette à la raison et qu'on lui fasse sévèrement expier son inqualifiable conduite.

Voilà un théâtre qui comptait sur elle, qui la payait plus richement que l'on n'avait jamais payé aucun artiste ; voilà un musicien, Verdi, l'honneur et la probité mêmes, celui-là, qui quitte tout exprès le pays de ses triomphes, l'Italie, pour venir consacrer à la cantatrice plus de six mois de son temps et les plus belles inspirations qu'il a pu trouver ; voilà un poëte, M. Scribe, qui taille un splendide rôle à cette femme, dont le nom était devenu un talisman pour notre théâtre français : l'ingrate ! elle a méconnu tout cela ; et, brisant sans raison toutes ses amitiés, oubliant tout ce que l'on avait fait pour elle, pour sa gloire, pour sa fortune, elle s'en va, emportant toutes les espérances du poète et du musicien.

Où pourra-t-elle chanter maintenant, qu'elle ne soit poursuivie par les sifflements de tous ceux qui connaîtront cet acte inouï? Si le remords peut pénétrer dans les replis de son cœur, que mademoiselle Sophie Cruvelli fasse un retour sur elle-même, qu'elle plonge son regard dans l'avenir ; elle sentira peut-être le rouge lui monter au visage, et elle reviendra d'elle-même au bercail. Nous le souhaitons pour elle, nous le souhaitons pour l'art, nous le souhaitons pour nous, qui l'avons les premiers portée sur la scène des Italiens, il y a quatre ans, et qui n'avons cessé depuis de la suivre avec un ardent intérêt dans ses progrès et dans ses triomphes [1].

La vérité est que l'on ne parvint pas à découvrir la retraite de mademoiselle Cruvelli, mais que la cantatrice, étonnée peut-être, et surtout effrayée du bruit qu'avait causé son escapade, finit par donner de ses nouvelles. Pour préparer les esprits à son retour, elle commença par faire insérer dans le *Courrier de Strasbourg* la petite note suivante, qui prouve suffisamment que son excursion avait eu l'Allemagne pour objet : — « Mademoiselle Cruvelli, la célèbre fugitive du Grand-Opéra,

1. *France musicale*, du 29 novembre 1854.

de Paris, assistait hier soir à la représentation du théâtre de Strasbourg dans la loge de l'hôtel de *Paris*. Mademoiselle Cruvelli est de passage dans notre ville et retourne à Paris[1]. » Puis, quatre jours après, un journal de Paris, dont les attaches étaient très étroites avec le ministère, publiait cette autre note, évidemment dictée, dans laquelle on expliquait tant bien que mal — et plutôt mal que bien — la conduite de la jolie réfractaire, mais qui indiquait clairement que la paix était faite entre elle et l'administration de l'Opéra, j'allais dire entre elle et le gouvernement impérial : — « C'est par suite d'un malentendu regrettable que l'absence de mademoiselle Cruvelli a fait manquer une représentation de l'Opéra, la personne chargée de prévenir l'administration de son départ ne s'étant pas acquittée de sa commission. Mademoiselle Cruvelli, effrayée du fâcheux effet qui s'en était suivi, n'avait pas osé jusqu'ici reparaître devant le public. Comprenant aujourd'hui combien la prolongation de son absence pourrait aggraver ses torts involontaires, elle a demandé

1. *Courrier de Strasbourg*, du 3 novembre 1854.

et obtenu l'autorisation de reprendre immédiatement son service à l'Opéra[1]. »

On voit d'ici mademoiselle Cruvelli quittant tranquillement Paris alors qu'elle était affichée pour jouer le soir à l'Opéra, ne prenant même pas la peine d'écrire un mot à qui de droit, et, sans plus s'inquiéter du reste, chargeant simplement un commissionnaire quelconque de faire connaître son départ à l'administration. Tout cela est burlesque, et il faut avouer que le gouvernement de Napoléon III, pendant longtemps si chatouilleux en matière politique, ce qui le mena où l'on sait, devenait singulièrement accommodant en présence

---

1. *La Patrie*, du 7 novembre 1854. — « Il va sans dire que les habitués de l'Opéra avaient jugé sévèrement la conduite véritablement inqualifiable de mademoiselle Cruvelli. Ils étaient furieux, disait-on, et s'apprêtaient à lui faire un mauvais parti le soir de sa rentrée, menaçant de la siffler sans pitié et de lui infliger une verte leçon. On n'était pas sans inquiétudes à ce sujet ; mais le hasard, qui est souvent spirituel, se chargea de calmer une colère qui, d'ailleurs, n'était peut-être qu'apparente. C'est par le rôle de Valentine, des *Huguenots*, que mademoiselle Cruvelli reparaissait, le 20 novembre. Or on sait que, dès l'entrée en scène de Valentine, la reine lui adresse ces mots, qui trouvaient une application vraiment étonnante dans la circonstance : *Dis-moi le résultat de ton hardi voyage.* L'à-propos était si juste et tombait si à point, que le public, en entendant ces paroles, fut pris d'un accès de fou rire qui semblait ne pas devoir prendre fin... Il était désarmé.

d'une question d'art et se laissait volontiers berner sous les yeux du public.

Quoi qu'il en soit, une fois mademoiselle Cruvelli de retour à Paris, on reprit avec activité les études des *Vêpres siciliennes*, études que Verdi dirigeait en personne, faisant lui-même fonctions d'accompagnateur au piano. Les autres interprètes étaient mademoiselle Sannier, MM. Gueymard, Boulo, Bonnehée, Obin et Coulon. Il ne fallut pas moins de sept mois pour mettre l'ouvrage en état d'être offert aux spectateurs. On assure que, pendant tout ce temps, la grande cantatrice, désireuse de se faire pardonner par le compositeur le manque d'égards dont elle s'était particulièrement rendue coupable envers lui, fit preuve d'une assiduité, d'un zèle et d'une ardeur à toute épreuve. Le rôle, d'ailleurs, convenait merveilleusement à son talent plein de fougue et d'une passion parfois désordonnée. Les bruits qui transpiraient au dehors du théâtre, relativement au nouvel opéra, faisaient espérer un grand succès et pour le compositeur, et pour sa principale interprète. C'est à ce propos, et aussi à propos d'une récente reprise d'*Ernani* au Théâtre-Italien, qu'Adolphe Adam, dans un de ses feuilletons de *l'Assemblée nationale*, publiait quelques réflexions très justes et très curieuses sur Verdi, sur ses succès en Italie et sur la difficulté avec laquelle le public français s'était accoutumé à sa musique, en dépit du renom qu'elle avait acquis ailleurs :

De tous les opéras de Verdi représentés à Paris, disait l'écrivain, **Ernani** est celui qui a obtenu le plus de succès. Je ne saurais dire pourquoi; car j'aime autant les autres, si je ne pensais que ce succès a été dû surtout à l'excellente exécution qui eut lieu lors des débuts de mademoiselle Cruvelli. Je ne suis pas un de ses admirateurs fanatiques et quand même; mais je fus son admirateur sincère dans cet opéra, où elle était supérieure en tous points. J'assistai à son premier début, et j'allai l'entendre trois fois de suite, ce qui est assez fort pour moi : je l'ai vue dans tous ses autres rôles, et j'y suis retourné moins souvent. J'espère qu'elle retrouvera toutes les qualités qu'elle y déployait dans le nouvel ouvrage que Verdi vient d'écrire pour elle et que l'Opéra nous prépare. Je serai enchanté du succès qu'il obtiendra, pour mademoiselle Cruvelli et Verdi; car je m'en veux de ne pas admirer ce que tant d'autres admirent. Un de mes élèves, qui arrive d'Italie, où il était allé *faire son temps*, comme pensionnaire de l'Institut, me disait que nous ne pouvions nous faire une idée de l'enthousiasme qu'y soulève la musique de Verdi. Rossini même, dans sa plus brillante époque, n'excita pas un fanatisme semblable. Ceci est peut-être plus facile à expliquer qu'on ne le pense.

Les Italiens, en musique, pratiquent un peu le système des Chinois à l'égard des étrangers : ils ne connaissent et ne veulent connaître que leur musique. Quelques essais ont été tentés, et les journaux parisiens ont proclamé les succès obtenus sur quelques scènes italiennes par *la Muta di Portici*, *Roberto il Diavolo*, *il Profeta*, etc., mais ces succès ont dû être moins décisifs qu'on ne l'a prétendu, car ils ne se sont soutenus nulle part. Donc, les Italiens, ne connaissant absolument que leur musique, ont dû être moins impressionnés par Rossini, qui ne leur apportait que la continuation et le perfectionnement de ce qu'ils avaient entendu jusque-là, que par Verdi, qui leur donnait une tout autre chose. Ce n'étaient plus l'élégance, le brillant, l'abondance et la facilité de la mélodie qu'il fallait à ce public, qui en était saturé ; c'étaient la vigueur, l'énergie et la passion un peu sauvage. Verdi devina à merveille ce besoin, et il sut le satisfaire avec autant de bonheur que de talent. Il suit de cette explication que le même genre de succès était impossible en France, où nous étions déjà familiarisés avec les effets passionnés et vigoureux, et qu'au Théâtre-Italien il l'était moins qu'ailleurs, puisque cette nouvelle école y apportait ce qu'on n'y venait pas chercher et en excluait ce qu'on y désirait rencontrer. Ce peu de sympathie du public du Théâtre-Italien pour les ouvrages de Verdi ne peut donc diminuer en rien la valeur de ce maître, ni atténuer les espérances qu'on est en droit de fonder sur l'ouvrage qu'il a écrit pour notre scène. On trouve dans les œuvres de Verdi certaines qualités qui peuvent paraître secondaires, dans le genre italien proprement dit, mais qui sont dominantes et ne peuvent manquer de réussir sur notre scène. Ces qualités sont la puissance, la verve et la grandeur, et nul ne peut les méconnaître chez ce compositeur, dont les tendances peuvent être combattues, mais dont le talent ne saurait être mis en doute.

On voit avec quelle franchise Adam rendait justice au maître italien, et comme il avait su discerner les causes qui avaient retardé en France le succès de ses œuvres.

Ce succès pourtant s'était nettement dessiné avec *Ernani*, *Rigoletto* et *il Trovatore;* il s'était même affirmé bruyamment, à l'Opéra, avec la traduction de ce dernier ouvrage. Allait-on le voir éclater enfin dans toute sa force avec la première œuvre écrite expressément par Verdi pour la France? A cette demande, on serait presque tenté de répondre à la fois par oui et par non. Il est certain que l'accueil fait aux

Vêpres siciliennes, lors de leur apparition sur notre grande scène lyrique, fut très chaleureux et presque enthousiaste [1]; la valeur très appréciable de la partition, son interprétation remarquable au point de vue de l'ensemble, la présence d'une cantatrice qui exerçait sur le public une sorte de fascination, la richesse et le luxe de la mise en scène, et, par-dessus tout cela, la foule qui se pressait à Paris à l'occasion de l'Exposition universelle, tout concourait à rendre cet accueil particulièrement brillant. D'autre part, il est incontestable que, une fois épuisée la première curiosité, une fois changées les conditions dans lesquelles elle avait été offerte au public, le succès de l'œuvre ne se soutint pas. Dès que Sophie Cruvelli, qui ne tarda pas à quitter l'Opéra, eut cessé de prendre part à son exécution, elle ne put se maintenir au répertoire. Au mois de juin 1859, quatre ans après sa création, on en fit une reprise, avec madame Barbot dans le rôle de la duchesse Hélène; cette reprise passa presque inaperçue. En 1863, on remonta de nouveau l'ouvrage, et, cette fois, non sans quelque so-

---

1. La première représentation eut lieu le 13 juin 1855.

lennité. C'est mademoiselle Marie Sax, dans tout l'éclat de sa jeunesse et de son beau talent, qui succédait alors à la Cruvelli, qu'elle n'était pas sans rappeler par certains côtés, tandis que Villaret, presque à ses débuts, prenait la place de Gueymard. Le compositeur, en ce moment à Paris, avait donné ses soins à cette nouvelle reprise ; il avait même écrit pour Villaret une romance que celui-ci disait d'une façon charmante, et qui remplaçait l'air que chantait à l'origine le ténor au commencement du quatrième acte. Rien n'y fit, et *les Vêpres Siciliennes* ne purent retrouver leur vogue des premiers jours. Bientôt elles disparurent définitivement, après avoir fourni, dans l'espace de huit années, une série totale de soixante-deux représentations [1].

---

[1]. Les Italiens présents à Paris n'avaient pas été sans exercer quelque influence sur cette vogue un peu trompeuse des premiers jours. A cette époque, où leur patrie était encore morcelée au point de vue politique, tous les enfants de cet admirable pays suivaient avec un intérêt anxieux les travaux de leurs compatriotes à l'étranger. Rendant compte de la représentation des *Vêpres siciliennes*, voici ce qu'écrivait Scudo, Italien lui-même : — « Une grande curiosité s'attachait à l'apparition de cet ouvrage, qui pouvait être le signal d'une nouvelle transformation de la musique dramatique; aussi la salle de l'Opéra présentait-elle, ce jour-là, un spectacle curieux : les partisans du compositeur italien s'y étaient donné rendez-vous en masse, et

Cependant, peu de temps après leur première apparition à l'Opéra, *les Vêpres siciliennes*, comme on pouvait s'y attendre, franchirent les Alpes et se montrèrent en Italie. Mais, comme la censure (avec laquelle Verdi fit toujours mauvais ménage), comme la censure était singulièrement ombrageuse, qu'elle s'exerçât à Venise ou à Milan, à Naples ou à Florence, elle ne voulut pas entendre parler du sujet non plus que du titre des *Vêpres si-*

ce n'est point une exagération de dire que presque tous les *dilettanti* aisés de Milan, de Turin et d'autres villes de la Lombardie assistaient à cette solennité, qui avait pour eux l'importance d'un événement politique. En effet, les questions d'art ne sont pas pour les Italiens d'aujourd'hui de simples problèmes de goût qui se posent et se débattent dans les régions sereines de l'esprit; les passions et les intérêts actuels de la vie s'y trouvent engagés, et, dans le succès d'une virtuose, d'un artiste ou d'un ouvrage de n'importe quelle nature, les Italiens voient un succès de nationalité, un titre de plus à l'estime de l'Europe civilisée... C'est l'honneur éternel de l'Italie qu'après deux civilisations aussi différentes que celles de la Rome d'Auguste et de Léon X, elle ait pu survivre à l'oppression qui s'est appesantie sur elle depuis le milieu du xvie siècle. C'est par les arts, les lettres et les sciences que ce beau pays a toujours protesté contre les misérables gouvernements qui se sont efforcés d'étouffer en lui toute vie morale. Aussi s'explique-t-on l'exaltation des Italiens quand ils ont à défendre leurs poètes, leurs artistes et leurs savants contre la critique des étrangers. Les questions de goût sont pour eux des questions de vie ou de mort, et contester la gloire de leurs hommes célèbres, c'est contester leur nationalité. Ceci nous ramène à M. Verdi et à son opéra des *Vêpres siciliennes*... »

ciliennes. Il fallut donc adapter à la partition du maître un poème nouveau, dont la donnée offrît quelque analogie avec celle du livret original, et l'on choisit pour cela un épisode de l'histoire du Portugal au xviie siècle, alors que ce noble petit pays gémissait sous le joug de la domination espagnole. L'œuvre, ainsi modifiée, prit le titre de *Giovanna di Guzman*. Je crois qu'elle n'obtint jamais beaucoup de succès en Italie, d'abord à cause du sujet du second livret, ensuite en raison de sa longueur, les opéras français ayant, on le sait, des proportions beaucoup plus considérables que les opéras italiens, — en quoi, d'ailleurs, les opéras français ont complètement tort.

Après *les Vêpres Siciliennes*, Verdi écrivit son cinquième ouvrage pour la Fenice, de Venise, qui semble avoir toujours été son théâtre favori. Il s'agissait cette fois de *Simon Boccanegra*, opéra en trois actes et un prologue, dont Piave lui avait fourni le livret et qui fut représenté le 12 mars 1857. Attendu avec une curiosité que rendait encore plus vif le retentissement qu'avait eu à Paris la représentation de la dernière œuvre du maître, *Simon Boccanegra* ne fut pourtant que médiocrement heureux à Venise. Il est vrai que, des quatre artistes principaux qui concouraient à l'interprétation, deux au moins, le ténor Negrini et le baryton Giraldoni, ne convenaient guère aux rôles dont ils étaient chargés, et qu'ils étaient mal en voix le jour de la représentation. Mais, d'autre part, il semble que le poème de Piave n'était pas de nature à aider beaucoup au succès de l'œuvre. M. Basevi, qui traite ce poème de « monstrueux pastiche mélodramatique », fait à son sujet cet aveu significatif : — « Je n'ai pas été contraint de lire attentivement moins de *six fois* ce livret de Piave pour en comprendre ou croire en comprendre quelque chose. » Si une lecture attentive, six fois répétée, produisait un tel résultat, ou, pour mieux dire, une telle absence de résultat, qu'on juge donc de l'effet produit sur le spectateur par une pièce obscure à ce point !

En réalité, *Simon Boccanegra* n'obtint qu'un médiocre succès. Il fut plus heureux lorsque, après vingt années écoulées, le compositeur se reprit à son œuvre, ainsi qu'il agit pour quelques autres, et, après en avoir fait profondément remanier le poème, fit subir lui-même à sa partition des modifications importantes. Se trouvant de passage à Cologne en 1875, au moment où une excellente troupe y donnait des représentations du *Fiesque* de Schiller, Verdi résolut d'aller voir cet ouvrage, d'où Piave avait tiré le poème de *Simon Boccanegra*. Bien qu'il ne comprenne pas l'allemand, Verdi fut frappé de la puissance du drame de Schiller, de sa vigueur pathétique et dramatique, et il s'écria : *Ah! quel beau poème aurait pu me faire Piave!* C'est alors qu'il songea à un renouvellement de son opéra, sur les bases d'une reconstruction complète du livret. Cette idée, une fois entrée dans son esprit, ne le quitta plus, et il fut aidé dans sa réalisation par l'un des jeunes maîtres de l'école musicale italienne contemporaine, M. Arrigo Boito, l'auteur de *Mefistofele*, qui est un poète aussi distingué qu'un remarquable compositeur. M. Boito se mit au travail sur ses indications, l'acheva à sa plus entière satisfaction, et Verdi, outre les nombreux remaniements de détail auxquels il soumit sa musique, écrivit pour cette seconde édition de *Simon Boccanegra* plusieurs morceaux entièrement nouveaux, entre autres, au premier acte, un finale qui est l'une des pages les plus dramatiques et les plus inspirées qui soient sorties de sa plume. Ainsi *rimpastato*, *Simon Boccanegra* reparut en 1881 à la Scala, de Milan, où un artiste français, M. Maurel, en remplissait le rôle principal. L'ouvrage, cette fois, fut accueilli avec la plus grande faveur, et M. Maurel, devenu pour un instant, deux ans après, le restaurateur et le directeur du Théâtre-Italien de Paris, ne crut pouvoir mieux faire que d'inaugurer son administration par la représentation d'un opéra qui lui avait valu en Italie un succès personnel considérable. Rien n'avait été négligé, d'ailleurs, pour en assurer le triomphe; outre M. Maurel, l'interprétation était confiée à madame Fidès Devriès, à MM. Nouvelli et Ed. de Reszké, et c'était le superbe chef d'orchestre de la Scala lui-même, M. Franco Faccio, qui était venu se mettre à la tête de l'orchestre parisien. Malgré tout pourtant, *Simon Boccanegra* fut reçu avec une extrême réserve lorsqu'il fit ainsi son apparition chez nous, le 27 novembre 1883. En somme, et malgré les efforts du maître en sa faveur, il semble douteux que cet ouvrage compte jamais au nombre de ses meilleurs [1].

C'est à la suite du quasi-insuccès que *Simon Boccanegra* avait éprouvé sous sa première forme, que Verdi donna, au Théâtre-Neuf de Rimini, la seconde version de son *Stiffelio*, qui avait été assez malheureux à Trieste en 1850, et dont il avait fait un *Aroldo*. Le sujet, toujours par suite des susceptibilités de la censure italienne, avait dû être complètement changé, et le prêtre Stiffelio, considéré comme innocent à Trieste, dut, à Rimini, céder la place à un chef de barbares. La pièce fut donc entièrement refaite, certains morceaux de la partition furent supprimés et remplacés par des pages nouvelles, d'autres furent remaniées, et enfin un qua-

---

[1]. C'est à l'époque où Verdi commença à s'occuper du renouvellement de son *Simon Boccanegra*, au commencement de 1876, que mourut son collaborateur Piave, depuis longtemps malade et dans l'impossibilité de travailler. Ainsi que je l'ai dit plus haut, Verdi, pour reconnaître ses services et l'empêcher de tomber dans la détresse, lui avait dès lors constitué une rente, qui, comme on peut le penser, fut toujours servie avec la ponctualité la plus absolue; mais il ne s'en tint pas là: il plaça sur la tête de la jeune fille du poète un capital que celle-ci doit toucher à sa majorité, avec les intérêts accumulés. Piave put mourir ainsi tranquille, n'ayant manqué de rien pendant ses derniers jours, et rassuré sur le sort de son enfant. De tels faits ne sauraient rester ignorés.

trième acte fut ajouté à l'ouvrage, qui primitivement n'en comportait que trois. *Aroldo*, pourtant, ne fut pas plus heureux le 16 août 1857 que *Stiffelio* ne l'avait été six ans et demi auparavant. Il était chanté, cette fois, par la Lotti, par MM. Pancani, Ferri, Cornago et Poggiali.

Mais, avec *un Ballo in maschera*, le maître allait retrouver un des plus brillants succès qui aient signalé sa carrière. Ce ne fut pas toutefois sans les ennuis qui accompagnaient généralement l'apparition de ses ouvrages, et l'on peut dire que la naissance de celui-ci fut entouré de circonstances vraiment extraordinaires. Il était imité du *Gustave III* de Scribe et Auber, représenté naguère à l'Opéra, et, après avoir dû porter ce titre, il avait reçu celui de *la Vendetta in domino*, qui s'était enfin transformé en *un Ballo in maschera*. C'est pour le théâtre San-Carlo, de Naples, qu'il avait été écrit, et c'est là que commencèrent pour lui des tribulations qui, en retardant d'abord son apparition, l'obligèrent ensuite à se transporter ailleurs. Les premières nouvelles en étaient ainsi données chez nous par la *Gazette musicale* : — « Un procès est engagé en ce moment entre la direction des théâtres royaux de Naples et le maestro Verdi ; il sera jugé par le tribunal de commerce. En voici la cause. Le célèbre compositeur s'était obligé à écrire pour le théâtre de San-Carlo un opéra ayant pour titre *Gustave III*, sujet déjà traité par M. Scribe pour le Grand-Opéra de Paris. La censure ayant exigé que des modifications importantes fussent faites au livret, Verdi a refusé de se soumettre à ces exigences, et l'opéra n'a point été livré à la direction, qui réclame quarante mille ducats d'indemnité. On est très curieux de connaître l'issue de ce procès[1]. »

Voici, exactement, le récit des aventures véritablement étranges d'*un Ballo in maschera*.

Verdi venait de débarquer à Naples, afin d'y faire commencer les répétitions de cet ouvrage, lorsque, le 13 janvier 1858, le télégraphe transmettait de Paris en cette ville la nouvelle de l'attentat dirigé par Felice Orsini contre Napoléon III, à la sortie de l'Opéra, et auquel celui-ci avait échappé comme par miracle. Au reçu de cette nouvelle, les polices

1. *Gazette musicale*, du 4 avril 1858.

étrangères redoublèrent aussitôt de rigueurs et, par contre-coup, la censure dans chaque pays devint plus sévère et plus méticuleuse. Celle de Naples commença par retirer l'autorisation qu'elle avait donnée de représenter le *Ballo in maschera* à San-Carlo, l'assassinat de Gustave III étant alors un exemple fâcheux à donner aux spectateurs. En vain la direction, aidée par le duc de Ventignano, surintendant des théâtres royaux, s'efforça-t-elle d'obtenir de Verdi qu'il consentît à adapter sa musique à un autre livret; Verdi se montra absolument intraitable sur ce point. Le surintendant, dont j'ai déjà eu l'occasion de signaler, à propos de *Luisa Miller* les procédés pleins de grâce et d'originalité, lui envoya alors, par ministère d'huissier, une protestation à laquelle il joignait une assignation en deux cent mille francs de dommages-intérêts. C'était pour rien.

Mais le noble duc se heurtait à un mur. Verdi demeurait inexorable, et, comme on était à l'époque des grandes aspirations libérales de l'Italie, il arriva ceci, que la ville de Naples tout entière prit ouvertement parti pour lui. On approuvait sa résistance et l'on voulait, comme lui, que l'ouvrage fût représenté avec le livret original. Il n'y eut pas jusqu'au frère du roi, le comte de Syracuse (qui, du reste, deux ans plus tard, faisait adhésion au royaume d'Italie et s'embarquait sur une frégate piémontaise), que l'on vit prendre intérêt à cette question qui agitait tous les esprits. Celui-ci fit en sorte d'amener Verdi à se laisser présenter par lui à Ferdinand II, lequel, sans aucun doute, lui affirmait-il, se laisserait persuader et permettrait la représentation de son opéra. Verdi refusa tout.

Cependant l'agitation croissait chaque jour. Verdi ne pouvait plus sortir de son hôtel sans être poursuivi d'une foule immense qui l'acclamait et faisait retentir l'air des cris de *Viva Verdi!* lesquels, outre leur signification spéciale en ce moment, avaient aussi, comme on le verra plus loin, une signification politique. Pour faire cesser cette effervescence, qui pouvait n'être pas sans danger, le gouvernement se décida enfin à dégager Verdi de ses obligations et à le laisser partir avec son opéra. On lui imposa seulement comme condition d'en reproduire un autre à sa place, dès que cela serait possible.

La situation venait de se dénouer ainsi, lorsque Verdi reçut la visite du directeur du théâtre Apollo, de Rome, l'*impresario* Jacovacci, longtemps fameux en Italie. A peine ce personnage avait-il pénétré dans l'appartement de Verdi, qu'il lui dit :

— Maître, j'apprends qu'ici le gouvernement ne permet point de laisser jouer votre *Ballo in maschera*. Voulez-vous me le céder pour Rome ?

Verdi se mit à rire.

— Mon cher Jacovacci, lui répondit-il, comment diable voulez-vous que l'on autorise à Rome ce qu'on défend à Naples ?

— Ça, c'est mon affaire, répliqua l'impresario ; donnez-moi seulement le livret, et promettez-moi que, si, dans huit jours, j'ai l'autorisation, l'œuvre m'appartient et que vous viendrez la mettre en scène à Rome.

— Mais il y a une autre difficulté, reprit Verdi ; je mets pour condition, *sine qua non*, que vous engagerez Fraschini.

— Il n'y a pas autre chose ? repartit en souriant Jacovacci. Alors, viens un moment par ici, dit-il en se retournant vers Fraschini, qui assistait à l'entretien.

L'un et l'autre passèrent dans une pièce voisine, d'où ils revinrent au bout de quelques minutes, complètement d'accord sur leurs conditions.

— Maintenant, dit Jacovacci, je reprends le chemin de Rome, et je m'arrangerai avec la censure, avec le cardinal-gouverneur, avec le Saint-Père, s'il le faut. Sous huit jours, mon cher maestro, vous aurez le livret avec tous les visas et tous les *buono per la scena* possibles.

Et il partit.

Pourtant, les choses n'allèrent pas aussi aisément qu'il l'avait affirmé, et, à Rome, de nouvelles difficultés se présentèrent. La censure pontificale, très chatouilleuse de sa nature, d'ailleurs profondément conservatrice des traditions et des sentiments monarchiques, ne put absolument pas se décider à admettre ce que l'histoire était bien obligée d'enregistrer : à savoir, l'assassinat d'un souverain par un de ses sujets. Il fallut bien, cette fois, sous peine de ne pouvoir enfin livrer son œuvre au public, que le compositeur se résignât à la voir modifier dans sa donnée première. Il fut donc convenu qu'au lieu de passer en Suède, l'action se produirait en Amérique, et qu'à la place du meurtre de Gustave III, on se contenterait d'offrir aux regards du public celui de M. le comte de Warwick, gouverneur de la ville de Boston (!). Grâce à ce changement dans le lieu de l'action, à cette substitution relative au rang et à la qualité du principal personnage, un *Ballo in maschera*, après un certain nombre de tiraillements, put décidément voir le jour. Heureusement, les sottises que les exigences de la censure avaient fait accumuler dans le livret ne portèrent point tort à l'ouvrage, dont le grand succès ne fit pas doute un instant lorsqu'il fut enfin mis à la scène, le 17 février 1859[1].

---

1. On sait que la version « américaine » d'*un Ballo in maschera* n'a pas été conservée ; mais on n'a pas non plus rétabli le sujet dans son état primitif. La scène aujourd'hui se passe à Naples, et, s'il faut en croire Scudo, c'est lors de la représentation de l'ouvrage sur notre Théâtre-Italien (13 janvier 1861) que cette nouvelle et dernière transformation fut opérée : — « Au Théâtre-Italien de Paris, la scène d'*un Ballo in maschera* se passe dans le royaume de Naples. M. Mario, qui aspire fortement à descendre du trône de la belle jeunesse qu'il a occupé pendant si longtemps, s'est absolument refusé à porter le costume d'une ville de puritains, comme l'était Boston au commencement du xviiie siècle. Et voilà ce que devient la vérité de l'histoire entre les mains des censeurs, des librettistes et des virtuoses italiens !... » (*L'Année musicale*, t. III, p. 111-112.)

Malgré l'accueil chaleureux que l'œuvre recevait du public, le compositeur était loin pourtant d'être satisfait de son interprétation, qui, si elle était remarquable en ce qui touche les deux principaux rôles d'hommes, confiés à Fraschini et à Giraldoni, laissait beaucoup à désirer de la part de l'élément féminin, représenté par mesdames Julienne Dejean, Scotti et Sbriscia. Comme il s'en plaignait, non sans quelque amertume, à Jacovacci, celui-ci, qui était un fin matois et qui connaissait toutes les rouerics de son métier, lui répondit en souriant : — « Bah ! bah ! à la prochaine saison, j'aurai trois cantatrices meilleures, le public trouvera l'ouvrage encore bien plus à son goût, et, moi, je ferai beaucoup plus d'argent encore [1]. »

Un Ballo in maschera reste, jusqu'à ce jour, le dernier ouvrage écrit par Verdi pour sa patrie; car, depuis 1859, c'est-à-dire depuis vingt-six ans, il n'a mis au jour que trois

---

[1]. *Un Ballo in maschera*, traduit en français par M. Édouard Duprez sous son titre exact, *le Bal masqué*, fut représenté à notre Théâtre-Lyrique le 17 novembre 1869. Les rôles principaux en étaient joués par MM. Massy et Lutz, par madame Meillet et mademoiselle Daram.

opéras, tous trois composés pour des théâtres étrangers.

Procédons par ordre.

En 1834 vivait à Tours, donnant des leçons de dessin pour subsister, un noble Espagnol, don Angel de Saavedra, que les révolutions si fréquentes dans sa patrie avaient forcé de s'exiler, malgré une existence antérieure pleine de noblesse et de courage. Les gouvernements de Rome et de la Toscane lui avaient interdit l'accès de leur territoire, et celui de Charles X, sans le chasser de France, où il était venu chercher un refuge, l'avait du moins empêché de séjourner à Paris. Don Angel de Saavedra avait alors choisi Orléans pour lieu de sa résidence, et il y avait fondé une école de dessin, que, peu d'années après, il transférait à Tours. Une amnistie générale lui rouvrit enfin les portes de son pays, presque en même temps que la mort de son frère aîné, en le faisant héritier d'une grande fortune et du titre de duc de Rivas, l'élevait à la dignité de grand d'Espagne et de pair du royaume.

Le nouveau duc de Rivas n'était pas seulement un homme politique et un soldat courageux ; c'était encore un lettré délicat, qui s'était fait connaître par des travaux intéresressants et de remarquables poésies. Il rapportait dans sa patrie plusieurs ouvrages écrits par lui pour adoucir les douleurs de l'exil, entre autres un drame en cinq actes, mi-partie prose et vers, tout débordant des excès par lesquels se signalait alors l'école romantique française. Ce drame, intitulé, je crois, *Don Alvar*, fut représenté à Madrid le 22 mars 1835, et son apparition fut un véritable événement littéraire. Le succès en fut colossal, et rayonna bientôt sur toute l'Espagne.

C'est de ce drame que, vingt-cinq ans plus tard, le librettiste Piave tirait un sujet d'opéra pour Verdi, à qui la cour de Russie avait demandé un ouvrage nouveau pour le théâtre impérial de Saint-Pétersbourg. L'œuvre était en quatre actes, et, sous le titre de *la Forza del Destino*, elle fut offerte au public moscovite le 10 novembre 1862 [1]. Les interprètes en étaient Tamberlick, Graziani, Debassini, Angelini, et mesdames Barbot et Nantier-Didiée,

---

[1]. Son apparition avait été retardée d'une année par la maladie d'une des artistes qui devaient concourir à son exécution, madame Barbot, ce qui obligea Verdi à faire deux fois le voyage de Russie.

c'est-à-dire quatre chanteurs italiens et deux cantatrices françaises, tous artistes de premier ordre. Malgré cette interprétation remarquable, *la Forza del Destino* n'obtint à Saint-Pétersbourg qu'un accueil cordial, qui ne prit en aucune façon les proportions d'un succès. Le sujet, il faut le dire, était trop triste, trop noir, trop lugubre, et cet opéra mélodramatique, dont les trois principaux personnages périssaient simultanément et de mort violente, l'un en duel, l'autre assassiné, le troisième par le suicide, parut aux spectateurs un peu trop foncé en couleur. L'ouvrage fut mieux reçu à la Scala, de Milan, lorsqu'il y parut en 1869, après qu'on eut pris la précaution de faire retoucher le poème par M. Ghislanzoni. Mais il fut accueilli très froidement à notre Théâtre-Italien lorsqu'on l'y entendit en 1876, chanté par mesdemoiselles Borghi-Mamo et Reggiani, par MM. Aramburo, Pandolfini et Nannetti. En réalité, sa valeur est secondaire, et il n'a jamais excité que de médiocres sympathies [1].

---

1. Il fut cependant un instant question de faire traduire *la Forza del Destino* pour la donner à notre Opéra. C'était en 1865, et voici ce qu'en disait la *Gazette musicale* (du 31 décembre): « En présence de l'incertitude qui régnait sur le résultat des

C'est entre la représentation de *la Forza del Destino* et celle de *Don Carlos*, dont j'aurai bientôt à parler, que se place un fait qu'il n'est pas inutile de mentionner : l'élection de Verdi comme membre étranger de notre Académie des beaux-arts, qui eut lieu le 25 juin 1864. La *Gazette musicale* l'annonçait ainsi dans son numéro du 3 juillet : — « Samedi dernier, l'Académie des beaux-arts a procédé à l'élection d'un membre étranger, en remplacement de Meyerbeer. Trente-sept membres étaient présents. La majorité absolue était de dix-neuf voix. M. Verdi, compositeur, résidant à Gênes, a été élu par 23 voix; M. Simonis, statuaire, a obtenu 7 voix ; M. Navez, peintre, 4 voix ; M. Gallait, peintre, 2 voix ; et M. Geefs, statuaire, 1 voix. »

pourparlers entamés entre la direction de l'Opéra et Verdi, nous avons cru devoir nous abstenir. Aujourd'hui, nous pouvons annoncer qu'un traité a été signé entre M. Émile Perrin et le célèbre compositeur. Il en résulte que, quant à présent, le projet de représenter *la Forza del Destino* est complètement abandonné. M. Verdi écrira expressément pour l'Opéra une partition nouvelle sur un poème en cinq actes, de MM. du Locle et Méry, qui est tiré de la tragédie de Schiller : *Don Carlos*. Il entrera en répétition dans le courant de juillet, pour être représenté en novembre prochain. »

X

Avant d'aller plus loin, je dois dire quelques mots de la carrière *politique* de Verdi. Que le lecteur ne s'alarme pas, pourtant. Je ne prétends pas insister sur ce sujet, et, si je l'aborde, c'est uniquement pour ne rien négliger du point de vue auquel je me suis placé en entreprenant ce travail. Me souvenant du mot de madame Deshoulières :

Glissez, mortels, n'appuyez pas!

je ne sortirai pas du cadre anecdotique que je me suis tracé.

Donc, en 1859 et 1860, pendant tout le cours de cette guerre de l'indépendance italienne, qui commença, avec l'aide des armes françaises, par l'affranchissement de la Lombardie, et qui se continua par celui de la Toscane, des duchés et du royaume de Naples, le nom d'un grand artiste se trouva « construit » de manière à servir de symbole et de cri de ralliement aux populations qui voulaient s'affranchir d'un despotisme séculaire et concourir à l'unification de la commune patrie. Quelles que soient les entraves apportées à la liberté, les peuples opprimés ont toujours des moyens ingénieux de faire connaître leur pensée. Les Italiens, en cette circonstance, ne trouvèrent rien de mieux que de se servir du nom d'un des leurs, d'un musicien qui, depuis quinze ans, régnait en maître sur toutes les scènes de la Péninsule et dont la renommée était universelle. Employant ce nom à faire une sorte de rébus, dont la clef, d'ailleurs, était facile à trouver, ils couvraient tous les murs de cette inscription laconique, qui donnait l'essor à leurs désirs et à leurs espérances :

Viva V.E.R.D.I !

ce qui voulait dire, en bon italien :

Viva Vittorio-Emanuele, Re D'Italia !

C'est ainsi que s'exprimaient les compatriotes

du grand musicien et que, partout où se montrait l'inscription fatidique, on pouvait se rendre compte de leurs sentiments.

Mais ce n'est pas tout. Lorsque le duché de Parme voulut s'annexer au nouveau royaume d'Italie, et qu'il nomma sa première Assemblée, Verdi fut élu député à cette Assemblée par le district de Busseto. On n'ignorait pas, dans son pays, que le grand artiste, esprit élevé et libéral, avait toujours évité toutes relations avec les Autrichiens, de même que jamais il n'avait été à la cour de Parme, n'ayant aucuns rapports avec le duc, et se tenant toujours à l'écart des premiers aussi bien que du second. Voilà pourquoi, et aussi à cause de la gloire qui s'attachait à son nom, ses compatriotes l'avaient choisi pour leur représentant.

Pourtant, ce premier moment passé, et lorsque l'assemblée parmesane eut voté l'annexion du duché au Piémont, Verdi se trouvait un peu gêné de la nouvelle situation qui lui était faite. Il s'en expliqua avec M. de Cavour, qui, lorsqu'il s'agit de l'élection du premier Parlement national italien, l'avait prié de le venir voir et l'engageait très vivement à se mettre sur les rangs.

— Mais, mon cher Cavour, lui dit le maître, vous savez bien que je ne suis pas un homme politique. Je déteste me trouver en vue, je ne demande qu'à travailler tranquillement dans la retraite, et j'avoue que vos désirs contrarient quelque peu les miens.

— Je n'ignore point que vous n'êtes pas un homme politique, lui répondit le ministre, et je ne veux nullement vous obliger à le devenir. Mais je voudrais voir réunis, dans notre premier Parlement national, tous les hommes qui, en Italie, se sont fait un nom par l'intelligence, soit dans les arts, soit dans les lettres, soit dans les sciences. Voilà pourquoi mon plus vif désir est que vous en fassiez partie.

Devant une insistance si honorable, Verdi céda. Il va sans dire qu'il fut nommé. Mais, après avoir fait acte de citoyen, après avoir pris part aux premiers travaux de la Chambre des députés, il finit par s'en éloigner, et finalement, au bout de deux ou trois ans, donna sa démission.

Cela n'empêcha pas qu'en 1875 le roi Victor-Emmanuel le nommât sénateur du royaume. Mais décidément la politique l'effrayait, et rien ne put vaincre son inertie. Après sa nomination, il fit acte de présence au Sénat, et prêta le serment réglementaire (22 novembre). Mais ce fut tout ce à quoi il put se résigner, et, depuis lors, je ne crois pas qu'il ait jamais siégé [1].

Faut-il compter au nombre des rares actes « politiques » du maître la cantate qu'il écrivit expressément pour l'inauguration de l'Exposition universelle de Londres, en 1862? Peut-être serait-ce aller bien loin. Toutefois, il faut bien mentionner cette importante composition.

On sait que quatre grands artistes avaient été chargés de représenter musicalement leur patrie en cette circonstance : Auber pour la France, Meyerbeer pour l'Allemagne, Verdi pour l'Italie, et Sterndale Bennett pour l'Angleterre. Verdi (qui, on peut le remarquer, reste le dernier survivant des quatre) écrivit à cette occasion un *Inno delle Nazioni*, dont l'exé-

1. C'est ici le lieu de rappeler qu'il y a quelques années, un *impresario* italien, le directeur du théâtre Piccinni, de Bari, à qui ne suffisait pas sans doute la notoriété artistique de Verdi, jugea à propos, en annonçant une représentation d'*Aïda*, de faire savoir à son public que l'œuvre était due *al maestro senatore Verdi!*

cution ne put avoir lieu au Palais même de l'Exposition, mais qu'on entendit, le 24 mai 1862, au théâtre de la Reine. Cet hymne comprenait une introduction, un chœur, un solo de soprano chanté par madame Tietjens, et un vaste finale, dans lequel, sans doute pour justifier le titre de l'œuvre, s'avoisinaient et s'entre-choquaient, dans un ensemble soigneusement travaillé, les trois motifs du *God save the Queen*, de *la Marseillaise* et du chant national italien.

C'est là, on peut le dire, de l'internationalisme musical [1].

---

[1]. On assure que c'est par suite de la mauvaise volonté et de la jalousie du célèbre chef d'orchestre Michaël Costa, mort aujourd'hui, que l'hymne de Verdi ne put être exécuté ni au palais de l'Exposition, ni même au théâtre de Covent-Garden, où le solo devait être chanté par le fameux ténor Tamberlick. Voici en quels termes le journal *le Nord*, dans une correspondance anglaise, rendait compte de son exécution au théâtre de la Reine : — « Après sa clôture, le Théâtre-Italien a rouvert une fois ses portes pour une représentation à bénéfice. Suivant l'ordinaire de ces sortes de représentations, le programme était une *olla podrida* dont tous les ingrédients étaient connus, à l'exception, toutefois, d'un morceau inédit de Verdi, l'*Hymne des Nations*, composé pour l'inauguration de la dernière Exposition universelle de Londres. Nous avions déjà fait connaissance avec les morceaux de Meyerbeer et d'Auber, écrits pour la même solennité. Nous avons voulu entendre celui-ci. La première partie se compose de récitatifs dramatiques et d'un *cantabile* dans la manière connue du maestro. La seconde est

un arrangement de plusieurs airs nationaux. La sonorité en avait été calculée pour un grand vaisseau tel que le palais de Cristal. Dans une salle de théâtre, les cuivres à bout portant font saigner l'oreille. De plus, le maestro patriote a eu l'idée de croiser et d'enchevêtrer divers motifs l'un sur l'autre : le génie complexe du contrepointiste Meyerbeer ne se tire pas toujours avantageusement d'un tel travail ; Verdi ne me paraît pas fait pour le tenter. Du reste, il n'y a pas la moindre entente cordiale entre *la Marseillaise* et le *God save the Queen*. Vous êtes-vous quelquefois, dans une revue, trouvé pris entre deux ou trois musiques militaires jouant des airs différents? Voilà l'effet du finale de l'*Hymne des Nations*, ou peu s'en faut. »

XI

Nous voici arrivés à la seconde œuvre française de Verdi. Il y avait douze ans que la première *(les Vêpres Siciliennes)* avait fait son apparition, lorsqu'eut lieu à l'Opéra, le 11 mars 1867, la représentation de *Don Carlos*, dont le livret avait été écrit par Méry et M. Camille du Locle. Cette fois encore, je me bornerai à faire observer qu'ayant besoin, comme en 1855, d'une œuvre nouvelle pour la saison d'une Exposition universelle, l'administration de notre première scène lyrique se croyait tenue de la demander à un maître étranger.

Depuis le mois d'avril 1866, la situation de l'Opéra avait changé de nouveau. Abandonnant le système de la régie au compte de la liste civile, on en était revenu à l'administration d'un directeur responsable, chargé de l'entreprise à ses risques et périls, sous le bénéfice d'une subvention considérable. Le directeur actuel n'était autre que l'administrateur en fonctions depuis quatre années, M. Émile Perrin. C'est donc M. Perrin qui se trouvait à la tête de l'Opéra lorsque Verdi, un peu souffrant, arriva à Paris pour organiser et diriger les études de *Don Carlos*, vers le milieu d'août 1866[1]. On espérait pouvoir donner l'ouvrage avant la fin de l'année; mais... mais personne n'ignore ce que c'est que l'Opéra, et quelle lourde machine c'est à mettre en branle quand il s'agit d'y produire une œuvre nouvelle. De délais en délais, de retards en retards, d'indispositions en indispositions, on finit par voir s'écouler l'année et commencer la suivante. Le 15 janvier 1867,

---

1. « Verdi a fait répéter individuellement à chacun des interprètes de son nouvel opéra le rôle qui lui était destiné. Les répétitions d'ensemble commenceront la semaine prochaine. — Verdi, qui souffre depuis quelques années d'un mal de gorge, est parti samedi dernier pour Cauterets, où il restera jusqu'au 5 septembre. A cette époque, il reviendra à Paris pour suivre les répétitions de *Don Carlos*. » — (*Gazette musicale*, du 26 août 1866.)

Verdi recevait télégraphiquement la nouvelle de la mort inopinée de son père, ce qui n'était pas de nature à accélérer la marche des travaux qu'il surveillait avec son soin habituel. Précédemment, un procès s'était trouvé engagé entre la direction de l'Opéra et l'un de ses artistes, la basse Belval, qui, désigné par Verdi pour jouer un des rôles de *Don Carlos*, avait refusé de s'en charger, le trouvant trop peu important pour lui. Bref, on finit par atteindre le mois de mars, et c'est seulement le 11 de ce mois que l'ouvrage fit son apparition, ayant pour interprètes principaux, avec mesdames Marie Sass et Gueymard, MM. Faure, Morère, Obin et David [1].

La première représentation, entourée de tout l'éclat que Paris sait donner à ces sortes de solennités, eut lieu avec un grand apparat, en présence de la famille impériale et d'une foule d'illustrations, de notabilités de tout genre, appartenant au monde de la politique,

---

[1]. La première répétition au double quatuor avait eu lieu vers le 20 janvier; le 27 et le 29, on avait fait les premières répétitions d'orchestre; le 10 février, on procédait à la première grande répétition d'ensemble; le 24, on répétait pour la première fois avec les décors, sans costumes ; enfin, le 9 mars, on faisait la répétition générale, complète.

des lettres ou des arts. Le succès pourtant ne fut pas tel qu'on l'avait espéré, et l'œuvre, diversement appréciée, fut discutée vivement et non sans quelque âpreté dans la presse et dans le public. Mais Verdi, chagrin de la mort de son père, fatigué du long et actif séjour qu'il avait fait à Paris, d'ailleurs toujours un peu souffrant, n'attendit pas que cette discussion s'établît; dès le surlendemain de la première représentation, après avoir réglé lui-même les coupures reconnues nécessaires[1] et après avoir refusé, dit-on, un traité qu'était allé lui proposer le directeur de l'Opéra pour l'engager à écrire l'œuvre d'inauguration de la nouvelle salle que l'on construisait au boulevard des Capucines, il quittait Paris et partait pour Gênes, où il allait s'installer dans un superbe palais, le palais Doria, qu'il avait acheté récemment. Pendant ce temps, *Don Carlos* (qui n'atteignit ici que le chiffre de quarante-trois représentations) était mis à l'étude

1. « Plusieurs coupures importantes, autorisées par Verdi, ont eu lieu à la deuxième représentation de *Don Carlos*; elles consistent dans la scène de la révolte au quatrième acte, qui se termine par la mort de Posa, dans la reprise de l'air de Marie Sasse au deuxième, la strette du duo entre Faure et Obin, etc. » — (*Gazette musicale*, du 17 mars 1867).

sur le théâtre de Covent-Garden, à Londres, où il trouvait aussi une interprétation superbe, confiée à mesdames Pauline Lucca et Fricci, alors dans tout l'éclat de leur jeunesse et de leur talent, à MM. Naudin, Graziani, Bagaggiolo et Petit. L'ouvrage ne paraît pas avoir été beaucoup plus heureux à Londres, où il fut représenté le 4 juin, qu'il ne l'avait été à Paris. Ce n'est que dans la patrie du compositeur qu'il commença une carrière plus fortunée, et Bologne, la première ville de l'Italie qui le mit à la scène, l'accueillit avec un véritable succès. Depuis lors, il fait partie du répertoire d'un grand nombre de troupes italiennes; mais jamais pourtant il ne rencontra la vogue de certaines autres œuvres du maître.

Ce fut néanmoins lors de l'apparition de *Don Carlos*, et peu de jours après sa première représentation, qu'on plaça dans le foyer public de l'Opéra un très beau buste de Verdi, dû au mâle et solide ciseau de Dantan jeune. C'est ce buste, dont le modelé viril reproduisait avec une énergique fidélité la physionomie sévère et un peu sombre du maître, qui inspira à Méry, son collaborateur et son ardent admirateur, les vers que voici:

Oui, c'est lui ! C'est le fils de la Muse sévère
Qui, sur tant de chefs-d'œuvre, éleva *le Trouvère*,
L'aigle des monts alpins, l'aigle des hauts sommets.
Ces lignes où la force à la grâce est unie,
Et qui brillent au front des hommes de génie,
Grâces à vous, Dantan, ne s'éteindront jamais!

Le sculpteur sous sa main sent palpiter la pierre,
Son ciseau fait jaillir l'éclair de la paupière.
Au premier coup donné, sans essai hasardeux,
Il tient, pour faire entrer sous le marbre la vie,
Cette flamme qu'au ciel un titan a ravie,
Et, devant le modèle, on s'écrie: « Ils sont deux ! »

Oui, sous un double aspect cette image est complète
Copiant avec soin les traits, elle reflète
Les intimes trésors du merveilleux penseur ;
Elle dit les secrets que la bouche veut taire!
Elle met l'idéal sur ce visage austère
Qu'illumine un rayon d'ineffable douceur.

Quand l'âme de l'artiste au bel âge est blessée,
Quand il a noblement souffert par la pensée,
Son art s'inspirera de souvenirs récents ;
Sa musique n'aura que des notes de flamme;
Ses douleurs, agitant le clavier de son âme,
Éclateront partout en sublimes accents.

En Italie, enfin, la musique a son Dante !
Après l'accord joyeux, vient la plainte stridente
Qui part de l'âme au jour des suprêmes douleurs.
On croit entendre alors, dans la note isolée,
Le cri de Josaphat, la sinistre vallée,
Le lamentable cri de tout un monde en pleurs !

> Ce buste a tout traduit ! Honneur au statuaire
> Qui, d'un rayon divin, en travaillant s'éclaire !
> Par son noble ciseau, créateur souverain,
> Il fait battre un grand cœur sous l'inerte matière,
> Et l'homme de génie, avec son œuvre entière,
> Revit sous une chair de granit ou d'airain[1].

Depuis l'apparition de *Don Carlos*, et dans le long espace de dix-huit ans qui nous sépare de cet opéra, Verdi n'a écrit, ou du moins n'a produit qu'un seul ouvrage dramatique. Il est vrai que celui-là seul suffirait à sa gloire, puisqu'il s'agit de cette belle et noble partition d'*Aïda*, d'un caractère si puissant, d'une couleur si prodigieuse, d'un sentiment si pathétique, d'un style si pur et si élevé, qui a donné dans toute sa splendeur la mesure d'un génie parvenu à sa plus complète maturité.

---

1. C'est ici le lieu de rappeler que, l'année précédente, avant d'exécuter ce buste, Dantan avait fait une *charge* de l'auteur de *la Traviata*, une de ces pochades amusantes dans lesquelles il excellait. Dans cette charge, le compositeur était représenté assis devant un piano, le visage hargneux et comme en fureur, une longue crinière de lion lui tombant sur les épaules, et ses mains étant transformées en griffes puissantes. Selon son habitude, Dantan avait tracé au bas de sa charge un quatrain burlesque, où il affirmait de nouveau son incorrigible affection pour le calembour. Voici cette poésie macaronique :

> Il a des fiers lions la griffe et la crinière ;
> *Trouver* est son triomphe, à ce maître hardi !
> Il suit à travers champs des chemins sans ornière ;
> L'art fleurira toujours tant qu'il aura *Verdi*.

L'histoire d'*Aïda* est curieuse à plus d'un titre, et j'entrerai à son sujet dans des détails circonstanciés et précis.

On s'est trompé lorsqu'on a dit, en France, qu'*Aïda* avait été écrite pour l'inauguration du théâtre Italien du Caire. Ce théâtre, dont la construction fut commencée en 1869, était terminé au bout de six mois et inauguré au mois de novembre de la même année. Il est dû à la munificence du khédive (vice-roi d'Égypte) Ismaïl-pacha, prince aux goûts très artistiques, qui ne recula devant aucune difficulté, devant aucune dépense, pour en doter sa capitale.

Toutefois, dès qu'il fut question de ce théâtre, on conseilla au prince, pour lui donner plus de lustre, pour appeler sur lui l'attention, de demander à Verdi un ouvrage nouveau, écrit expressément pour lui sur un sujet sinon national, du moins essentiellement local et d'une couleur en quelque sorte patriotique.

L'idée sourit au khédive, et tout aussitôt on écrivit au maître pour lui adresser la demande et le prier de poser ses conditions. Il n'est pas besoin de dire que celui-ci fut un peu surpris de la proposition qui lui était faite ; toutefois elle ne lui déplaisait pas en principe, mais il ne savait trop quelles conditions stipuler pour le contrat qu'on lui offrait. Dans cet embarras, il écrivit à son élève et ami, M. Emanuele Muzio, pour lui demander conseil, et le prier de lui indiquer la somme qu'il devait fixer pour ses honoraires. M. Muzio lui répondit aussitôt, laconiquement :

— Demandez quatre mille livres sterling, soit cent mille francs, pour votre partition. Si l'on vous demande d'aller monter la pièce et de diriger les études, fixez la somme à six mille livres sterling.

Verdi suivit ce conseil, et, comme on ne réclamait pas sa présence au Caire, demanda quatre mille livres sterling, à la condition, naturellement, de connaître au préalable le sujet qu'on lui proposait de traiter. Ces préliminaires furent acceptés sans aucune hésitation, et on lui envoya immédiatement le canevas d'*Aïda*. Je dis bien le canevas, car alors ce n'était pas autre chose. L'idée première du drame, qui n'est qu'un sujet d'imagination, appartient tout entière à Mariette-Bey, le grand égyptologue français, qui l'a relevée de détails historiques et archéologiques d'un effet très puissant et très nouveau[1]. Verdi fut séduit tout d'abord : d'une part, par la grandeur de la donnée générale ; de l'autre, par l'idée première de la scène du jugement, à laquelle on doit le tableau étrange et puissamment dramatique qui forme le dénouement. Il comprit tout le parti qu'on pouvait tirer musicalement d'un tel sujet, et n'hésita pas à l'accepter. Le traité définitif fut donc conclu entre le khédive et

---

[1]. « Après la révolution de février 1848, M. Mariette fut attaché au musée égyptien du Louvre et s'y fit remarquer par son intelligence et son savoir. Recommandé par l'Institut à la sollicitude du ministre de l'Instruction publique, il fut chargé d'une mission scientifique en Égypte. Il partit, en 1850, pour le Caire, dans le but de rechercher les manuscrits coptes conservés dans les couvents ; mais, à peine arrivé dans le pays, son attention fut attirée sur des monuments provenant des lieux occupés par l'ancienne Memphis. Il y entreprit des fouilles qui lui firent retrouver, sous le sable, le temple du dieu Sérapis, les tombeaux des bœufs Apis et un grand nombre de monuments précieux. Ayant obtenu la prolongation de sa mission, il poursuivit pendant quatre ans, au milieu du désert, ses fouilles, les plus importantes et les plus vastes qui aient jamais été faites en Égypte. Après avoir mis au jour le Sérapeum, il déblaya, à l'aide d'une allocation fournie par le duc de Luynes, le célèbre colosse du Sphynx, et s'assura que ce monument gigantesque avait été taillé sur place, dans un rocher naturel... Rentré en Égypte, il y remplit les fonctions d'inspecteur général et de conservateur des monuments de l'Égypte, puis de directeur du musée de Boulaq, et eut le titre de bey... » (VAPEREAU. *Dictionnaire des Contemporains*.)

Mariette-Bey, mort depuis, a été lié d'une façon si intime à la création, à l'enfantement et à la production en public d'*Aïda*, qu'il m'a semblé que ces renseignements sur lui n'étaient pas inutiles.

lui, et, d'après les termes de ce traité, cinquante mille francs lui furent comptés aussitôt, tandis que les cinquante mille autres, déposés à Paris, devaient lui être remis en échange de la partition, ainsi que cela eut lieu par la suite.

Dans les relations qu'ils ont données de la représentation d'*Aïda* et de leur voyage au Caire à ce sujet, MM. Reyer et Filippi se sont accordés à dire que, sur le sujet tracé par Mariette-Bey, M. du Locle avait écrit le livret de la pièce, et que ce livret aurait été traduit en italien par M. Ghislanzoni [1]. Cette question de la paternité du livret d'*Aïda* était restée obscure, et, lors de la représentation de l'ouvrage à l'Opéra de Paris, une polémique assez vive s'engagea à son sujet dans la presse italienne; la question fut résolue et la polémique prit fin par la publication de la lettre sui-

---

[1]. Deux critiques européens, M. Ernest Reyer, du *Journal des Débats*, et M. le docteur Filippo Filippi, de *la Perseveranza*, de Milan, se rendirent au Caire pour assister à la représentation d'*Aïda*, et envoyèrent à leurs journaux respectifs un compte rendu de cette solennité. Depuis lors, les articles écrits par eux à ce sujet ont été reproduits dans deux volumes de mélanges publiés par les deux artistes : *Notes de musique*, par M. Reyer (Paris, Charpentier, 1875, in-12), et *Musica e Musicisti*, par M. Filippi (Milan, Brigola, 1876, petit in-8°).

vante, que M. du Locle, alors à Rome, adressait à un journal français de cette ville, *l'Italie* :

Rome, 28 mars 1880.

Monsieur le Rédacteur,

Puisque l'histoire du livret d'*Aïda* soulève une polémique dans la presse romaine, je puis, me trouvant à Rome, vous donner à ce sujet des indications précises. Vous avez été bien informé : la donnée première du poëme appartient à Mariette-Bey, le célèbre égyptologue. J'ai écrit le livret, scène par scène, réplique par réplique, en prose française, à Busseto, sous les yeux du maestro, qui a pris une large part à ce travail. L'idée du finale du dernier acte, avec ses deux scènes superposées, lui appartient particulièrement.

Traduire cette prose en vers italiens a été la tâche de M. Ghislanzoni. Il l'a très correctement indiqué en écrivant simplement sur la partition : *versi di Ghislanzoni*. Ces vers, la musique écrite, ont été traduits à leur tour pour les représentations françaises.

Voilà, monsieur le rédacteur, la recherche de la paternité n'étant pas interdite en pareille matière, ce que l'on pourrait appeler la Genèse d'*Aïda*. Mais quelle singulière fantaisie a eu le *Bersagliere* de prétendre intéresser l'amour-propre de deux nations à la confection d'un *libretto* ? En tout état de cause, l'Italie n'est-elle pas assurée de garder dans *Aïda* une part qui est la bonne et même qui est tout? L'an dernier, ici, aux Marionnettes, j'ai vu jouer *Aïda* sans musique; l'œuvre y perdait étrangement, je l'avoue sans fausse modestie pour la France, comme pour Mariette et pour moi.

Veuillez agréer, monsieur le rédacteur, l'assurance de mes sentiments les plus distingués.

C. DU LOCLE.

On voit par cette lettre que Verdi lui-même avait sa part dans le livret, comme il lui arrivait souvent; et cette part n'était pas sans importance, puisque c'est à lui qu'on doit l'épisode superbe et si pathétique du jugement de Radamès, qu'il a su rendre ensuite, musicalement, d'une façon si admirable.

Quoi qu'il en soit, aussitôt achevé le poème d'*Aïda*, le compositeur se mit à l'œuvre, et en quelques mois eut écrit et terminé sa partition. Mais, pendant ce temps, on s'était ravisé au Caire, et on lui écrivait pour l'inviter à venir, en personne, diriger les études et l'exécution de son opéra. Peu désireux de faire ce voyage, le maître refusa; on insista, lui offrant argent, honneurs, décorations, que sais-je? peut-être même le titre de bey? Il fut inébranlable, et rien ne put le décider[1].

Aïda devait être jouée au Caire à la fin de 1870. Une des conditions du contrat portait que l'ouvrage pourrait être représenté à la Scala, de Milan, *aussitôt* après son apparition dans la capitale de l'Égypte; Verdi fit ajouter que ce serait son élève et ami, M. Muzio, qui serait chargé de monter *Aïda* et d'en diriger l'exécution dans cette dernière ville. Tandis qu'il mettait la dernière main à sa partition, on s'occupait simultanément, au Caire et à Paris, de la confection de tout le matériel relatif à la mise en scène. En effet, sur les indications, les données et les dessins de Mariette-Bey, on travaillait, au Caire, aux accessoires et à la machinerie, tandis qu'à Paris, on préparait les costumes et que les décors se brossaient dans les ateliers de MM. Chapron, Rubé et Desplechin. C'est même là ce qui fut cause du re-

---

[1]. Veut-on savoir pourquoi ce refus obstiné ? Il part d'un sentiment auquel l'art est complètement étranger. Verdi, semblable en cela à Rossini, a une peur et une horreur profondes de la mer, et, comme l'auteur de *Guillaume Tell*, il ne s'y est confié qu'une fois, pour aller à Londres, jurant bien qu'on ne l'y reprendrait plus. Telle est la raison qui lui fit repousser formellement l'offre d'aller au Caire.

tard d'*une année* que subit la représentation, retard dont on a sans doute peu d'exemples dans les annales du théâtre. C'est que, sur ces entrefaites, la guerre avait éclaté en Europe, Paris avait été assiégé, et les décors et costumes d'*Aïda* s'étaient trouvés enfermés dans la grande ville avec ses deux millions d'habitants !

Enfin, vint le moment où l'on put s'occuper sérieusement des préparatifs et des études. Les artistes chargés de l'interprétation de l'œuvre nouvelle étaient madame Pozzoni-Anastasi (Aïda), madame Grossi (Amneris), MM. Mongini (Radamès), Medini (Ramfis), Costa (Amonasro) et Steller (le roi), et l'orchestre était confié à l'habile direction d'un chef sûr et expérimenté, M. Bottesini[1]. Il fut décidé que la

1. Le retard apporté à la représentation d'*Aïda* par la guerre franco-allemande avait mis M. Muzio, lié par un engagement antérieur, dans l'impossibilité de se rendre aux désirs de Verdi. Il avait dû être remplacé par M. Bottesini. D'autre part, ce retard permit au maître d'opérer jusqu'au dernier moment des remaniements dans sa partition. Ceci nous est prouvé par ce fragment d'une lettre un peu humoristique qu'il adressait de Turin, à la date du 12 novembre 1871, à M. Giulio Ricordi, fils de son éditeur de Milan : — « Cher Giulio, je suis donc en escapade à Turin, avec mon brave paquet de musique à la main. Malheur ! si j'avais un piano et un métronome, je vous enverrais ce soir le troisième acte. Comme je vous l'ai écrit, j'ai remplacé par un chœur et une romance d'Aïda

première représentation aurait lieu dans les derniers jours de décembre 1871, et, de fait, elle fut donnée le dimanche 24. Mais ce ne fut pas sans peine, ainsi qu'on le verra par les détails que, à ce sujet, j'emprunterai à l'intéressant récit de M. Filippo Filippi. Auparavant toutefois, je veux reproduire la lettre très caractéristique que Verdi adressait à cet écrivain, en apprenant qu'il se préparait à faire le voyage d'Égypte tout exprès pour aller entendre *Aïda* et rendre compte au public italien de la solennité qui se préparait au Caire; cette lettre, curieuse à divers titres, pourrait donner une leçon de fierté et de dignité artistiques à plus d'un de nos musiciens, qui oublient un peu trop « la chaste muse » dont parle Berlioz, pour battre continuellement la grosse caisse autour de leur personne et de leurs œuvres :

un autre chœur à quatre voix travaillé à l'imitation de Palestrina, qui aurait pu me faire aspirer (quoi qu'en dise Faccio*) à un poste de contrapuntiste dans un conservatoire quelconque. Mais il m'est venu des scrupules sur le *fare alla Palestrina*, sur l'harmonie, sur la musique égyptienne!... Enfin, c'est écrit!... Je ne serai jamais un *savant* en musique; je serai toujours un *guastamestiere!...* »

* M. Franco Faccio, chef d'orchestre de la Scala, de Milan.

Gênes, 9 décembre 1871.

Cher monsieur Filippi,

Cela vous semblera étrange, étrange autant qu'on le puisse dire; mais pardonnez-moi si je ne puis vous taire toutes les impressions de mon âme.

Vous au Caire !!!... Mais c'est une des plus puissantes *réclames* [1] que l'on pût imaginer pour *Aïda !*... Et il me parait que l'art envisagé de cette façon n'est plus de l'art, mais un métier, une partie de plaisir, une chasse, une chose quelconque après laquelle on court, à laquelle on veut donner sinon le succès, du moins la notoriété à tout prix ! Le sentiment que j'en éprouve est celui du dégoût et de l'humiliation ! — Je me rappelle toujours avec joie les premiers temps de ma carrière, alors que, sans presque un ami, sans que personne parlât de moi, sans préparatifs, sans influences d'aucune sorte, je me présentais au public avec mes œuvres, prêt à recevoir les *fucilate* [à être exécuté], et bien heureux si je pouvais réussir à donner quelque impression favorable. — Maintenant, quel apparat pour un opéra !!!...

Journalistes, artistes, choristes, directeurs, professeurs, etc., etc., tous doivent apporter leur pierre à l'édifice de la *réclame*, et former ainsi un ensemble de petites choses qui n'ajoutent rien au

---

1. Le mot est en français dans le texte.

mérite d'une œuvre, et qui en obscurciraient plutôt la valeur (si elle en a). Cela est déplorable... profondément déplorable!!

Je vous remercie de vos offres courtoises pour le Caire; mais j'ai écrit avant-hier à Bottesini pour tout ce qui regarde *Aïda*. Je désire seulement pour cet ouvrage une bonne et surtout intelligente exécution vocale, instrumentale et de *mise en scène* [1]. Pour le reste, *à la grâce de Dieu* [2], parce qu'ainsi j'ai commencé et ainsi je veux finir ma carrière.

Faites bon voyage, et croyez-moi toujours

Votre bien dévoué,

G. VERDI.

Cette lettre n'empêcha pas, bien entendu, M. Filippo Filippi de faire son voyage, et voici comme il rapportait ses impressions relativement aux dernières répétitions d'*Aïda* [3]:

..... Quand je vis, à l'avant-dernière répétition générale, que la mise en scène était si peu préparée, je ne pouvais me figurer que l'on pût faire une bonne répétition générale le samedi et risquer le dimanche la première représentation. Mais une volonté supérieure ordonna le miracle, et le miracle se fit. Le vice-roi avait dit qu'il partait le mardi

1. En français.
2. *Idem.*
3. V. *Musica e Musicisti.*

pour une longue excursion dans la haute Égypte, et qu'il désirait assister à la première représentation d'*Aïda*. Ce qui fut dit fut fait. La répétition du samedi a été en effet héroïque pour tous : il suffit de dire qu'elle dura de sept heures du soir à trois heures et demie du matin, en présence des abonnés, qui restèrent presque tous en place jusqu'à la fin, y compris les dames des loges et le vice-roi lui-même avec toute sa suite.

Cette répétition générale décida du succès ; car, avec les abonnés présents, avec le théâtre éclairé, avec les artistes vêtus de leurs costumes, elle ne différa de la première représentation que par la longueur inusitée des entr'actes, causée par les préparatifs encore incomplets de la mise en scène. Comme à la représentation, il y eut des applaudissements, des ovations, des cris d'enthousiasme, et puis, dans les conversations animées qui se tenaient durant les entr'actes, une admiration réciproque pour ce grand travail, et une joie intime pour cet insigne honneur réservé au théâtre du Caire d'avoir donné la vie à une composition musicale si belle et si grandiose. Tous les morceaux, depuis le prélude jusqu'au duo final, furent applaudis et même interrompus par suite de la trop grande ferveur des impatients. Dans l'hymne qui clôt la première partie du premier acte se trouve un fort accord suspendu, qui fut suivi d'une explosion d'applaudissements ; Bottesini, impatienté de cette interruption intempestive, se tourna du côté du public en criant, avec un pur accent milanais : *L'è minga fenii* (Ce n'est pas fini) ?

Quand, la répétition terminée, nous sortîmes du théâtre à trois heures et demie, nous étions tous enchantés et heureux d'avoir entendu la nouvelle musique du grand maître... Le plus satisfait de tous était assurément le khédive : il ne se tenait pas de joie, et voulut qu'on télégraphiât immédiatement en son nom à Verdi, pour le féliciter et le remercier.

On va voir que la première représentation, pour être donnée en Égypte, ne le cédait en rien aux solennités européennes de ce genre. Ici, je laisse encore la parole à M. F. Filippi :

La curiosité, la fureur du public égyptien d'assister à la première représentation d'*Aïda* furent telles, que, depuis une quinzaine de jours, toutes les places étaient accaparées, et qu'au dernier moment les spéculateurs firent payer au poids de l'or les loges et les fauteuils. Quand je dis le public égyptien, je parle spécialement des Européens ; car les Arabes, même les riches, n'aiment point nos spectacles : ils préfèrent le miaulement de leurs cantilènes, les coups monotones de leurs tambourins à toutes les mélodies du passé, du présent et de l'avenir. C'est un vrai miracle de voir un turban dans les théâtres du Caire.

Dimanche soir, le théâtre de l'Opéra était comble bien avant que l'on commençât : les dames occupaient en grand nombre les loges, et aucune d'elles ne vint troubler l'attention par un bavardage intempestif ou par le frou-frou de ses vêtements. En général, je leur trouvai beaucoup de beauté et d'élégance, particulièrement en ce qui concerne les Grecques et les étrangères de haut parage, qui sont nombreuses au Caire ; je dois dire aussi, par amour de la vérité, qu'à côté des plus belles et des mieux mises, on voit chaque soir des faces coptes, israélites, avec d'étranges coiffures, des costumes impossibles, un hurlement de couleurs tel, qu'en le faisant exprès, on ne saurait inventer pire. Quant aux femmes du harem de la Cour, aucun ne peut les voir; elles occupent les trois premières loges à droite, au second rang, et une épaisse mousseline blanche cache leur visage aux regards indiscrets [1]...

---

[1]. M. Reyer, dont je vais reproduire les impressions au sujet d'*Aïda*, décrivait ainsi la salle du théâtre du Caire : — « Le théâtre du Caire est disposé et aménagé intérieurement comme la plupart des théâtres italiens; Il n'y a ni stalles de galerie, ni stalles de balcon, et les baignoires dominent l'orchestre. La décoration, or mat sur fond blanc, est d'un goût parfait; l'intérieur des loges est rouge foncé, le devant est garni de tentures en velours de la même couleur; un vestibule à colonnades précède l'entrée de l'orchestre et donne accès à deux escaliers latéraux qui conduisent aux étages supérieurs. Le foyer est au second étage; il est spacieux et magnifiquement orné; on s'y promène pendant les entr'actes. Les spectateurs à tarbouch viennent dans le vestibule et y fument leur cigarette en lisant avec beaucoup de gravité une affiche qui leur interdit de fumer. »

Il va sans dire que le succès fut aussi grand à la représentation qu'il l'avait été à la répétition ; il faut ajouter qu'il fut unanime, et qu'il ne se trouva pas une voix pour le contester. Ce n'est pas, je pense, sans quelque intérêt qu'on me verra rapporter ici l'impression du seul critique français qui assistât à l'apparition de cette œuvre nouvelle d'un maître illustre. Voici comment M. Reyer s'exprimait après avoir entendu cette œuvre, voici les premières lignes imprimées qui parurent en France au sujet d'*Aïda*[2] :

..... L'opéra de M. Verdi eût été médiocre, je l'eusse dit sans détour; il a réussi, il méritait de réussir : je suis heureux d'en répandre la bonne nouvelle et de féliciter le maestro, auquel, on le sait, je n'ai jamais témoigné ni beaucoup d'admiration ni une bien grande sympathie...

A ceux qui nient le mouvement en musique, M. Verdi vient de répondre comme le philosophe de l'antiquité : il a marché. Certes! l'ancien Verdi subsiste encore; on le retrouve dans *Aïda* avec ses exagérations, ses brusques oppositions, ses négligences de style et ses emportements. Mais un autre

---

2. Feuilleton du *Journal des Débats* du 16 janvier 1872, reproduit dans le volume intitulé : *Notes de musique.*

Verdi atteint de germanisme s'y manifeste aussi, usant d'une manière fort habile, avec une science et un tact qu'on ne lui soupçonnait pas, de tous les artifices de la fugue et du contrepoint, accouplant les timbres avec une ingéniosité rare, brisant les vieux moules mélodiques, même ceux qui lui étaient particuliers, caressant tour à tour les grands récits et les longues mélopées, recherchant les harmonies les plus nouvelles, les plus étranges quelquefois, les modulations les plus inattendues, donnant à l'accompagnement plus d'intérêt, souvent plus de valeur qu'à la mélodie elle-même; enfin, comme le disait Grétry en parlant de Mozart, mettant parfois la statue dans l'orchestre et laissant le piédestal sur la scène. Je n'ai jamais bien saisi la justesse de cette expression; mais elle est tellement acceptée, que je m'en sers sans le moindre scrupule.

Ah! il ne faut pas qu'on vienne me dire maintenant : « M. Verdi vit dans l'isolement le plus complet et reste absolument indifférent à toute œuvre nouvelle, à tout système nouveau. » On m'assurait il y a quelques années qu'il n'avait jamais lu *Don Juan*. C'est bien possible, mais il l'a lu depuis, et il a même été beaucoup plus loin. Je suis bien certain que les œuvres de Richard Wagner lui sont familières et celles de Berlioz pareillement. Il a dû aussi étudier quelque peu les partitions de Meyerbeer et se rendre compte des procédés de M. Gounod, qui ne sont pas ceux du premier venu. Ses études en ces différents genres n'étaient peut-être qu'ébauchées quand il a écrit *Don Carlos*; elles sont fort avancées, sinon absolument complètes aujourd'hui. Et, s'il persiste dans sa nouvelle manière, le maestro Verdi, pour quelques enthousiasmes qui se refroidiront autour de lui, opèrera bien des conversions et se fera bien des adeptes, même dans les cénacles où jusqu'à présent il n'était guère admis.

Ce n'est certainement pas la transformation de Gluck, ni celle de Rossini, ni celle de Meyerbeer, passant de *Margarita d'Angiù* ou du *Crociato* à *Robert le Diable*, mais enfin c'est quelque chose de plus qu'une simple évolution, et ceux qui connaissent la nature abrupte et le caractère indiscipliné du maître italien verront dans les velléités et dans les tendances que révèle la partition d'*Aïda* beaucoup plus et beaucoup mieux que de vagues promesses pour l'avenir[1].

---

[1]. Il est peu supposable que, comme le donne à entendre M. Reyer, Verdi ait ignoré pendant longtemps la partition de *Don Juan*. Au reste, on a répondu à cette allégation, un peu hasardée, par la curieuse anecdote suivante : — « *Don Juan* fut mis en scène à la Scala, en 1834, par Lavigna, le maître de Verdi, et, à part quelques interruptions, il fut représenté pendant presque toute une année, tellement le succès en fut grand. Or, pendant les soirées que Verdi avait coutume de passer chez Lavigna, celui-ci, après avoir causé quelque temps, ne manquait jamais de lui dire : « Giuseppe, voyons un peu *Don Juan*; » puis, se mettant au piano, il le jouait d'abord, et l'analysait ensuite. La chose dura pendant toute l'année, si bien qu'à la fin, pour dire la vérité, Verdi était rassasié de *Don Juan*. Il le savait par cœur, il l'admirait, le respectait, mais il en eut une indigestion qui persista pendant longtemps. »

On a vu plus haut que Verdi s'était réservé le droit de faire représenter *Aïda* à Milan aussitôt après son apparition au Caire. En effet, tandis que l'œuvre était donnée en cette dernière ville, on s'en occupait activement à la Scala, où elle put être jouée six semaines plus tard, le 7 février 1872. Il n'est pas besoin de dire si, là aussi, en ce berceau de la gloire et de la renommée du maître, son succès fut éclatant et spontané. Le soir même de la première représentation, après le deuxième acte, une députation d'artistes s'approcha de Verdi et lui offrit un superbe sceptre en ivoire orné d'une étoile en diamants, semblable à celui que porte le roi d'Égypte dans l'opéra ; sur ce sceptre était tracé en rubis le nom d'*Aïda*, tandis que celui de Verdi se détachait en pierres précieuses sur une branche de laurier. Ce cadeau princier était dû à une souscription ouverte entre les premières familles milanaises.

Les interprètes d'*Aïda* à Milan étaient Mesdames Teresina Stolz et Waldmann, MM. Fancelli, Pandolfini et Maini, c'est-à-dire justement ceux-là mêmes qui, un peu plus tard, vinrent exécuter l'ouvrage à Paris. Je dois dire que c'est indirectement à madame Stolz que l'on doit la composition du seul *quartetto* pour instruments à cordes que Verdi ait jamais écrit. Au commencement de 1873, alors qu'on préparait au théâtre San-Carlo, de Naples, la représentation d'*Aïda*, et que madame Stolz devait encore en remplir le principal rôle, cette grande artiste tomba subitement malade, et de telle façon, que les études de l'œuvre durent être complètement interrompues. Verdi, qui s'était rendu à Naples pour diriger ces études et qui n'a jamais pu supporter l'inaction, ne savait comment employer les loisirs forcés qui lui étaient ainsi faits. C'est alors qu'il eut l'idée d'écrire ce quatuor en forme libre, dont le finale, on le sait, offre pourtant une fugue rigoureuse avec tous ses développements. C'est le cas de dire qu'à quelque chose malheur est bon. — Madame Stolz, seule, aurait le droit de n'être pas de cet avis [1].

1. Le retard apporté à la représentation d'*Aïda* à Naples n'entrava, du reste, en aucune façon le succès de l'œuvre, qui fut accueillie avec une véritable frénésie d'enthousiasme. On en aura la preuve dans ces lignes, qu'un excellent critique de cette ville, M. Carlo Caputo, envoyait alors à un journal de Venise, *la Scena* :

« ..... En somme, — disait-il en parlant des premières représentations, — ç'a été un événement unique dans les fastes

J'ai à peine besoin de dire que *Aïda* fit rapidement son tour d'Italie, *il suo giro d'Italia*, portée sur les ailes du succès. Pourtant, tandis qu'elle excitait un enthousiasme général, elle ne laissait pas que de susciter, comme tous les chefs-d'œuvre, certaines protestations individuelles, dont quelques-unes, il faut l'avouer, prirent une forme vraiment originale. Entre autres, j'en vais faire connaître une qui est assurément un modèle en son genre.

Voici la lettre qu'un mélomane, — ou un

de San-Carlo, et les plus vieux habitués du théâtre ne s'en rappellent pas de semblable. Si Naples était Paris, qui tire parti de tout, en ce moment nous aurions déjà l'*Aïda* appliquée à tous les objets indispensables au confortable de la vie. Ce qui du moins, sans aucun doute, subsistera pour l'avenir de cet événement sera ceci : c'est que, lorsqu'on voudra dire d'un concert, d'un spectacle, d'un chanteur, d'un virtuose, d'un compositeur, etc., qu'il a obtenu le maximum du succès, on ajoutera que ç'a été *un succcesso all'Aïda*.

« Et le succès d'*Aïda* n'a pas seulement atteint le maximum, mais il l'a dépassé, et de plusieurs kilomètres. Vous aurez certainement pu en juger d'après les comptes rendus des journaux locaux ; ce que je puis vous garantir, c'est que les récits des chroniqueurs et des feuilletonistes sont choses bien pâles, mises en regard de la réalité. Nous avons vécu pendant plusieurs jours d'une vie qui depuis longtemps semblait éteinte à Naples. C'était un désir, une frénésie, quelque chose comme une scène des *Mille et une Nuits*, une harmonie, une effluve, une volupté enivrante, qui, partant des gosiers des chanteurs, des entrailles de l'orchestre, des décorations de la scène, de la perfection de l'ensemble, et surtout de l'œuvre gigantesque du compositeur, trouvaient l'écho de leurs notes dans chaque fibre

mélophobe ! — adressait à Verdi, après avoir assisté à une représentation d'*Aïda* :

Reggio (Émilie), 7 mai 1872.

Très honoré Monsieur Verdi,

Le 2 de ce mois, je me rendis à Parme, attiré par le bruit que faisait votre opéra d'*Aïda*. Une demi-heure avant le commencement de la pièce, j'étais déjà à ma place, n° 120, tant était grande ma curiosité. J'ai admiré la mise en scène, j'ai écouté avec plaisir les excellents chanteurs, et je me suis efforcé de ne rien laisser échapper. A la fin de l'opéra, je me demandai si j'étais satisfait, et la réponse fut néga-

---

de milliers de spectateurs, et de milliers d'autres qui se pressaient à l'entrée du théâtre, dans lequel ils n'avaient pu trouver place, — et qui se répandaient comme l'électricité, jusqu'à donner lieu enfin à cette démonstration fantasmagorique à l'aide de laquelle on voulut honorer Verdi, depuis les portes de San-Carlo jusqu'à celle de sa demeure à l'hôtel Crocelle. Et quand ces magiques *trompettes droites*, à la demande instante de la foule applaudissante, entonnèrent de nouveau sous les fenêtres de Verdi la marche triomphale caractéristique et inspirée du second acte d'*Aïda*, à la clarté de mille et mille flambeaux qui illuminaient la plage du Chiatamone, ceux qui à cette heure pouvaient se trouver en mer, sur cette mer placide et tranquille comme une nuit d'été, doucement éclairée par les pâles rayons de la lune, ceux-là durent croire vraiment que la Sirène ressuscitée faisait entendre de nouveau sa voix fascinatrice, et invitait toutes les Nymphes du golfe enchanté à se lever et à entonner un hymne à la louange du grand *maestro*. » — (*La Scena*, de Venise, 19 avril 1873.)

tive. Je repartis pour Reggio et j'écoutai, dans le wagon du chemin de fer, les jugements qu'on portait sur *Aïda*. Presque tous s'accordaient à la considérer comme une œuvre de premier ordre.

L'envie me prit alors de l'entendre de nouveau, et, le 4, je retournai à Parme ; je fis des efforts diaboliques pour obtenir une place réservée ; comme l'affluence était énorme, je fus obligé de jeter cinq lires (cinq francs), pour assister commodément à la représentation.

J'en arrivai à cette conclusion : c'est un opéra dans lequel il n'y a absolument rien qui enthousiasme ou électrise, et, sans la pompe du spectacle, le public ne le supporterait pas jusqu'à la fin. Quand il aura fait salle comble deux ou trois fois, il sera relégué dans la poussière des archives.

Vous pouvez maintenant, cher monsieur Verdi, vous figurer mon regret d'avoir dépensé en deux fois trente-deux lires ; ajoutez-y cette circonstance aggravante que je dépends de ma famille, et que cet argent trouble mon repos comme un spectre effroyable. Je m'adresse donc franchement à vous, afin que vous m'envoyiez cette somme. En voici le compte :

Chemin de fer : aller . . . *Lires.*	2	60
— retour	3	30
Théâtre	8	»
Détestable souper à la gare. . . .	2	»
	15	90

Deux fois . . . . × 2

Total. . . . *Lires.* 31 80

Dans l'espoir que vous me tirerez de cet embarras, je vous salue de cœur.

BERTANI.

Mon adresse : Bertani Prospero, via San-Domenico, n° 5.

On s'imagine aisément la surprise du compositeur à la réception de cette missive; toutefois il prit la chose du bon côté, et, prenant pour intermédiaire son éditeur, M. Ricordi, il le chargea de satisfaire cet ingénu contempteur d'*Aïda*, mais en lui faisant jurer qu'on ne l'y reprendrait plus :

… Vous pouvez bien (écrivait-il à M. Ricordi), vous pouvez bien vous imaginer que, pour sauver un fils de famille des spectres qui le poursuivent, je payerai volontiers la petite note qu'il me transmet. Je vous prie donc de faire parvenir par l'un de vos correspondants à ce M. Prospero Bertani, via San-Domenico, n° 5, la somme de 27 lires 80 centimes. Ce n'est pas le chiffre qu'il demande; mais que je paye encore son souper par-dessus le marché, ma foi! non. Il pouvait très bien manger chez lui.

Il est bien entendu qu'il vous délivrera un accusé de réception, et, de plus, une petite contre-lettre, dans laquelle il s'engagera à ne plus entendre mes nouveaux opéras, de manière à ne plus s'exposer aux menaces des spectres et à m'épargner de nouveaux frais de voyage...

L'éditeur M. Ricordi croyait à une mystification, et écrivit à Reggio avec la présomption de n'y découvrir aucun Bertani. Contre son attente, celui-ci existait parfaitement; les négociations furent rapides, et la somme offerte par Verdi fut échangée contre le petit reçu conditionnel dont voici la teneur :

Reggio, 15 mai 1872.

Je soussigné reconnais avoir reçu du maestro G. Verdi la somme de 27 lires 80, à titre de remboursement de mes frais de voyage à Parme pour entendre *Aïda*, le maître ayant trouvé juste que cette somme me fût restituée, puisque je n'avais pas trouvé son opéra de mon goût. Il est en même temps convenu qu'à l'avenir je ne ferai plus de voyage pour entendre de nouveaux opéras du maître, à moins qu'il ne se charge entièrement des dépenses, quelle que puisse être mon opinion sur ses ouvrages.

En foi de quoi j'ai signé.

BERTANI PROSPERO.

J'ai à faire connaître un autre incident, non moins comique, relatif à *Aïda;* mais celui-ci ayant trait en même temps au *Requiem,* j'en parlerai plus loin, lorsqu'il sera question de ce dernier ouvrage.

XII

Dans les premiers mois de 1873 mourait à Milan, chargé d'ans et de gloire, l'un des hommes les plus justement célèbres de l'Italie contemporaine, l'un des plus grands patriotes, l'un des poètes les plus exquis qu'ait produits cette terre si fertile sous ce double rapport : je veux parler d'Alessandro Manzoni. J'eus l'occasion de voir à Milan même, quelques semaines après, combien était touchant, unanime, le culte que les Milanais avaient voué à la mémoire de leur vertueux et illustre concitoyen.

Son nom avait été aussitôt donné à l'une des plus belles rues de la ville, l'ex-*via del Giar-*

dino, qui va de la place de la Scala à la place Cavour ; on s'était empressé de mettre sous son invocation un nouveau et charmant théâtre, qui prit ainsi le nom de théâtre Alessandro Manzoni ; une souscription nationale était ouverte pour lui ériger un monument, et certains offices publics recevaient des offrandes à cet effet ; des études sur sa vie et sur ses œuvres étaient publiées de tous côtés[1], tandis qu'une édition populaire était faite de son roman célèbre, *i Promessi Sposi*, qui s'étalait aux vitrines de tous les libraires et de tous les kiosques et que des marchands ambulants vous offraient partout, sur la place du Dôme, sur celle de la Scala, dans les galeries Victor-Emmanuel, etc. ; enfin, chez tous les marchands on retrouvait son image, en gravure, en lithographie, en photographie ; son buste se voyait partout, et l'on pouvait contempler son portrait jusque sur les boîtes d'allumettes que des bambins vous offraient dans les rues pour

---

1. Je citerai entre autres : *Alessandro Manzoni*, par Francesco Trevisan ; *Alessandro Manzoni, studio biografico e critico*, par Vittorio Bersezio, l'adorable conteur piémontais ; *Alessandro Manzoni, ossia il progresso morale, civile e letterario*, par le docteur Angelo Buccellato (2 vol.) ; *la Mente di Alessandro Manzoni*, par Giuseppe Rovani.

un sou. Si jamais grand poète a provoqué, à son lit de mort, la reconnaissance de ses compatriotes, on peut dire que c'est l'auteur de *Carmagnola*, d'*Adelghis* et des *Hymnes sacrées*.

Verdi, qu'une affection profonde unissait à Manzoni et qui ressentait pour lui une sorte de respect filial, était à sa villa de Sant'Agata lorsque se répandit la nouvelle de sa mort. Il en éprouva un très vif chagrin, et pendant quelque temps resta sombre et pensif, comme dominé par une préoccupation intérieure. Un jour, s'adressant à un ami qui se trouvait en villégiature chez lui, il lui demanda s'il voudrait l'accompagner jusqu'à Milan, où il avait à faire. Sur la réponse affirmative de celui-ci, tous deux se mirent en route, et c'est seulement alors que Verdi confia à son ami la pensée qu'il avait eue et le dessein qu'il poursuivait d'écrire une messe de *Requiem*, destinée à célébrer solennellement le premier anniversaire de la mort du grand poète.

Arrivé à Milan, le maître descendit, selon son habitude, à l'*Albergo Milano*, et écrivit aussitôt au sénateur Belinzaghi, syndic de la ville, pour lui faire part de son projet, s'offrant à composer un *Requiem* qui serait exécuté, l'année suivante, pour l'anniversaire de Manzoni. Le syndic se rendit immédiatement chez Verdi pour lui faire une visite personnelle de remerciement, et, le jour même, adressa une convocation extraordinaire aux membres du municipe, pour les informer de la proposition qui lui était faite. L'offre fut acceptée, comme on peut le penser, et par un vote unanime. Le conseil rédigea ensuite une adresse de remerciements au maître, et il fut décidé, séance tenante, que l'exécution du *Requiem* aurait lieu dans l'église sur laquelle Verdi fixerait son choix; que tous les frais seraient à la charge de la municipalité; enfin que des invitations seraient adressées aux plus grands artistes de l'Italie, chanteurs et instrumentistes, pour les engager à prendre part à cette solennité tout ensemble artistique et patriotique[1].

1. Voici la lettre par laquelle Verdi répondit à l'adresse de la junte municipale:

« Illustrissime seigneur syndic,

» Il ne m'est pas dû de remerciements ni par vous, ni par la junte, pour l'offre que j'ai faite d'écrire une messe funèbre pour l'anniversaire de Manzoni. C'est une impulsion, ou, pour mieux dire, un besoin de mon cœur qui me pousse à honorer, autant qu'il m'est possible, ce grand homme, que j'ai tant estimé comme écrivain et vénéré comme homme, et qui était un modèle de vertu et de patriotisme.

» Quand le travail musical sera assez avancé, je ne man-

Tout cela bien établi, Verdi partit pour la France, et c'est ici, à Paris, pendant l'été de 1873, qu'il écrivit la plus grande partie de sa messe, dont un morceau, le *Libera me*, était déjà composé. L'histoire de ce morceau vaut d'être racontée ; car elle rappelle des faits intéressants.

Lors de la mort de Rossini (13 novembre 1868), Verdi avait eu déjà l'intention de faire exécuter, en l'honneur du maître illustre que l'Italie avait vu naître et que pleurait le monde, un *Requiem* inédit. Mais ce *Requiem* ne devait pas être écrit entièrement par lui, et ses idées à ce sujet étaient nettement exposées dans la lettre suivante, qu'il adressait alors à son vieil ami M. Tito Ricordi, le célèbre éditeur de musique de Milan :

querai pas de vous faire savoir quels éléments seront nécessaires afin que l'exécution soit digne et du pays et de l'homme dont tous déplorent la perte.

» Avec la plus profonde estime et considération, j'ai l'honneur de me dire,

» Illustrissime seigneur syndic,

» Votre bien dévoué,

» G. Verdi.

» Sant-Agata, 9 juin 1873. »

Sant'Agata, 18 novembre 1868.

Mon cher Ricordi,

Pour honorer la mémoire de Rossini, je voudrais que les compositeurs les plus distingués de l'Italie (Mercadante en tête, ne fût-ce que pour quelques mesures) composassent une messe de *Requiem* à exécuter à l'anniversaire de sa mort. — Je voudrais que non seulement les compositeurs, mais aussi tous les exécutants, outre leur concours personnel, offrissent leur obole pour payer les frais. Je voudrais qu'aucune main étrangère à l'Italie ou à l'art, quelle que fût sa valeur, ne vînt à notre aide; sans cette condition, je me retirerais aussitôt de l'association.

La messe devrait être exécutée dans l'église San-Petronio, de Bologne, qui a été la vraie patrie musicale de Rossini. Cette messe ne devrait être un objet ni de curiosité ni de spéculation; mais, aussitôt après son exécution, elle devrait être scellée et placée dans les archives du Lycée musical de Bologne, d'où jamais on ne pourrait la retirer! Peut-être cependant pourrait-on faire exception pour les anniversaires de Rossini, quand nos descendants voudraient les célébrer.

Si j'étais dans les bonnes grâces du Saint-Père, je le prierais de vouloir bien permettre, au moins pour cette seule fois, que les femmes prissent part à l'exécution de cette messe [1]; mais, comme je n'y suis

---

[1]. On sait que l'Église ne permet pas aux femmes de chanter dans les temples; ce n'est que par exception qu'elle veut bien leur en accorder parfois l'autorisation.

pas, il faudra trouver une autre personne plus propre que moi à atteindre ce but.

Il faudra instituer une commission d'hommes intelligents pour régler l'ordre de cette manifestation, et surtout pour choisir les compositeurs, distribuer les morceaux et veiller à la forme générale de l'œuvre.

Cette composition (quelle que puisse être la beauté des morceaux séparés) manquera nécessairement d'unité musicale ; mais, si elle offre des défauts sous ce rapport, elle suffira néanmoins à démontrer combien est grande chez nous la vénération pour l'homme dont le monde entier déplore la perte.

Adieu. Crois-moi ton affectionné.

G. Verdi.

Cette idée fut accueillie par les artistes avec la plus grande faveur. L'œuvre projetée fut divisée en treize parties, qui furent confiées à treize compositeurs. Toutes les mesures furent rigoureusement prises, la forme et la tonalité de chacun des morceaux furent déterminées, et la messe se trouva partagée de la façon suivante :

N° 1. — *Requiem æternum* (en *sol* mineur). . . . . . . M. Buzzola.
N° 2. — *Dies iræ* (*ut* mineur) . . M. Bazzini.

N° 3. — *Tuba mirum* (mi♭ mineur) M. Pedrotti.
N° 4. — *Quid sum miser* (la ♭
 majeur). . . . . . . M. Cagnoni.
N° 5. — *Recordare* (fa majeur). . M. F. Ricci.
N° 6. — *Ingemisco* (la mineur). . M. Nini.
N° 7. — *Confutatis* (ré majeur) . M. Boucheron.
N° 8. — *Lacrymosa* (sol majeur, et
 ut mineur) . . . . . M. Coccia.
N° 9. — *Domine, Jesu* (ut majeur) M. Gaspari.
N° 10. — *Sanctus* (ré ♭ majeur). . M. Platania.
N° 11. — *Agnus Dei* (fa majeur) . M. Petrella.
N° 12. — *Lux æterna* (la ♭ majeur) M. Mabellini.
N° 13. — *Libera me* (ut mineur) . M. Verdi [1].

On avait réservé à Verdi, comme étant le chef de l'école italienne moderne, la dernière page de l'œuvre, celle qui devait clore cette grande manifestation imaginée par lui en l'honneur du plus grand maître italien du XIX° siècle. La messe fut écrite en entier; mais, je ne sais par suite de quelles circonstances, indépendantes de la volonté des compositeurs, le projet ne put être mis à exécution, et l'œuvre ne put voir le jour.

[1]. On voit que malgré le désir exprimé par Verdi, le nom de Mercadante ne trouvait point place dans cette liste. Le grand âge et le faible état de santé de ce patriarche de la musique italienne, qui comptait alors 73 ans et qui était aveugle depuis plusieurs années (il mourut moins de deux ans après) l'empêchèrent sans doute de prendre sa part de ce travail.

Verdi avait été l'un des premiers à envoyer son morceau, qu'il réclama par la suite, ainsi que firent tous ses confrères. Il le fit entendre un jour à un ami, précisément celui qui l'accompagna à Milan au sujet de l'hommage qu'il voulait rendre à Manzoni, et cet ami, après avoir lu attentivement la partition, lui dit :

— Une page aussi belle vous inspirerait une messe admirable. Vous devriez écrire ce *Requiem* en entier.

Ainsi fit-il, on l'a vu, et dans quelles circonstances.

Lorsque son *Requiem* fut achevé, Verdi se rendit à Milan, où l'on commença à prendre toutes les dispositions nécessaires à l'exécution. L'église choisie fut celle de San-Marco ; les chanteurs désignés par le maître étaient mesdames Teresina Stolz et Waldmann, MM. Capponi et Maini, l'orchestre fut formé de cent exécutants et le chœur de cent vingt, le tout réuni sous la direction du compositeur. La date fut fixée au 22 mai 1874, et de toutes les parties non seulement de l'Italie, mais de l'Europe, c'est-à-dire de France, d'Allemagne, d'Autriche, etc., les musiciens, les critiques, les dillettantes, les curieux affluèrent à Milan.

Le succès à l'église fut immense. En dehors de la valeur de l'œuvre, il faut dire que l'exécution fut merveilleuse, non seulement de la part des solistes, tous artistes éprouvés et doués de voix admirables, mais aussi de celle de l'orchestre, où l'on trouvait les chefs d'attaque de tous les grands théâtres d'Italie, et, en ce qui concerne les chœurs, presque exclusivement composés d'un grand nombre de chanteurs des grandes scènes lyriques, auxquels s'étaient joints les meilleurs élèves du Conservatoire de Milan.

Après la solennité, le syndic, M. Giulio Belinzaghi, adressa à Verdi une lettre officielle de remerchments à laquelle celui-ci répondit dans les termes suivants :

Illustrissime seigneur syndic,

La douloureuse nouvelle de la mort de Manzoni m'a poussé à écrire la messe de *Requiem*. Ce fut un élan du cœur, un tribut de respectueuse affection, l'expression de mon chagrin.

C'est pour moi maintenant une très grande satisfaction de savoir de vous, Monsieur le syndic, que cet acte de ma part a pu être agréable à Votre Seigneurie et à la municipalité qu'elle représente si dignement.

Je vous remercie pour les paroles courtoises que vous voulez bien me faire parvenir, et je vous renouvelle les sentiments de mon estime.

Votre tout dévoué,

G. VERDI.

Milan, 25 mai 1874.

Mais le syndic ne se tint pas pour satisfait de l'unique exécution qui avait eu lieu à San-Marco, et il demanda à Verdi l'autorisation de laisser exécuter sa messe trois fois au théâtre de la Scala, afin de donner à tous ceux — et ils étaient nombreux — qui n'avaient pas été assez heureux pour assister à la cérémonie, la possibilité d'entendre une œuvre si belle et si émouvante. Non seulement le maître accéda volontiers à ce désir, mais il déclara qu'il dirigerait encore en personne la première de ces trois exécutions, les deux autres étant confiées à l'habileté de M. Franco Faccio, le chef d'orchestre de la Scala [1]. On conçoit ce que fut le

---

1. Verdi ne pouvait faire plus. Son collaborateur pour *Aïda*, M. Camille du Locle, alors devenu directeur de l'Opéra-Comique, avait exprimé le désir de faire exécuter le *Requiem* à ce théâtre, par les artistes qui le chantaient à Milan. Des ar-

succès au théâtre, où les assistants, n'étant plus tenus à la même réserve, pouvaient laisser un libre cours à leur enthousiasme. Toutefois, et pour donner une idée exacte de la réception que les spectateurs de la Scala firent à cette œuvre magnifique, il ne me semble pas sans intérêt de reproduire ici ce fragment du compte rendu qu'en fit un journal de Milan, *il Sole* :

La scène avait été disposée en salle de concert ; d'un côté, à gauche, avait été massé l'orchestre ; de l'autre, à droite, on avait placé toutes les forces chorales. Devant celles-ci, dans un bel ordre, étaient réunies les braves et belles élèves de notre Conservatoire, entièrement vêtues de blanc, avec une écharpe de velours noir en sautoir.

Lorsque le cadran du théâtre indiqua neuf heures, les quatre artistes chargés des *soli*, la Stolz, la Waldmann, Capponi et Maini entrèrent en scène. La Stolz portait un gracieux costume de soie bleue garnie de velours blanc, et la Waldmann était habillée tout en rose. L'apparition de ces vaillants artistes fut le premier signal des applaudissements, qui devinrent for-

rangements furent pris à cet effet, et huit jours exactement après la cérémonie de San-Marco, le 29 mai, on entendait effectivement le chef-d'œuvre sur la scène de l'Opéra-Comique. Mais Verdi, obligé de venir ici, avant ses chanteurs, pour faire répéter les chœurs et l'orchestre, dut quitter Milan aussitôt la première exécution dirigée par lui à la Scala.

midables quand Verdi se présenta. Mais celui-ci, sévère comme toujours, se plaçant à son pupitre, au centre du théâtre et devant les quatre chanteurs qui étaient auprès de l'orchestre, donna le signal de l'attaque, et les applaudissements cessèrent comme par enchantement.

Suivre tous les morceaux un à un serait chose matériellement impossible ; mais nous dirons cependant que tous furent applaudis avec frénésie. Le *Dies iræ*, avec tous les épisodes qui le composent, plut surtout d'une façon extraordinaire.

Mais ce fut à l'offertoire que l'enthousiasme commença à ne plus connaître de bornes, et l'on voulut absolument entendre deux fois cet admirable quatuor avec chœurs. On redemanda aussi le *Sanctus*, fugue à deux chœurs, qui fut exécuté d'une façon surprenante. La magique baguette de Verdi semblait avoir électrisé tous les exécutants.

A l'*Agnus Dei*, les applaudissements se changèrent en hurlements, et des hurlements étouffés éclatèrent aussi durant l'exécution, tellement est puissante l'inspiration qui en déborde. Et le public, bien qu'il eût exigé la répétition des deux morceaux précédents, et que les égards qu'il devait aux artistes lui conseillassent de ne pas insister au sujet de celui-ci, ne put se retenir de crier unanimement *bis*. Ce ne fut qu'une exclamation, si violente et si formidable, que Verdi ne put faire moins que de lui obéir avec courtoisie.

Après que l'offertoire eut été redit, une couronne

d'argent fut présentée à Verdi sur un élégant coussin, tandis que le public applaudissait avec frénésie.

On voit avec quel enthousiasme le public milanais accueillit l'œuvre de son musicien de prédilection [1]. Le succès ne fut pas moins grand ici, à l'Opéra-Comique, où, comme je l'ai dit, le *Requiem* fut exécuté huit jours après Milan, et avec les mêmes chanteurs. Quatre auditions en furent données, qui attirèrent une foule prodigieuse, et qui furent loin pourtant de satisfaire l'empressement du public. Aussi, aux mois d'avril et de mai de l'année suivante, on en donna huit autres, toujours sous la direction de l'auteur; cette fois encore, mesdames Stolz et Waldmann prêtaient au maître le concours de leur talent superbe,

---

[1]. L'exécution du *Requiem* dans l'église San-Marco, faite dans des conditions artistiques d'une supériorité absolument exceptionnelle, n'avait pourtant coûté que la somme modique de sept mille francs. On n'avait eu à solder que les frais matériels, tous les exécutants, en tête desquels les quatre chanteurs solistes, s'étant refusés à recevoir aucune espèce de rétribution. Mais la municipalité n'eut même pas à débourser ces sept mille francs. L'éditeur de Verdi, M. Ricordi, d'accord avec le maître, organisa les trois exécutions de la Scala de telle façon qu'il put verser dans la caisse municipale une somme de huit mille francs, qui couvrait, et au delà, les dépenses faites pour la cérémonie de San-Marco.

mais leurs premiers partenaires étaient remplacés par deux autres chanteurs, MM. Masini et Medini[1].

Et ce sont les mêmes artistes qu'on retrouve l'année d'ensuite au Théâtre-Italien, en compagnie de MM. Pandolfini et de Reszké, pour faire connaître enfin au public parisien cette noble et touchante *Aïda*, que ce public était l'un des derniers de l'Europe à entendre et à applaudir. C'est dans ce but que l'éditeur français de Verdi, Léon Escudier, avait pris la direction de notre scène italienne, fermée depuis plusieurs années[2]. Comme il avait fait pour son *Requiem*, le compositeur vint ici surveiller les études de son œuvre, et il dirigea en personne l'exécution des deux premières représentations, confiant ensuite ce soin à son

1. Après la troisième audition, le ministre des beaux-arts annonçait à Verdi qu'il était nommé commandeur de la Légion d'honneur.

2. « ..... Depuis lors (1872, époque de l'apparition d'*Aïda* au Caire), l'ouvrage a été donné en Italie, en Amérique, à Vienne et à Saint-Pétersbourg, partout, excepté à Londres et à Paris. Sans l'heureuse initiative de M. Escudier, il est bien probable que nous ne l'eussions pas entendu de sitôt. Le public parisien saura gré à l'éditeur des œuvres de Verdi d'avoir songé à rouvrir le Théâtre-Italien tout exprès pour nous faire connaître *Aïda*, l'un des plus beaux opéras qui aient été donnés sur aucune scène depuis quinze ans. » — (*Annales du théâtre et de la musique*, 1876.)

élève, M. Muzio. Les rôles d'*Aïda* étaient distribués de la façon suivante : Aïda, madame Stolz ; Amneris, mademoiselle Waldmann ; Radamès, M. Masini ; Amonasro, M. Pandolfini ; Ramfis, M. Medini ; le roi, M. Ed. de Reszké. L'ouvrage fut joué pour la première fois le 22 avril 1876, avec un succès colossal. Les cinq premières représentations produisirent une recette de 97,730 francs ; les cinq suivantes atteignirent le chiffre de 89,347 fr. ; ce qui donne, pour ces dix soirées, un total de 187,077 francs, soit une moyenne de 18,707 fr. 70 cent. Dans l'espace de trois années, *Aïda* fournit au Théâtre-Italien une série de soixante-huit représentations[1].

Mais ce succès français d'*Aïda* ne devait pas se borner là. Déjà, quelques années auparavant, l'Opéra, alors placé sous la direction de M. Halanzier, avait fait un effort pour s'approprier ce qu'on peut justement appeler le chef-d'œuvre de Verdi. Des ouvertures directes avaient été faites au maître en ce sens, et on

---

1. Il va sans dire que la distribution de l'ouvrage subit de profondes modifications. Entre autres, mademoiselle Waldmann ne reparut plus après la première saison, ayant épousé à Vienne le comte Massari, de Ferrare, et ayant quitté le théâtre à la suite de ce mariage.

lui avait demandé l'autorisation de représenter la version française d'*Aïda* sur notre première scène lyrique. Malheureusement, Verdi, qui est peut-être un peu plus susceptible et ombrageux que de raison, croyait avoir à se plaindre de certains procédés employés envers lui lors des relations qu'à diverses reprises il avait établies avec l'Opéra, et il en avait gardé rancune. Il répondit donc au désir que lui exprimait M. Halanzier par la lettre suivante, dont la politesse froide et un peu sèche ne laissait conserver aucun espoir d'obtenir le consentement qu'on sollicitait de lui :

Busseto, 24 août 1873.

Monsieur,

Je vous remercie beaucoup de la façon tout à fait gracieuse avec laquelle vous avez bien voulu entrer en relations d'affaires avec moi. Je suis aussi particulièrement flatté que vous ayez trouvé la partition d'*Aïda* digne de l'Opéra. Mais, d'abord, je connais trop imparfaitement le personnel de l'Opéra ; et, ensuite, permettez-moi de le confesser, j'ai été si peu satisfait chaque fois que j'ai eu affaire avec votre grand théâtre, qu'en ce moment je ne suis point disposé à tenter une nouvelle aventure.

Il est possible que, plus tard, si vous conservez

vos bonnes dispositions à mon égard, je change d'avis. Mais, pour le moment, je n'aurais point le courage d'affronter une fois de plus toutes les tracasseries, toutes les oppositions qui dominent dans ce théâtre, et dont j'ai conservé un pénible souvenir.

Excusez-moi, Monsieur, d'avoir exposé mes idées peut-être avec trop de franchise ; mais j'ai voulu vous parler de suite à cœur ouvert, pour faire la situation nette. Cela ne m'empêche pas d'avoir pour vous personnellement, Monsieur, un sentiment de reconnaissance pour les expressions courtoises dont vous avez bien voulu m'honorer dans votre lettre.

Croyez-moi, etc.

VERDI[1].

[1]. On se rappelle l'étonnante équipée de mademoiselle Sophie Cruvelli lors de la mise à la scène des *Vêpres siciliennes* : c'était là sans doute un des griefs de Verdi contre l'Opéra, qui pourtant n'en pouvait mais. Un autre incident, qui se produisit lors d'une reprise de cet ouvrage, lui tint surtout à cœur. C'était en 1863. M. Perrin, nommé administrateur depuis quelques mois, avait eu l'idée de cette reprise, et, apprenant l'arrivée de Verdi à Paris, l'avait prié de vouloir bien assister aux répétitions. Verdi fait un jour convoquer l'orchestre, cet orchestre de l'Opéra, qui, on le sait, manifeste parfois des idées d'indépendance un peu excessives. Ces messieurs pensaient n'avoir pas besoin de répéter, et laissaient percer quelque mauvaise humeur. Le mouvement d'un morceau ayant été pris trop vite au gré du maître, celui-ci en fait l'observation à Dietsch, le chef d'orchestre, qui le fait recommencer ; mais l'orchestre alors, pour faire pièce à l'auteur, ralentit ce mouvement d'une façon exagérée. Verdi, impatienté, frappe aussitôt du pied, et, d'un ton sec, dit à Dietsch : « C'est une mauvaise plaisanterie, sans doute ? — Mon Dieu, maître, réplique Dietsch, c'est que ces messieurs croient qu'ils n'avaient pas besoin de répéter. — Vraiment ? — Oui ; ils ont leurs

Pourtant, ce que Verdi n'avait pas cru devoir accorder à M. Halanzier, il l'accorda sans trop de peine à son successeur. M. Vaucorbeil, dont la mort récente a fait le bruit que l'on sait, avait pris la direction de l'Opéra le 16 juillet 1879. Deux mois s'étaient à peine écoulés depuis son installation, lorsque, sur la fin de septembre, il se mit en route pour l'Italie. Son but était d'aller trouver Verdi, dans sa retraite de Sant'-Agata, pour lui demander la partition d'*Aïda*; et, afin de mieux assurer la réussite de son projet, il se faisait accompagner par un ami personnel du maître, M. de Lauzières-Thémines, un Français né en Italie et qui a dans ce pays de vives affections et de profondes attaches. Voici comment un recueil... très sérieux, la *Revue des Deux Mondes*, faisait

affaires... — Ah! ils ont leurs affaires, qui ne sont point celles de l'Opéra? C'est différent. « Et Verdi, prenant son chapeau, s'éloigne, et ne reparaît plus à l'Opéra.
Dietsch avait eu tort assurément, et de ne pas se faire respecter, et de ne pas faire respecter le compositeur dont l'œuvre était en question. Mais il en fut cruellement puni : trois jours après, il recevait l'avis de sa mise à la retraite, et, la semaine suivante, il était remplacé par George Hainl. Il en mourut de chagrin, dit-on, au bout de deux ans. On voit que la leçon avait été rude pour lui. Devant ce fait, et en présence de la satisfaction qui lui avait été donnée en cette circonstance, on peut dire de Verdi qu'il a la rancune tenace.

connaître l'heureux résultat du voyage de
M. Vaucorbeil :

…L'accueil hospitalier du châtelain de Sant'-Agata
à M. Vaucorbeil n'était point douteux ; mais ce qui se
laissait moins prévoir, c'était la manière dont le directeur de l'Opéra sortirait de ce pas difficile. Il s'agissait en effet pour lui d'enlever Hermione sous les
traits d'Aïda, et, mieux encore, de lier partie pour un
nouvel ouvrage avec le premier, autant dire avec le
seul musicien dramatique de notre temps, de vaincre
ses répugnances plus ou moins légitimes, et — qu'on
me passe le jeu de mots — de l'amener à composition.

Sur ce dernier point, si je m'en fie à ce qu'on rapporte, l'entente ne s'établit pas tout de suite. Le
maître évitait de se prononcer et, trop poli pour récriminer quant au passé, il se gardait d'engager
l'avenir.

A dîner, on causa de choses et d'autres, puis on
rentra au salon de belle humeur et déjà se connaissant mieux.

M. Vaucorbeil a la musique innée ; que, dans la
position qu'il occupe aujourd'hui, cette qualité soit
ou non un avantage, il n'en est pas moins vrai qu'elle
existe chez lui et prédomine. Mettez-le devant un
piano ; s'il est fermé, il l'ouvrira ; s'il est ouvert, il
s'y asseoira. Le piano de Verdi était ouvert ; il parcourut des yeux un manuscrit égaré sur le pupitre et
ses doigts instinctivement traduisirent la paraphrase

du *Pater* écrite par un certain Dante, *Dantem quemdam*, au xive siècle, en prévision d'un certain musicien du xixe, auteur de la *Messe pour Manzoni*.

Tout le monde écoutait en silence. Verdi, songeant, s'était peu à peu rapproché ; l'art exerçait sa magie, et M. Vaucorbeil, sans y penser, gagnait la cause du directeur de l'Opéra. Peut-être bien est-ce m'avancer trop que de dire qu'il n'y pensait pas ; mais ce ne sont point là mes affaires. Où la parole s'arrête, la musique commence ; les directeurs qui parlent et écrivent n'avaient rien obtenu ; arrive un directeur qui chante, on cède au charme.

Le lendemain, quand on se retrouva, la nuit avait porté conseil. Verdi, rentrant de sa tournée matinale, du plus loin qu'il aperçut son hôte, vint à lui, le cœur ouvert, la main tendue, s'en remettant entièrement à ses bons soins, le laissant libre du choix des artistes, du règlement de la mise en scène, des mesures à prendre pour améliorer les conditions acoustiques, et s'engageant, si les choses marchaient au gré du directeur de l'Opéra, à venir à Paris diriger les trois premières représentations.

Bien plus ; même sur la question d'un ouvrage nouveau, on ne se montrait pas inabordable, et désormais la difficulté de trouver un poème restait seule debout : « Rappellez-vous que je suis un homme de théâtre, et que j'ai besoin d'être entraîné par mon sujet. Il me faut à moi des caractères et des situations. Hors de cela, point de salut ! »

Il n'a pas été question depuis lors de l'ouvrage nouveau que Verdi aurait consenti à écrire pour l'Opéra; mais ce qui ne pouvait faire doute, c'est que M. Vaucorbeil revenait à Paris, formellement autorisé par l'auteur à monter *Aïda*, et qu'il s'occupait aussitôt de la mise à la scène et des préparatifs de l'œuvre. Tout d'abord, la distribution fut ainsi arrêtée.

Aïda.	Mlle Krauss.
Radamès	M. Sellier.
Amnéris	Mlle Bloch.
Amonasro . . .	M. Maurel.
Ramfis.	M. Boudouresque.
Le Roi.	M. Menu.

Je me suis gardé, dans le cours de ce travail, de toute espèce de réflexions critiques sur la valeur des œuvres du maître qui est la dernière gloire musicale de l'Italie, et qui, depuis tantôt un demi-siècle, occupe le monde entier de sa personne et de son génie. Je n'ai pas voulu sortir du cadre que je m'étais tracé, et je me suis renfermé strictement et volontairement dans le domaine purement anecdotique. Je ne ferai pas plus de critique et d'esthétique au sujet d'*Aïda* que je n'en ai fait ailleurs; mais on me permettra de reproduire ici, à titre de document en quelque sorte, et pour faire connaître l'impression produite par l'apparition du chef-d'œuvre sur notre grande scène lyrique française, l'article que je consacrais au compte rendu de sa représentation à l'Opéra. A défaut d'autre avantage, il aura celui de donner, avec quelques renseignements intéressants, la note exacte de cette impression, chaude encore dans l'esprit de l'écrivain qui la transmettait au public :

La voici, cette noble, belle et fière *Aïda* [1], qui, après un peu plus de huit années d'existence, appartient enfin au grand répertoire français, où elle était si digne de prendre sa place; la voici définitivement acclimatée chez nous, après avoir fait triomphalement son tour d'Europe et s'être fait applaudir tout d'abord sur la scène italienne que, par malheur, nous ne possédons plus. Il eût été regrettable que, par un faux sentiment de personnalité et d'égoïsme artistiques, notre Opéra se fût vu privé d'une œuvre qui, par sa mâle beauté, par son inten-

---

1. Les Italiens écrivent *Aida*. Pour conserver au nom la prononciation qu'amène chez eux cette orthographe, nous avons dû, en français, substituer au point de l'*i* un tréma, et écrire *Aïda*.

sité expressive, par son allure héroïque, par ses grandes et magnifiques qualités, avait fait l'admiration du monde entier et venait apporter un contingent nouveau et nécessaire à un répertoire un peu restreint et qui, depuis l'apparition du *Prophète*, ne s'était pas augmenté d'une production aussi achevée et aussi vigoureuse. Elles sont rares, les œuvres qui, comme *Aïda*, joignent à la puissance et à la générosité de l'inspiration un sentiment dramatique poussé à ses dernières limites et les qualités d'un style plein de grandeur, de noblesse et de majesté.

Le public, qui, lui, n'a point, comme les artistes, de partis pris d'école, le public, qui est éclectique avant tout et qui, sans trop chercher à se rendre compte de la nature de ses sensations et de ses impressions, demande surtout au théâtre le charme et l'émotion, attendait l'apparition d'*Aïda* avec une véritable impatience. C'est que le public sait, à n'en pouvoir douter, que la qualité maîtresse de Verdi, c'est le sentiment dramatique, ce sentiment dramatique si intense chez lui, qu'il lui a parfois un peu trop sacrifié les questions de forme, de style et de distinction; c'est qu'il sait que l'auteur de *Rigoletto* et de *la Traviata* ne biaise pas avec lui-même, qu'il ne cherche pas, comme on dit, la petite bête; que, travaillant pour le théâtre, il fait avant tout du théâtre, qu'il a la plus légitime préoccupation de ce qu'il faut à une situation dramatique et que, quand il a saisi le point culminant de cette situation, il trouve toujours dans son cœur et dans son génie les accents passionnés, touchants, pathétiques ou terribles qui lui conviennent. Le public sait cela, parce qu'il connaît les grandes pages de l'œuvre, souvent inégale, mais toujours puissante, du compositeur, parce qu'il a appris à admirer ces épisodes si émouvants, si passionnants, qui sont le *Miserere* du *Trovatore* ou le septuor d'*Ernani*, le quatuor de *Rigoletto* ou le finale du second acte de *la Traviata*. Voilà pourquoi l'impatience était grande au sujet d'*Aïda*, et pourquoi l'on était, d'avance, si sympathique à cette grande œuvre.

D'ailleurs, le vaste cadre de l'Opéra et le goût artistique bien connu de son directeur actuel promettaient aux spectateurs des jouissances d'un ordre particulier, et assuraient à l'œuvre un accompagnement plastique digne d'elle et que son sujet comporte si bien. S'il était difficile de réunir, pour en représenter les personnages principaux, un quatuor aussi remarquable que celui qui nous avait été naguère offert au Théâtre-Italien, dans la personne de mesdames Stolz et Waldmann, de MM. Masini et Pandolfini, l'Opéra mettait néanmoins en avant deux artistes de premier ordre, mademoiselle Krauss et M. Maurel, qui se sont surpassés eux-mêmes, un jeune ténor, M. Sellier, dont les progrès sont surprenants, et, au point de vue des masses chorales et instrumentales, il nous présentait un ensemble et une puissance qu'il est impossible de dépasser. Quant à la mise en scène, au

spectacle des yeux, on sait ce qu'est l'Opéra sous
ce rapport, et jamais, on peut l'affirmer, l'Opéra
n'a mieux fait, avec plus de goût, ni plus richement qu'en cette circonstance. Le sujet d'*Aïda*
comporte une splendeur scénique, une pompe théâtrale qu'il est difficile d'imaginer, et il est certain
que le cadre merveilleux qu'on a donné à l'œuvre
en fait ressortir et en relève encore les lignes grandioses et la surprenante beauté. Il suffirait de citer
le second tableau du second acte, dont le décor,
dû à M. J.-B. Lavastre, avec son immense avenue
de sphinx gigantesques enveloppés dans la lumière
poudreuse d'un soleil éclatant, représente une des
cent portes de Thèbes; lorsqu'on a vu arriver, dans
ce décor, le cortège éblouissant de Radamès, avec
les costumes si riches, si variés, si vrais, qu'un
excellent artiste, M. Eugène Lacoste, a dessinés et
groupés avec un art exquis, lorsqu'on a entendu
sonner la belle marche des trompettes guerrières,
dont l'effet était merveilleux et qu'accompagnait
ensuite l'orchestre militaire, la salle entière, saisie
d'un élan de surprise et d'enthousiasme, a poussé
bientôt un immense cri d'admiration et a demandé
bis d'une voix formidable. On a vu alors ce que
peut-être on n'avait jamais vu à l'Opéra : après un
moment d'indécision bien naturel, la scène s'est vidée
en un clin d'œil, sans confusion, sans mêlée, sans
désordre, chacun est allé reprendre sa place en dehors
des regards des spectateurs, et le défilé a recommencé
aux applaudissements du public tout entier.

Je n'ai pas à tracer ici une analyse de la partition d'*Aïda*, qui a été faite dans ce journal il y a quelques années, lors de la représentation de l'ouvrage au Théâtre-Italien. Mais, en parlant de son interprétation actuelle, je ferai ressortir les morceaux qui ont produit, à l'Opéra, l'impression la plus profonde, ou qui m'ont paru particulièrement dignes d'attention. Mais, avant tout, je ferai cette remarque, relative à la valeur de cette partition d'*Aïda* et à sa supériorité sur les précédentes œuvres du maître. On a dit et l'on a répété que M. Verdi, en écrivant *Aïda*, avait été préoccupé et comme hanté par la poétique musicale nouvelle et les idées mises en cours par M. Richard Wagner. Je suis absolument convaincu que M. Verdi, qui est non seulement un grand artiste, mais un homme d'une intelligence supérieure, s'est tenu très au courant des efforts et des tentatives de celui qu'on appelle, un peu bénévolement à mon sens, le réformateur allemand; mais je veux être pendu si l'on trouve, dans la dernière partition du maître italien, un seul reflet, un seul symptôme de ce qu'on qualifie de wagnérisme. La vérité vraie, à mon humble avis, c'est que M. Verdi a surtout subi l'influence française; c'est que, depuis le jour où il a écrit pour nous *les Vêpres Siciliennes*, une évolution lente, mais progressive, s'est faite dans son esprit et dans sa manière; c'est que cette évolution, manifeste déjà dans *Don Carlos*, a acquis son plein et entier développement dans *Aïda*, qui est comme la caractéristique du génie de son auteur. Or, ce qui différencie complètement *Aïda* de ses sœurs aînées, ce sont les qualités que voici : d'une part, l'unité, l'*assouplissement* que le maître a donnés à son inspiration, en l'obligeant à lui obéir, au lieu de lui obéir lui-même; de l'autre, la majesté, l'égalité du style, résultat de l'effort que je viens d'indiquer, et qui donne à l'œuvre sa couleur, sa grandeur et son unité; enfin non point, comme quelques-uns l'ont prétendu, la *science*, autrement dit la recherche excessive et exagérée de l'harmonie et de l'orchestre, mais ce qui est autre chose, le *sentiment* net, exact, des nécessités de l'harmonie et de l'orchestre appliquées à la musique dramatique. Et de fait, à part quelques négligences légères, on peut dire que, sous ce rapport, la partition d'*Aïda* a été beaucoup plus soignée que ses devancières; que l'harmonie en est plus riche, plus étoffée et plus fournie; que l'instrumentation, solide et corsée, très homogène, ne présente plus ces trous, ces vides impossibles ou ces remplissages bizarres et choquants que l'on remarquait jusque dans les œuvres les mieux réussies du maître. Mais, je le répète, de là à vouloir faire de M. Verdi un imitateur et un écolier de M. Wagner, il y a un abîme. L'auteur d'*Aïda* ne s'est point transformé, il s'est modifié et complété; il n'a point opéré une révolution dans son style, mais une simple évolution, — évolution profonde, il est vrai, — qui est le fruit de la maturité de son génie et qui révèle celui-ci dans sa pleine efflorescence.

Ce qui est remarquable dans la partition d'*Aïda*, au point de vue de l'effet à produire sur l'auditeur, c'est la progression continue de l'œuvre, dont la beauté noble et puissante s'impose davantage à mesure qu'elle se déroule. Le premier acte, en apparence un peu froid, pose l'action avec une rare fermeté, sans faire autrement saillir tel ou tel épisode; avec le second, le mouvement se dessine, les couleurs s'avivent, les contours s'accusent, et la superbe scène du retour de Radamès, avec le finale auquel elle donne lieu, fait passer sur le spectateur comme un frisson héroïque; le troisième acte nous amène dans le domaine du pathétique le plus émouvant, de la passion la plus intense, avec les deux duos et le trio qui ont fourni au musicien le prétexte d'élans si chaleureux, si profondément dramatiques; enfin, au quatrième acte, la superbe scène du jugement de Radamès, si étonnante et si saisissante, et le duo des deux amants, enfermés dans le caveau où ils doivent périr, sont des pages véritablement magnifiques, qui portent à leur plus haut degré la puissance de l'expression et le sentiment de la grandeur scénique et musicale. L'auditeur, pendant ces quatre actes, n'a pour ainsi dire pas un moment de répit, et, de sensation en sensation, il atteint le point le plus culminant de l'émotion. Là est un des secrets de la puissance de cette œuvre hardie, mâle et vigoureuse.

En ce qui concerne l'interprétation d'*Aïda*, il faut tirer de pair mademoiselle Krauss, qui, assurément, a trouvé là sa plus belle création, et qui a surpassé encore les espérances de ses admirateurs. Jamais la vaillante artiste n'a été à ce point inspirée, jamais elle n'a trouvé d'accents plus nobles et plus pathétiques, jamais elle ne s'est montrée plus parfaite et plus digne de la grande renommée qu'elle a su conquérir. Après avoir chanté avec une rare ampleur de style l'air difficile et un peu ingrat du premier acte, s'être fait applaudir dans ses deux duos avec Radamès et Amnéris, elle a obtenu au troisième, en compagnie de M. Maurel, l'un des succès les plus prodigieux dont l'histoire du théâtre puisse faire mention. Cet acte a mis d'ailleurs, comme on dit, le feu aux poudres, car tout s'y réunissait : situation dramatique, splendeur de l'inspiration musicale, supériorité de l'interprétation, tout, jusqu'à un décor d'une beauté incomparable, pour en faire un des tableaux les plus saisissants, les plus admirables qu'on puisse imaginer.

Tout d'abord, le public a fait entendre un murmure d'étonnement et de plaisir lorsque le rideau s'est levé sur l'adorable paysage de M. Chéret. Ce paysage doux et mélancolique, succédant au décor pompeux et ensoleillé de l'entrée de la ville de Thèbes, représente une vue des rives du Nil, au clair de lune, et reproduit fidèlement, paraît-il, un des sites les plus poétiques de l'île de Philœ; on dirait une toile exquise de Marilhat ou de Fromentin, descendue de son cadre et aménagée en vue d'une optique nouvelle.

C'est dans ce milieu tout empreint d'une douce poésie que se déroule l'une des scènes les plus puissantes et les plus pathétiques du drame. Le roi captif, Amonasro, qui a été vaincu par les Égyptiens, a juré de se venger d'eux, bien que sur la prière de Radamès, son vainqueur, la liberté lui ait été rendue. Il sait que sa fille, Aïda, aime Radamès, qu'elle est aimée de lui, et il veut obtenir d'elle qu'elle l'engage à trahir son pays et à se faire livrer par lui les secrets des Égyptiens. Aïda résiste d'abord à ces injonctions, mais son père insiste avec emportement, et, sous le coup de la terreur, elle finit par céder. Cette scène, extrêmement dramatique, traitée par le musicien avec un art consommé, donne lieu à un duo d'une beauté, d'une vigueur et d'une puissance d'expression incomparables, et ce duo a été joué, chanté et déclamé d'une façon véritablement admirable, par mademoiselle Krauss et M. Maurel, dont les accents pathétiques et déchirants chez l'une, sauvages et farouches chez l'autre, pleins de fièvre et de passion chez tous deux, ont provoqué à vingt reprises, et après chaque phrase, les frémissements et les applaudissements d'un public haletant et débordant d'enthousiasme. Ç'a été non pas un succès, mais un vrai triomphe pour les deux grands artistes qui rendaient avec tant de bonheur la pensée d'un maître inspiré.

L'impression produite par le quatrième acte n'a pas été moins profonde. Ici encore, nous sommes en présence de deux grandes situations dramatiques :

l'une est la scène du jugement de Radamès accusé de trahison, une des plus saisissantes certainement qui soient au théâtre ; les juges traversent la scène pour se rendre au tribunal, qui est invisible pour le public ; mais on entend au loin les détails de la séance, les questions des juges, tandis qu'Amnéris, qui aime Radamès et qui est en partie cause de sa perte, reste seule, épouvantée, et scande, par ses gémissements, tout cet épisode singulièrement émouvant. La seconde scène est la dernière de l'ouvrage. Radamès a été condamné à mourir dans un cachot que l'on mure sur lui, et dans lequel Aïda, qui avait prévu la sentence, est venue l'attendre pour partager son sort ; le duo que chantent les deux amants, à cette heure suprême, est digne des plus beaux modèles que nous offre la scène lyrique ; c'est une page de premier ordre, qui clôt dignement, dans un élan pathétique empreint d'une noble douleur, cette œuvre grandiose et magistrale...

J'ai dit que l'ensemble de l'exécution, en ce qui concerne les masses, avait été superbe et irréprochable. L'orchestre, à la tête duquel, par une dérogation aux usages de l'Opéra, M. Verdi s'était placé, a fait de véritables prodiges sous le rapport du sentiment des nuances et des contrastes symphoniques. Les chœurs, de leur côté, ont marché avec une précision, une vaillance et une fermeté qu'on ne saurait trop louer. J'en dirai autant des artistes du ballet, bien que je ne goûte pas beaucoup la façon dont est réglé le divertissement. J'ai loué comme il convenait deux des plus beaux décors ; mais je m'en voudrais de ne pas signaler les autres, qui sont dus à la brosse de MM. Daran, Rubé et Chaperon, Lavastre aîné et Carpezat. Enfin, je ne saurais adresser trop de félicitations à M. Eugène Lacoste, dont le goût exquis, le soin méticuleux et la riche imagination ont fait revivre à nos yeux, dans un ensemble plein d'harmonie, les costumes aux splendeurs étoffées, aux riches couleurs, d'une civilisation qui n'est plus [1].

C'est le 22 mars 1880 qu'avait lieu à l'Opéra la première représentation d'*Aïda* avec le poème français de MM. Camille du Locle et Charles Nuitter. Quel fut son succès, on vient de le voir. Le public parisien accueillit l'œuvre et l'auteur avec une sympathie enthousiaste. Quant aux Italiens présents à Paris, — et l'on sait qu'ils y forment une colonie nombreuse, — ils n'eurent garde de laisser échapper cette occasion, d'ailleurs fort naturelle, de témoigner à leur compatriote l'admiration qu'ils professaient pour sa gloire et pour son génie. Ils voulurent consacrer par un souvenir durable le triomphe qu'il venait de remporter en cette circonstance, et le maître se vit de leur part l'objet d'une

---

1. *Journal officiel*, du 31 mars 1880.

manifestation dont un journal rendait compte en ces termes :

Il paraît que c'est aujourd'hui même (29 mars) qu'a eu lieu cette petite manifestation artistique et patriotique.

Une couronne d'or, composée de deux branches de laurier attachées par un nœud très gracieux (également en or), sur lequel sont inscrits les titres des principaux ouvrages de Verdi : *Ernani, i Lombardi, il Trovatore, Rigoletto, la Traviata, Aïda*, lui a été remise tantôt, à l'hôtel de Bade, en présence de MM. Vaucorbeil et Cherouvrier[1], par les délégués de la colonie, MM. le baron de Koepff, Cavaglion, Bosoni et un quatrième... dont le nom m'échappe obstinément.

Cette superbe couronne d'or repose sur un socle en velours, portant un cartouche égyptien avec ces mots gravés :

AL MAESTRO VERDI
LA COLONIA ITALIANA DI PARIGI
AIDA, MARZO 1880

Un élégant cahier renfermant la liste des donateurs accompagne cet objet d'art. Il est tout en velours, avec appliques symboliques en argent contenant un feuillet attaché par des rubans tricolores

[1]. M. Cherouvrier, compositeur distingué, était alors secrétaire général de l'administration de l'Opéra.

français et italiens. Parmi les noms portés sur la liste, on remarque les suivants : général Cialdini, comte Camondo, Cernuschi, Delle Sedie, baron Lanzirotti, Bixio, Conegliano, Caponi, Fontana, J. de Filippi, Lucantoni, Sighicelli, Vio-Bonato, Pasini, Peruzzi, de Nittis [1].

Ce n'est pas tout. Dans le même temps, Verdi était, ainsi que sa femme, invité à la table de M. Grévy, président de la République, où il se trouvait en compagnie de plusieurs grands personnages du monde officiel et artistique : M. Jules Ferry, président du conseil des ministres, M. Vaucorbeil, directeur de l'Opéra, M. Bonnat, le peintre célèbre, M. Émile Perrin, administrateur général de la Comédie-Française, M. Edmond Turquet, député, etc., etc. ; et c'est à cette occasion que M. Grévy annonçait à l'auteur d'*Aïda* que, sur la proposition de M. Ferry, le conseil des ministres avait voté à l'unanimité sa nomination au grade de grand officier de la Légion d'honneur. Il lui en remettait personnellement les insignes.

Le succès d'*Aïda* ne fut ni une surprise, ni un feu de paille. L'ouvrage, grâce à sa haute

---

[1]. *Figaro*, du 30 mars 1880.

valeur, a pris victorieusement et définitivement sa place dans le répertoire malheureusement trop restreint de notre Opéra, et, le 15 octobre 1884, quatre ans et demi après son apparition sur ce théâtre, on en donnait la centième représentation[1].

1. Depuis lors, et le 27 février 1885, *Rigoletto* est venu prendre aussi place dans le répertoire de notre Opéra français. L'ouvrage était joué par Mlles Krauss (Gilda) et Richard (Madeleine), MM. Lassalle (Rigoletto), Dereims (le duc) et Boudouresque (Sparafucile). Aussitôt informé du succès de l'œuvre devant le public, Verdi adressait aux directeurs de l'Opéra, MM. Ritt et Gailhard, le télégramme suivant : — « J'envoie mes plus sincères félicitations aux vaillants interprètes de *Rigoletto*, aux éminents directeurs de l'Opéra de Paris, à toutes les masses chorales et orchestrales qui ont contribué au succès, la soirée de vendredi. — VERDI. »

XIII

J'ai dit que j'avais à faire connaître un curieux incident, relatif tout à la fois à *Aïda* et à la messe de *Requiem*. S'il y avait dans cet incident l'ombre d'un côté sérieux, il constituerait assurément l'un des chapitres les plus intéressants de l'histoire musicale intime de ce temps. Tel qu'il est, il n'en mérite pas moins d'être raconté, et ne laisse pas que d'être amusant.

Or donc, il était une fois un musicien qui répondait aux noms de Vincenzo Sassaroli, à qui la petite ville de Tolentino avait eu le bonheur de donner le jour, et qui, neveu et un peu élève de Mercadante, était à la fois

pianiste, organiste, professeur et compositeur.
Auteur d'une messe à grand orchestre et d'un
Tantum ergo exécutés à Orvieto, ce musicien
avait fait représenter en 1872 à Gênes, sur le
théâtre Doria, un opéra intitulé *Riccardo, duca
di York*, dont il avait écrit les paroles et la
musique, ce qui n'empêcha pas le susdit de faire
un honorable *fiasco*, et il avait encore per-
pétré un opéra bouffe, *Santa Lucia*, qui, je
crois, n'a pas été jusqu'ici offert au public.

M. Sassaroli, que la mauvaise opinion qu'il
conçoit des autres n'empêche pas d'être rempli
d'admiration pour son propre génie, avait été
singulièrement agacé par l'accueil plein d'enthousiasme que ses compatriotes avaient fait
à la messe de Verdi, considérée par lui comme
une œuvre sans consistance et sans portée.
Pourtant, il s'était contenté de ronger son
frein en silence, se bornant à faire part à
quelques amis de son dédain pour une aussi
piètre production, lorsque le succès fait à la
partition d'*Aïda* vint le mettre tout à fait
hors de lui et l'engager à faire une démonstration belliqueuse. Prenant sa meilleure
plume et la trempant dans sa plus belle
encre, voici donc la lettre que M. Sassaroli

lança « comme un gant de défi » (c'est lui qui le dit) à la face de M. Verdi et de son éditeur, M. Ricordi, et qu'il jeta à la poste à l'adresse de ce dernier, en prenant le soin de la « recommander », afin qu'elle ne s'égarât pas en route :

Gênes, 3 janvier 1876.

Très cher Monsieur,

Après avoir balancé quelque peu, je me suis décidé à aller entendre aussi *Aïda*, opéra que, d'ailleurs, j'avais déjà lu ; et, maintenant, le but de cette lettre n'est pas de vous faire connaître le jugement que j'en ai porté soit à la lecture, soit à l'audition : seulement, je vous prie de prêter la plus grande attention à ce que je vais vous dire.

Je vous demande la permission (attendu que l'opéra susdit est votre propriété) de mettre en musique à mon tour le livret d'*Aïda*. Dites-le au maestro Verdi, et voyez s'il consent à soutenir la comparaison avec moi ; je suis prêt à me mettre à ce travail aux conditions suivantes :

L'opéra sera fait sur le même livret, sans y rien ajouter, sans en rien retrancher, sans y changer quoi que ce soit.

La musique sera écrite dans l'espace d'une année, à partir de l'acceptation de ces propositions.

L'œuvre sera payée vingt mille francs, c'est-à-dire cinq mille francs lors de la remise de chaque acte.

Ces sommes seront consignées entre les mains d'une tierce personne de commune confiance jusqu'à l'achèvement de l'opéra, lequel sera jugé par un jury composé de trois *maestri* choisis par moi, de trois choisis par Verdi, et d'un choisi par les six réunis.

Comme je me verrai forcé d'abandonner mes leçons pendant une année pour pouvoir exécuter ce traité, on prélèvera sur la somme susdite une part suffisante pour me permettre de vivre sans m'occuper d'autre chose.

Si l'œuvre est jugée défavorablement, l'argent sera retiré par le déposant, moins le susdit prélèvement.

Il me sera permis d'associer à mon travail quelques-uns de mes élèves, qui fourniront les morceaux les moins importants de l'opéra, sauf à moi de faire tout en cas d'opposition.

Comme vous le voyez, c'est un défi que je jette à Verdi, et à vous son éditeur, et auquel je verrai comment vous répondrez.

Dans ce combat, l'unique risque que vous couriez consiste dans le prélèvement spécifié ci-dessus, que, toutefois, je pourrais vous faire garantir.

Je verrai, d'autre part, si, avec toutes ces propositions, vous laisserez échapper l'occasion de pouvoir m'écraser et de me faire taire une fois, et de pouvoir vous écrier triomphalement : — « Nos télégrammes du Caire, de Paris et de Naples, qui proclamaient Verdi invincible, étaient tout spontanés, et rien n'y était arrangé par nous. »

Je saisis l'occasion, etc.

Vincenzo Sassaroli.

Comme on le voit, la combinaison était très simple, et l'offre vraiment tentante. M. Sassaroli portait un défi à Verdi et à son éditeur, et, comme il ne pouvait pas être la dupe du rôle qu'il voulait leur faire jouer, il posait lui-même les conditions de son pari, s'arrangeant de telle façon, que, perdant ou gagnant, il laissait toujours les frais du procès à la charge des adversaires qu'il provoquait. On n'est pas plus accomodant — ni plus prudent.

Le croirait-on pourtant? M. Ricordi repoussa un arrangement si ingénieux, et se borna à publier dans son journal, la *Gazzetta musicale*, l'épître du *maestro* Sassaroli, en l'accompagnant de quelques plaisanteries d'ailleurs inoffensives. Mais cela ne faisait pas l'affaire du correcteur de Verdi, qui, commençant à s'échauffer, et retrempant sa bonne plume de Tolède dans son encre la plus limpide, adressa à son ennemi, toujours en la « recommandant », la nouvelle missive que voici :

Très cher Monsieur,

J'ai vu imprimée dans votre *Gazette musicale*, sous la rubrique des facéties, une lettre de moi que je vous adressais récemment.

Dans cette lettre, je vous défiais, vous et le maestro Verdi, à propos d'*Aïda*. Et le défi avait pour but de faire voir à l'art que cet opéra pouvait être fait beaucoup mieux qu'il ne l'a été; et je m'étais décidé à lancer ce défi en voyant un journalisme mercenaire désigner l'*Aïda* non seulement comme le chef-d'œuvre de Verdi, mais comme une œuvre qui marque un immense progrès dans le champ de l'art.

Moi, qui ai toujours cultivé et qui cultive l'art avec amour, et qui consacre tous mes efforts à le défendre contre ce qui, à mon avis, peut lui être nuisible, je n'ai pu supporter patiemment que l'on signalât à l'admiration des artistes et des gens de goût un travail envers qui l'on se montre indulgent en le jugeant médiocre et qui, à tout le moins, est de beaucoup inférieur à presque tous les précédents travaux de l'illustre maestro. — Vous avez cru que mon invitation était une plaisanterie, et, presque à mon dommage, vous avez jugé bon d'insérer ma lettre pour exciter les risées.

Or, vous saurez que, lorsqu'il me plaît de plaisanter, je cherche des personnes plus propres à ce jeu que vous ou le maestro Verdi; et vous saurez en outre que, quand il s'agit de mettre obstacle à la corruption de l'art, je n'entends pas le faire par plaisanterie. — Cependant, je suis autorisé à croire, d'après vos façons de procéder, que j'ai réussi à vous faire prendre au sérieux le défi en question. Et cela par la raison toute simple que vous avez eu peur.

Peur, parce qu'il ne s'agissait point de se faire juger par un public où l'on peut trouver des gens intéressés et excités à soutenir ce que l'on croit opportun de soutenir.

Peur, parce que le journalisme mercenaire ne pouvait, étant données les conditions par moi posées, exercer aucune influence sur le verdict.

Peur, parce qu'il s'agissait d'être jugés par une réunion de *maestri* qui n'auraient pu être fascinés ou éblouis ni par les longues trompettes, ni par les doubles scènes, ni par les négrillons, ni par les chars, ni par les bœufs menés en triomphe, ni par les télégrammes, ni par le Caire, ni par le khédive, ni par le sceptre.

Peur, parce que les *maestri* choisis auraient, dans leur sagesse, jugé au point de vue de l'art et du goût, et selon les principes impérissables du beau.

Peur, parce qu'on ne mettait pas autre chose en discussion qu'un mérite que, jusqu'ici, à force de cabale, on a voulu faire croire indiscutable.

Peurs toutes justifiées par ce fait que ce n'eût pas été la première fois que la musique du maestro Verdi se serait trouvée en comparaison avec la mienne; et gare à l'invulnérabilité de l'auteur d'*Aïda* si la comparaison par moi proposée avait eu cette fois le résultat qu'elle eut la première ! Il est vrai qu'alors il n'y eut point de défi ; mais il est aussi vrai que le *signor* Verdi n'est pas le seul maestro qui sache mettre deux notes ensemble, comme on le voudrait faire croire aujourd'hui ; j'ajouterai de plus : que (s'il y a réussi, ce qui est très discutable) le *signor* Verdi ne serait pas le premier qui, avec *Aïda*, aurait accompli la fusion de l'école italienne avec l'école allemande ; car, en 1846, alors que Verdi poursuivait le système des cabalettes (ainsi qu'il a toujours fait), la critique m'avait adressé déjà cet éloge, après l'audition de mes deux premières partitions. — La vérité est que je ne me laissai pas illusionner et gonfler par ces louanges, qui peut-être venaient plus du désir d'encourager un adolescent (comme j'étais alors), que parce que la chose était réellement comme on la disait. Tant il est vrai que ces deux partitions furent par moi retirées des mains de l'éditeur Giovanni Ricordi[1] et que maintenant elles n'existent plus.

Sont-ce des facéties, tout cela, *signor* Tito Ricordi ? — Pensez-y bien, et, si ce sont des facéties mettez-vous à rire, en vous rappelant toujours, pourtant, que rira bien qui rira le dernier ; ceci est un proverbe, et les proverbes sont la sagesse des nations.

Mais, si ce ne sont point des facéties, réfléchissez bien avant d'appeler telles des choses qui sont plus sérieuses que vous ne le croyez.

1. L'éditeur Giovanni Ricordi était, on l'a vu déjà, le père de l'éditeur actuel, M. Tito Ricordi.

Désormais, la poudre a été suffisamment jetée aux yeux des imbéciles, et un peu de libre examen en art ne peut certes point faire de mal. — Votre infaillible Verdi, et vous son omnipotent éditeur, avez été défiés par un homme qui ne peut rien, et vous avez répondu en riant ; réponse suffisante, je le répète, pour faire voir que vous avez eu peur.

Beaucoup diront qu'au lieu de la peur, c'est la somme de vingt mille francs demandée par moi en compensation de l'œuvre que j'aurais faite qui vous retient d'accepter le défi. Mais je ferai observer à ceux-là que, pour un homme comme vous, vingt mille francs sont une bagatelle ; outre que vous avez payé bien plus cher des œuvres qui dorment et dormiront d'un sommeil éternel. Je dirai plus, et voici la raison la plus forte : — J'ai demandé cette somme parce qu'il y a quatre ans, et précisément au mois d'octobre 1871, je vous avais offert gratis, par l'entremise de l'illustre maestro Alberto Mazzucato, deux opéras, un semi-sérieux et un bouffe, à la seule condition que je fusse appuyé par vous pour en obtenir la reproduction ; et vous avez généreusement refusé... Donc, je ne pouvais m'offrir gratis, craignant que cela ne me valût un second refus. Et je crois que toutes ces choses sont des raisons suffisantes à justifier la demande d'une somme pour ma compensation.

Un dernier mot. — J'espère qu'avec l'impartialité que je vous reconnais, vous imprimerez cette seconde lettre, comme vous avez imprimé la première ; et, si vous ne voulez pas que je dise que c'est véritablement une peur maudite qui s'est emparée de vous, vous ne l'imprimerez pas sous la rubrique des facéties.

Du reste, faites comme vous l'entendrez, car la rubrique ne change rien à la substance.

Votre tout dévoué,

Vincenzo Sassaroli.

M. Sassaroli, qui est verbeux, on le voit, ne se borna pas à envoyer ces lettres à M. Ricordi, il fit de cette question l'objet d'une brochure de quarante pages qu'il publia sous ce titre modeste : *Considérations sur l'état actuel de l'art musical en Italie et sur l'importance artistique de l'opéra* Aida *et de la Messe de Verdi, par le maestro Sassaroli, avec les deux lettres du défi proposé par lui à l'éditeur Tito Ricordi et au maestro Giuseppe Verdi, et refusé par eux*[1]. Dans cette brochure, il reproduisait ses lettres, et, prenant personnellement Verdi à partie, il lui déclarait sans ambages que sa messe est inférieure à un grand nombre de Messes de Mercadante, de Pacini et de Ricci, et il le défiait aussi sur le terrain de la musique reli-

1. Gênes, 1876, in-8°.

gieuse, se faisant fort de le vaincre de toutes façons.

Pourquoi Verdi n'a-t-il pas répondu à tout cela ? Est-ce, en effet, la peur qui le rendit muet ? *Chi lo sa ?* Quant à Sassaroli, il conserva jusqu'au bout le calme de la force, et sa dignité ne fut pas un instant ébranlée. Qu'on en juge par ces lignes, qui terminaient la brochure dont je viens d'avoir tant de peine à transcrire le titre :

Il m'a été télégraphié de Milan que M. Ricordi a imprimé aussi ma seconde lettre, mais on ne me dit pas si c'est avec ou sans commentaires. Au moment de mettre sous presse, je n'ai pas encore la *Gazzetta*. Toutefois, je crois opportun de faire remarquer que, quels que soient les commentaires que le très digne éditeur aura pu ajouter à mon écrit, ils resteront sans réponse, à moins que lesdits commentaires n'impliquent l'acceptation du défi par moi proposé, sur l'un ou même sur les deux champs, le théâtral et le religieux. — Je suis descendu dans l'arène, et tranquillement j'attends.

La dernière phrase a toute la grandeur, la noblesse et la sévérité de l'antique. On croit voir un de ces anciens gladiateurs romains, attendant stoïquement, au milieu de l'amphithéâtre, les fauves qu'il doit combattre !

XIV

Par tout ce qui précède, le lecteur a pu voir de quelle façon brillante s'est déroulée la carrière de l'auteur de *Rigoletto* et d'*Aïda*, et par quelle suite de travaux l'humble fils du *locandiere* de Roncole a conquis les honneurs, la gloire et la fortune. Peu de grands artistes sont partis de plus bas, et se sont élevés plus haut. Quelle que soit l'opinion que l'on professe sur le génie et la nature artistique de M. Verdi, un fait est indiscutable : c'est qu'il est virtuellement le successeur des derniers grands maîtres italiens, et qu'aucun, parmi ses compatriotes et ses contemporains, n'a pu l'égaler ou même l'approcher. Depuis tantôt quarante ans il règne en souverain sur la Péninsule, et non seulement il n'a pas connu de rivaux, mais, jusqu'ici, rien ne laisse prévoir qu'un artiste plus jeune soit digne de recueillir l'héritage de gloire que lui-même a reçu des mains de ses aînés.

Mais, maintenant, je vais quitter un peu le musicien pour revenir à l'homme.

Verdi, qui a surtout l'amour du pays natal, surtout l'amour du clocher, passe généralement l'hiver à Gênes, où il habite, je crois, le *palazzo* Doria ; mais chaque été le voit revenir, sans y jamais manquer, à son splendide domaine de Sant'-Agata, situé auprès de la petite ville de Busseto, où s'est écoulée son enfance studieuse et réfléchie. Son collaborateur M. Ghislanzoni, l'un des auteurs du livret d'*Aïda*, a fait une description très intéressante de cette demeure d'un grand artiste ; je vais lui emprunter les détails qui suivent :

La villa de Sant'-Agata est éloignée de Busseto d'environ deux milles, et se trouve presque isolée au milieu d'une vaste plaine. L'église qui porte le nom de la sainte et deux ou trois maisons de paysans forment le cortège de la riche et élégante demeure du maître.

La nature n'a donné à ces lieux aucun attrait. La plaine est monotone, et seulement couverte de ces richesses naturelles qui font la joie du cultivateur, mais qui ne disent rien au poëte. Au milieu de ces longues files de peupliers, qui bordent un fossé dépourvu d'eau, votre œil reste surpris et presque attristé par la vue de deux saules pleureurs adossés à une porte. Ces deux arbres énormes, qui peut-être ne produiraient pas ailleurs une impression aussi vive, vous frappent ici l'esprit comme une apparition exotique. La personne qui a fait planter ces arbres ne doit avoir rien de commun, en ce qui concerne le caractère et les habitudes de la vie, avec les populations de la vaste plaine que vous avez parcourue. L'habitant de la maison que vous entrevoyez à peu de distance doit être un excentrique personnage, — un artiste, un poëte, un penseur, peut-être même un misanthrope. — Pour arriver à la porte, il faut franchir un pont, le seul trait d'union qui joigne la demeure de l'artiste à celle des autres êtres vivants. Ceux qui connaissent l'habitant de cette maison, lorsqu'ils s'en avoisinent aux approches du soir, croient volontiers entendre soupirer, parmi les branches de ces arbres mélancoliques, l'hymne funèbre du *Trovatore* ou la dernière plainte d'une *Violetta* moribonde.

Si c'est là la demeure d'un génie, vous devez naturellement comprendre que c'est le génie de la douleur, le génie des fortes et puissantes passions. Un épais rideau d'arbres défend la maison, du côté de la grande route, contre les regards indiscrets, tandis que du côté opposé le jardin s'étend, plus gai et plus aimable, jusqu'aux bords d'un petit lac artificiel. Il est pourtant permis de croire que quand, avec les années, les récentes plantations auront pris un plus ample développement, l'ombre et la tristesse domineront complètement cette habitation.

Au delà du jardin, traversées par une longue avenue dans laquelle l'œil se perd, s'étendent les vastes possessions du maître, parsemées de maisons de paysans, de petites fermes très bien construites. La culture révèle cet art parfait qui s'apprend dans les pays étrangers moins favorisés par la nature. L'esprit observateur de Verdi a réuni, pour en faire bénéficier ces lieux, tous les progrès de la science agricole anglaise et française. Tandis que les saules du jardin, et les arbres épais, et les kiosques sombres, et le lac tortueux et mélancolique peignent la nature passionnée de l'artiste, la culture de ces riches campagnes semble au contraire refléter l'esprit ordonné de l'homme, ce bon sens pratique et positif qui, chez Verdi, se trouve réuni à une fantaisie exubérante, à un tempérament vivace et irritable.

Ce bon sens pratique et positif se manifeste plus que jamais dans l'architecture de la maison, dans le choix des meubles, dans tout ce qui constitue le confortable et l'ordre intérieur de la famille. Il n'existe qu'un seul mot, un mot musical, à qui il soit donné d'exprimer cet ordre merveilleux, cette alliance bienheureuse de l'art avec les nécessités matérielles de la vie, — c'est le mot : *harmonie*. Le goût le plus exquis et le calcul le plus savant ont présidé à la construction. Ici, tout est beau, tout est élégant et simple ; mais, ce qui importe plus, tout répond aux exigences de l'hygiène, à la commodité, au confort...

Le maître compose ordinairement dans sa chambre à coucher, — une chambre située au rez-de-chaussée, spacieuse, pleine d'air et de lumière, meublée avec une profusion artistique. Les fenêtres et les portes, vitrées, donnent sur le jardin. Il y a là un magnifique piano, une bibliothèque, et un meuble énorme, de forme excentrique, qui, divisant la chambre en deux parties, offre aux regards une délicieuse variété de statuettes, de vases et de caprices artistiques. Au-dessus du piano est placé le portrait à l'huile du vieux Barezzi, le vénérable ami et le protecteur de Verdi, qui professe pour lui une espèce de culte... Dans le silence de la nuit s'élèvent de cette chambre les harmonies émouvantes qui jaillissent du cerveau créateur. C'est là que fut écrit *Don Carlos*, et cette œuvre colossale, qui rivalise avec les plus grands chefs-d'œuvre de la scène lyrique française, a été accomplie dans l'espace de six mois.

Dans une des chambres supérieures, on m'a montré le premier piano qui remplaça la maigre épinette que j'ai déjà décrite... C'est près de ce piano que j'ai entendu raconter, relativement aux premières compositions théâtrales de l'illustre maître, des anecdotes piquantes qui contredisent beaucoup de récits ayant cours...

Le maestro Verdi compte aujourd'hui cinquante-cinq ans [1]. Haut de sa personne, agile, vigoureux, doué d'une santé de fer et d'une grande énergie de caractère, il promet une éternelle virilité. Il y a vingt ans, quand je le vis pour la première fois, tout l'ensemble de sa personne présentait des symptômes alarmants. Tandis qu'alors l'apparence grêle des membres, la pâleur du visage, la maigreur des joues et le cercle des yeux faisaient naître des pronostics sinistres, on ne trouve aujourd'hui dans l'aspect général de l'individu que la prospérité et la solidité des êtres qui sont destinés à une longue carrière.

Et de même que la personne, l'esprit et le caractère semblent avoir subi des modifications favorables. Ils ne sauraient être plus sensibles aux impressions, plus cordiaux, plus expansifs. Quelle différence entre mon commensal taciturne de l'année 1846 et mon hôte vivace et parfois étonnamment gai de l'année 1868 ! J'ai connu des artistes qui, après avoir été dans leur jeunesse négligemment prodigues de bonne humeur et d'affabilité, plus tard, sous le vernis de la gloire et des honneurs, sont devenus sombres et presque intraitables. On dirait que Verdi, parcourant une carrière de triomphes, a laissé, au contraire, à chacune des étapes de cette carrière une partie de cette écorce dure et

---

[1]. Ceci était écrit en 1868.

âpre qui lui était propre aux années de sa jeunesse.

La villa de Sant'-Agata est encore pour le maestro Verdi le séjour le plus agréable. Ici, sa prodigieuse activité de corps et d'esprit peut se donner carrière plus librement qu'ailleurs. A cinq heures du matin, il parcourt les allées du parc, visite les champs et les fermes, se divertit en se promenant sur le lac dans un petit bateau qu'il conduit et dirige en pilote habile. Pas un moment de répit. Pour se reposer de la musique, Verdi recourt à la poésie; pour tempérer les fortes émotions de celle-ci et de celle-là, il se réfugie dans l'histoire et la philosophie. Il n'y a pas un côté du savoir humain dans lequel son esprit inquiet, avide de culture, ne se jette avec transport... [1].

A ces détails, fort intéressants, j'ajouterai les suivants, qui font connaître l'existence que Verdi mène dans son domaine de Sant'-Agata, lequel est devenu comme une sorte de vérible ferme-modèle, grâce aux agrandissements dont il a été l'objet, et aux soins remarquables que le maître apporte dans son exploitation agricole.

A Sant'-Agata, Verdi se lève régulièrement, comme on l'a vu, à cinq heures du matin. Après avoir pris la classique tasse de café noir

1. *Reminiscenze artistiche*, par A. Ghislanzoni.

dont l'usage est général dans la moyenne et dans la haute Italie, il descend se promener dans son magnifique jardin. Là, il visite les plantations, examine les travaux exécutés d'après ses ordres, donne ses instructions à son jardinier. Sa seconde visite est pour les écuries et pour le manège ; car Verdi est un véritable éleveur de chevaux, il en a tout un troupeau, qu'il soigne selon toutes les règles de l'art hippique, et il se plaît à admirer la beauté des produits de la *race Verdi*. C'est pendant qu'il passe la revue de ses poulains et de ses juments, qu'un premier coup de cloche l'appelle à la maison pour faire, avec sa femme, une collation frugale dont le café au lait fait surtout les frais. Et c'est à dix heures et demie qu'un autre coup de cloche annonce un repas plus substantiel, qui se termine quelquefois par une partie de billard ou par une promenade.

A deux heures, arrive le facteur ; c'est le moment le plus intéressant de ces journées si calmes, si étonnamment tranquilles, celui où l'ermitage renoue quotidiennement les liens qui le rattachent au monde ; c'est alors qu'arrivent lettres, journaux, hommages de toute sorte et de tout pays, propositions et suppliques. C'est à cette heure, par exemple, que lui est parvenue pour la première fois la demande pressante de laisser représenter *Aïda* à l'Opéra, ce qui lui a arraché tout d'abord cette exclamation : — *Dieu bon! même à Sant'-Agata, on ne peut vivre tranquille!* L'après-midi se passe ainsi à lire, à écrire, parfois à faire une promenade à cheval, jusqu'à l'heure du dîner, soit cinq heures en été et six en hiver. L'été, la promenade se fait après le dîner. Puis, une fois rentré, la soirée se passe à causer, quelquefois à faire une partie de cartes. Mais, à dix heures, Verdi donne le signal du repos, et tout le monde se retire.

— A Gênes, la vie quotidienne n'offre pas de grandes différences ; seulement, de longues promenades à l'Acquasola remplacent celles que le maître fait d'habitude dans son jardin.

Verdi est, dit-on, adoré à Busseto, où l'on est fier de lui et où l'on bénéficie de sa présence de diverses façons. Sa modestie ne permet pas que l'on connaisse les pensions, les dons, les secours de toute sorte qu'il distribue, ses offrandes aux établissements philanthropiques; tout cela se fait, soit par les soins de sa femme, soit sous le couvert de l'anonyme ; on cite seulement les larges et régulières distributions charitables qu'il fait à Sant'-Agata. Quelques-uns des travaux de son beau jardin, qui semblent le fait du caprice d'un dilettante, ont été imaginés dans l'unique but de donner du travail à de pauvres ouvriers qui en étaient privés.

Bien qu'en principe il fût contraire à ce projet, Verdi contribua pourtant généreusement aux frais de construction du théâtre de Busseto. Les habitants de cette ville s'étaient mis en tête, on ne sait comment, qu'il avait promis d'écrire un opéra et de leur en faire cadeau pour que le produit leur permît de faire ériger ce théâtre. Il va sans dire que le fait était absolument inexact. Verdi n'en donna pas moins dix mille francs pour la construction du théâtre, auquel on s'est empressé de donner son nom. C'est un petit édifice gracieux, élégant, sur la façade duquel on lit cette inscription en lettres d'or : THÉATRE VERDI[1].

---

1. Busseto possédait naguère un autre théâtre, aujourd'hui détruit. Les vieillards du pays se souviennent d'y avoir vu représenter non seulement *le Barbier* et la *Cenerentola* de Rossini, mais encore la *Camilla* de Paër, et aussi les opéras bouffes de Provesi, dont il a été parlé plus haut. Madame Ristori,

Parmi les souvenirs relatifs à Verdi qui se conservent à Busseto, un des plus intéressants se trouve dans la maison Barezzi. On se rappelle que c'est chez cet excellent homme que Verdi demeura pendant tout le temps qu'il passa à Busseto, c'est-à-dire jusqu'en 1849, époque de sa première acquisition à Sant'-Agata, qui n'était alors qu'une bicoque. Or M. Demetrio Barezzi, qui a succédé à son père dans l'exercice de son commerce, a conservé l'appartement tel qu'il était alors, et le montre avec orgueil à tous ceux qui en expriment le désir. Sur la porte de la chambre qu'habitait Verdi, on voit un petit tableau encadré de noir, où se lit cette inscription, tracée de la main même du compositeur :

> STANZA DI
> G. VERDI

toute jeune fille, s'y montra à l'époque où elle faisait partie de ces troupes nomades qui pullulent toujours en Italie. Verdi se rappelle l'y avoir vue. Aucun des deux ne se doutait en ce moment que la gloire devait les marquer au front, et lorsque, bien des années après, ils se rencontrèrent, ils se remémorèrent avec émotion ce temps de leur jeunesse.

C'est dans cette chambre que Verdi écrivit la plupart de ses premières œuvres, et entre autres, en 1844, *i Due Foscari*.

XV

J'ai fait connaître dans tous ses détails, autant qu'il était en moi, la carrière de Verdi, cette carrière qui commence obscurément avec *Oberto di San-Bonifacio* pour aboutir, trente-deux ans plus tard, à ce chef d'œuvre qui a nom *Aïda*. J'ai tâché, chemin faisant, de rattacher l'homme à l'artiste, et de mettre en relief le caractère en même temps que le génie. Si je me suis, de propos délibéré, presque complètement abstenu de toute critique, c'est-à-dire de toute appréciation, si j'ai voulu faire œuvre impersonnelle, je n'ai pas prétendu faire œuvre de sceptique. Sans entrer jamais en discussion, j'ai laissé du moins percer mes impressions, soit au point de vue artistique, soit au point de vue moral. Je n'entends conclure ni dans l'un, ni dans l'autre ordre d'idées; mais je voudrais ajouter ici quelques renseignements qui achèveront de faire connaître la personne même de Verdi, et qui complèteront aussi son portrait artistique. Quelques lettres du maître m'aideront dans cette fin de ma tâche. Elles sont rares, ces lettres; car autant certains artistes sont toujours empressés d'écrire et heureux de se voir imprimés vifs, autant Verdi fuit obstinément de semblables occasions; autant ceux-là se montrent avides de toute publicité, toujours prêts à se produire à la foule, recherchant le bruit, se donnant en spectacle, organisant autour d'eux une mise en scène tapageuse, autant il évite avec soin de se mettre en évidence et d'occuper le public de sa personne. S'il lui arrive parfois de diriger l'exécution de ses œuvres, ce n'est guère que lorsque ces œuvres sont nouvelles, quand il est vivement sollicité à cet effet, et aussi pour ne pas violer trop ouvertement un vieil usage de son pays, usage qui, d'ailleurs, commence à s'y perdre, tandis qu'il s'implante chez nous d'une façon quelque peu ridicule. Dans tous les cas, il se refuse absolument à exposer sa personne, trouvant à cela, fort justement, plus d'inconvénients que d'avantages, et ayant le sentiment très net de sa dignité. On trouve l'expression de ce sentiment dans la lettre suivante, que le maître adressait, il y a dix ans, à l'excellent compositeur Carlo Pedrotti, l'auteur du joli opéra *Tutti in maschera*, qui était alors chef d'orchestre du théâtre Victor-Emmanuel, de Turin :

Gênes, 1er janvier 1875.

Cher maestro Pedrotti,

Une lettre que je lis dans les journaux m'apprend qu'on voudrait m'attirer à Turin, pour m'inviter à assister à une représentation d'*Aïda*. En admettant qu'il y ait là dedans quelque chose de vrai, et en espérant qu'il est en votre pouvoir d'empêcher l'envoi de cette lettre, je vous prie de vouloir bien le faire, pour que puisse ainsi m'épargner le déplaisir de répondre par un refus à une invitation aussi courtoise.

Vous comprendrez, cher maestro, que je puisse, et peut-être même que je doive me présenter au public, quand j'écris, ou que j'assume la responsabilité de l'exécution d'un de mes opéras ; mais ce n'est point ici le cas. Qu'irais-je faire à Turin ?...

J'irais donc dans le seul but de me faire voir, de me faire *claquer* [1] ? Non. Cela n'a jamais été dans mes habitudes, même quand j'étais au commencement de ma carrière !... Imaginez si je pourrais et devrais le faire aujourd'hui !... Faites donc en sorte, je vous prie, de persuader à ces messieurs qu'ils renoncent à un tel projet, en les assurant, en même temps, que je suis on ne peut plus sensible à l'estime qu'ils voudraient me manifester personnellement.

Ayez l'obligeance de m'envoyer un mot de réponse à ce sujet, et croyez-moi

Votre bien affectionné,

G. VERDI.

C'est dans le même sens, et presque dans les mêmes termes, que Verdi écrivait encore, l'an dernier, au président de la Commission du nouveau théâtre de Padoue, théâtre auquel on avait donné son nom, et à l'inauguration duquel il refusait d'assister, malgré l'invitation qui lui avait été adressée à cet effet :

Busseto Sant'-Agata, 6 juin 1884.

Monsieur le Président,

J'ai déjà eu l'honneur de vous le dire une fois ; je l'ai répété de vive voix à l'excellent architecte Sfondrini ;

---

1. En français, dans le texte.

et je suis désolé d'être obligé de vous répéter, pour la dernière fois, aujourd'hui, que je ne puis me rendre à Padoue pour l'ouverture du nouveau théâtre. Tout s'y oppose : mon âge, ma santé et, plus encore que tout autre chose, mes goûts. Et, dites-moi, Monsieur le Président, qu'irais-je faire là-bas? Me faire voir? me faire applaudir? Cela ne se peut. Je devrais, à la vérité, aller vous remercier de l'honneur qu'on m'a bien voulu faire; mais j'espère que vous voudrez bien agréer, même par écrit, ces remerciements, que je vous adresse avec la plus profonde, la plus sentie et la plus sincère gratitude.

Avec eux, acceptez donc, Monsieur le Président, mes excuses, et veuillez me croire

Votre bien dévoué,

G. VERDI.

Par les raisons que j'ai données plus haut, les lettres de Verdi, imprimées, sont extrêmement rares. En voici une pourtant, bien curieuse, bien intéressante, en ce qu'elle est une véritable déclaration de principes artistiques; plus que cela même, une sorte de code général pour la direction à donner aux études des jeunes musiciens.

Le patriarche des compositeurs italiens, le vieux et illustre Mercadante, était mort le

17 décembre 1870, laissant vacante la direction de ce Conservatoire de Naples, où, depuis deux siècles, s'étaient formés tant d'artistes devenus fameux. Aussitôt on avait, pour le remplacer, jeté les yeux sur Verdi, on souhaitait que celui-ci vînt prendre la succession du vieux maître, et le vénérable archiviste du Conservatoire, M. Francesco Florimo, avait été chargé par ses collègues et ses confrères de faire une démarche en ce sens auprès de l'auteur de *la Traviata* et de *Rigoletto*. Verdi répondit par la lettre suivante, qui fut publiée par le *Pungolo*, de Naples, et reproduite ensuite dans divers journaux, entre autres la *Gazzetta musicale*, de Milan.

Gênes, 7 janvier 1871.

Bien cher Florimo,

S'il est une chose qui puisse flatter mon amour-propre, c'est bien l'invitation que, par votre entremise, m'adressent les professeurs du Conservatoire de Naples et tant d'artistes de cette ville, pour m'engager à accepter la direction de cet établissement. Il est bien douloureux pour moi de ne pouvoir répondre, comme je le voudrais, à cette marque de confiance ; mais, avec mes occupations, avec mes habitudes, avec mon amour de la vie indépendante, il me serait impossible de me soumettre à un devoir aussi grave. Vous me direz : « Et l'art? » Très bien ; mais j'ai fait ce que j'ai pu, et si, de temps en temps, je puis encore faire quelque chose, il faut que je sois libre de toute autre préoccupation. Si cela n'était, imaginez combien je serais fier d'accepter ce poste où siégèrent les fondateurs d'une école, A. Scarlatti, et ensuite Durante et Leo. Je me serais fait une gloire (si en ce moment ce n'était un regret) d'exercer les élèves aux études graves et sévères de ces premiers pères.

J'aurais voulu, pour ainsi dire, mettre un pied sur le passé et l'autre sur le présent et sur l'avenir, car la *musique de l'avenir* ne me fait point peur. J'aurais dit aux jeunes élèves : « Exercez-vous à la *fugue* constamment, obstinément, jusqu'à satiété, jusqu'à ce que votre main soit devenue assez libre et assez forte pour plier la note à votre volonté. Appliquez-vous aussi à composer avec assurance, à bien disposer les parties et à moduler sans affectation; étudiez Palestrina et quelques-uns de ses contemporains, puis sautez à Marcello et attachez spécialement votre attention au récitatif; assistez à quelques représentations des opéras modernes sans vous laisser éblouir ni par les nombreuses beautés harmoniques et instrumentales, ni par l'accord de *septième diminuée*, écueil et refuge de ceux qui ne savent pas écrire quatre mesures sans employer une demi-douzaine de ces *septièmes*. »

Ces études faites, jointes à une forte culture littéraire, je dirais enfin à ces jeunes gens : « Maintenant, mettez une main sur votre cœur, écrivez, et (en admettant une organisation artistique) vous serez compositeurs. De toute façon, vous n'augmenterez pas la tourbe des imitateurs et des *malades* de notre époque, qui cherchent, cherchent et ne trouvent jamais. » Dans le chant, j'aurais voulu aussi l'étude des anciens, unie à la déclamation moderne.

Pour mettre en pratique ces quelques maximes, faciles en apparence, il faudrait surveiller l'enseignement avec tant d'assiduité, que ce serait peu, pour ainsi dire, des douze mois de l'année. Moi qui ai ici maison, intérêts, fortune, tout, — je vous le demande, comment pourrais-je faire ?

Veuillez donc, mon cher Florimo, être auprès de vos collègues et de tant de musiciens de votre belle Naples, l'interprète du très grand regret que j'éprouve de ne pouvoir accepter une invitation aussi honorable pour moi. Je souhaite que vous trouviez un homme *savant surtout et sévère dans les études.* Les licences et les erreurs de contrepoint se peuvent admettre, et sont même quelquefois belles, au théâtre; dans un Conservatoire — non.

Retournez à l'antique, et ce sera un progrès.
Adieu, adieu ! Croyez-moi toujours

    Votre affectionné,

G. VERDI.

La lettre que voici montre encore l'intérêt que prend Verdi à toutes les questions musicales. Elle était adressée par lui au président d'une commission récemment instituée en Italie, par le ministre compétent, pour la réforme du diapason et l'adoption d'un diapason normal :

Gênes, 10 février 1884.

Monsieur,

Depuis qu'on a adopté en France le diapason normal, j'ai conseillé qu'on suivît cet exemple parmi nous, et j'ai demandé formellement aux orchestres de diverses villes d'Italie, entre autres à celui de la Scala, d'abaisser le diapason en le mettant au ton du diapason normal français. Si la commission musicale instituée par notre gouvernement croit, par le fait d'exigences mathématiques, devoir réduire les 870 vibrations du diapason français à 864, la différence est si petite, presque imperceptible à l'oreille, que je m'y associe pleinement.

Ce serait une grave, une très grave erreur, d'adopter, comme cela a été proposé à Rome, un diapason de 900!!! Je partage aussi l'opinion, exprimée par la Commission, que l'abaissement du diapason n'enlève rien à la sonorité et au brillant de l'exécution, mais qu'il donne, au contraire, quelque chose de plus noble, de plus plein, de plus majestueux, que ne sauraient donner les stridences d'un diapason trop élevé.

Pour ma part, je voudrais qu'un seul diapason fût adopté par tout l'univers musical. La langue musicale est universelle : pourquoi donc la note qui a nom *la* à Paris ou à Milan devrait-elle devenir un *si* bémol à Rome ?

J'ai l'honneur de me dire votre tout dévoué,

G. VERDI.

J'ai dit que Verdi avait horreur de la *pose*, du spectacle, de la mise en scène dont certains artistes, au contraire, se montrent si friands. Peut-être même pousse-t-il ce sentiment un peu à l'excès. En tout cas, voici l'une des meilleures preuves du peu de goût qu'il éprouve à occuper, en dehors de ses œuvres, le public de sa personne. Lorsqu'il y a quelques années, il fut question de publier, en Italie, un recueil de lettres de Rossini (ce projet n'a malheureusement pas abouti), on conçut la pensée de demander à Verdi une lettre en guise de préface. L'auteur de *Rigoletto* se déroba positivement à cette demande, et voici ce qu'à ce sujet le grand patriote et écrivain Guerrazzi, l'auteur de *l'Assedio di Firenze*, d'*Isabella Orsini* et de *Beatrice Cenci*, écrivait à M. Guidicini, qui devait être l'éditeur du recueil projeté :

Mon cher monsieur Guidicini,

Quand vous m'avez annoncé l'intention de publier l'épistolaire rossinien, j'en ai ressenti une joie profonde, enamouré que je suis de tout ce qui peut tourner à la gloire de l'Italie. J'apprends maintenant par vous qu'il n'a pas été possible d'obtenir de l'illustre Verdi une lettre pour orner le recueil de Rossini. Cela m'étonne, je dirai plus, cela me chagrine, parce que les grands génies se doivent aider entre eux ; une double fraternité les unit, celle de l'humanité et celle de l'intelligence. L'envie est le fait des vils et des incapables, et Verdi est généreux et grand. Peut-être (je l'ignore) Rossini a-t-il critiqué Verdi avec peu de justice et un manque de discrétion ; raison de plus pour Verdi de montrer pour Rossini un esprit libéral. Je n'ai pas l'honneur de connaître M. Verdi ; mais, si je pouvais, je le voudrais prier d'écrire un mot sur le Pésarais. Je me reconnais pour profane dans la science de la musique ; toutefois, je voudrais rechercher pour quelle cause Rossini, habile autant que tout autre dans la musique instrumentale, compliquée et éclatante, s'est toujours déclaré ami de la mélodie, des accompagnements sobres et des sons flatteurs, et je voudrais examiner jusqu'à quel point ces principes se manifestent dans ses dernières compositions...

Votre affectionné

F.-D. Guerrazzi.

Guerrazzi se trompait assurément, en supposant que le refus de Verdi provenait soit de quelque rancune relative à certaines plaisanteries plus ou moins piquantes que Rossini avait pu se permettre à son égard, soit de l'ombrage que la gloire de l'immortel auteur du *Barbier* et de *Guillaume Tell* aurait pu porter à la sienne. Verdi avait prouvé d'avance qu'il n'en était rien, par le projet que lui-même avait formé, à la mort de Rossini, de faire écrire, en l'honneur du maître, une messe dont tous les morceaux auraient été fournis par les compositeurs les plus renommés de l'Italie contemporaine, lui compris. Il ne faut donc voir dans ce refus que ce qui y était réellement : sa répugnance à écrire quoi que ce soit, en dehors de la musique, qui doive être publié, et son horreur, peut-être exagérée, pour tout ce qui peut le mettre en scène et en évidence[1].

Parmi les lettres de Verdi, j'en trouve encore une intéressante au point de vue artistique. C'est celle-ci, qu'il adressait, relativement à la prochaine réouverture d'un des théâtres de Rome, à un poète dramatique, M. Giuseppe Cencetti, et que plusieurs journaux italiens publièrent au mois de juillet 1873 :

Mon cher Cencetti,

Je sais qu'à Rome on songe à réorganiser le théâtre, et je voudrais que ces réformateurs fussent bien pénétrés de ceci, que le mélodrame (c'est-à-dire l'opéra) moderne a des exigences bien différentes de celui d'autrefois, et que, pour obtenir le succès, il est indispensable d'avoir un parfait *ensemble;* par conséquent il faut confier la direction à deux hommes seulement, capables et énergiques. A l'un, toute la partie musicale : chanteurs, orchestre, chœurs, etc., etc.; à l'autre, la partie scénique : costumes, accessoires, décors, *mise en scène*[2],

1. C'est ici le cas de rappeler le mot vraiment original qu'on a attribué à Rossini, et par lequel il caractérisait le tempérament musical énergique jusqu'à la violence de l'auteur du *Trovatore* et de *Rigoletto.* Lorsqu'on lui parlait de celui-ci, il ne manquait jamais de dire, avec son air narquois : — « Ah! oui, Verdi, *oune mousicienne* qui a *oune* casque! »

2. En français dans le texte.

etc., etc. Eux seuls doivent être arbitres de tout et assument la plus complète responsabilité. Ce n'est que par ce moyen qu'on peut obtenir les bonnes exécutions et le succès.

A vous, que je connais depuis tant d'années, je désire que soient confiés les soins de la direction scénique, persuadé que je suis que tous vos efforts tendraient à ce que les opéras fussent exécutés selon nos intentions.

Adieu, et croyez-moi toujours

Votre

G. VERDI [1].

---

1. Voici une dernière lettre, celle-ci un peu humoristique; elle était adressée par le maître à un de mes confrères italiens, M. Filippo Filippi, feuilletoniste musical de *la Perseveranza*, de Milan :

« Busseto Sant'-Agata, 26 septembre 1865.

» Cher Monsieur Filippi,

» Ayant été absent de chez moi pendant cinq ou six jours, je n'ai plus entendu parler du député à nommer ici; mais je sais que Scolari avait été proposé, et il a de grandes chances de réussir.

» Si vous m'honorez d'une visite, votre qualité de biographe, même en eussiez-vous la volonté, trouvera bien peu de matière à narrer *les merveilles de Sant'-Agata*. Quatre murs pour se défendre contre le soleil et les intempéries; quelques douzaines d'arbres plantés en grande partie par mes mains; une mare que j'honorerai du titre de lac quand je pourrai avoir de l'eau pour la remplir, etc., etc.

» Tout cela sans dessin, sans ordre architectonique, et non parce que je n'aime point l'architecture, mais parce que je déteste les choses qui détonent entre elles, et que c'eût été folie

Ce livre, je l'ai dit, n'a pas de conclusion. Il n'en saurait avoir, puisque, bien qu'âgé aujourd'hui de soixante-douze ans, l'artiste illustre qui en est l'objet est encore, fort heureusement, plein de vie et de santé. Peut-être même, malgré ce grand âge, Verdi n'a-t-il pas terminé sa carrière artistique; peut-être nous réserve-t-il une dernière surprise, je veux dire une dernière œuvre, et l'on a parlé récemment, en effet, d'un *Iago* qu'il aurait écrit — ou serait en train d'écrire, sur le sujet d'*Otello*. Il serait intéressant assurément, quelle que fût la valeur de cet ouvrage au point de vue musical absolu, de pouvoir comparer ce *Iago*

de faire quelque chose d'artistique en un lieu si peu poétique. Donc, croyez-moi, oubliez pour un instant que vous êtes biographe.

« Je sais que vous êtes un passionné et vaillant *musicien*... mais, *ohimé*!... Piave et Mariani vous auront dit qu'à Sant'-Agata on ne fait et l'on ne parle jamais de musique, et vous courez le risque de trouver peut-être un piano non seulement désaccordé, mais sans cordes.

» En vous remerciant pourtant de la lettre courtoise que vous avez bien voulu m'adresser, je me dis

» Votre affectionné

» G. VERDI. »

avec l'*Otello* que Rossini faisait représenter en 1816. Mais Verdi, qui n'a pas, comme nos musiciens, l'habitude de confier ses projets et ses secrets aux quatre vents du ciel, Verdi, l'homme impénétrable, a laissé la chronique s'escrimer au hasard et à sa guise sur ce sujet, sans l'alimenter d'aucune façon, sans lui donner, même indirectement, matière à une indiscrétion quelconque. Si nous devons voir, si nous devons entendre un jour *Iago*, personne ne le sait à l'heure présente, et bien fin serait celui qui pourrait donner l'ombre d'un renseignement à cet égard.

Je terminerai donc sans conclure, et pour donner une fin à ce récit purement anecdotique, je me bornerai à reproduire ici le portrait moral à la fois puissant, étrange et ressemblant qu'a tracé de Verdi l'un de ses plus fervents admirateurs, son illustre compatriote Guerrazzi, l'une des gloires littéraires de l'Italie du xixe siècle [1] :

---

1. Cette prose nerveuse et colorée reflète à merveille les sentiments qui distinguaient d'une façon toute particulière le tempérament philosophique de Guerrazzi : un républicanisme ardent et presque farouche, un mépris altier des grandeurs de ce monde, et le dédain le plus complet du pouvoir matériel, joints à l'exaltation aussi vive que légitime de la puissance intellectuelle et des hautes facultés humaines.

« ..... Je ne connais de Giuseppe Verdi ni les sentiments, ni les affections, ni même les traits : et pourtant je me sens attiré vers lui

Com'uom che per fama s'innamora[1],

et la Renommée, si toutefois elle dit vrai, me le représente comme un homme d'une intelligence austère ; sévère envers les autres et envers lui-même ; maître ou époux de sa Muse plutôt que son amant ; très enthousiaste de l'indépendance de la vie ; ayant horreur d'adresser des louanges comme il a horreur d'en recevoir, si bien qu'on ne saurait dire ce qu'il déteste le plus du rôle de flatteur ou de celui de flatté, et que l'on peut affirmer que sa haine est égale pour tous deux. Quant aux distinctions dont les lâches mêmes aiment à se parer *(Dei pregi di cui si ornano anche i vili)*, il les recherche comme un chien les coups de bâton, et il se rit à bon droit de ces puissants du jour et du hasard, qui, dans leur dévergondage enjoué, s'imaginent sérieusement délivrer des brevets d'immortalité à

1. « Comme un homme qui s'enamoure d'une femme sur sa seule renommée. » — (C'est une citation de Dante.)

des hommes déjà immortels. Lorsque Verdi désire des lauriers, il sait les planter et les cultiver lui-même chez lui ; et, s'il lui plaît de s'entourer de splendeur, il sait par son génie se créer des rayons, de même que, dit-on, Dieu s'écriant un jour : « Que la lumière soit ! » la lumière fut faite. Comme un homme qui se sait vraiment grand, Verdi fuit les cours, sachant bien que, pour pénétrer dans ces taudis, il faut se courber, comme devaient le faire ceux qui entraient aux *Stinche*...[1].

Ce portrait est frappant, et l'on peut dire que, sans le connaître, Guerrazi avait deviné son compatriote, et qu'il l'a peint de main de maître.

---

1. Les *Stinche*, ancienne prison pour dettes, de Florence.

APPENDICE

Le lecteur ne verra peut-être pas ici sans quelque satisfaction le catalogue des compositions de Verdi. Voici ce catalogue, que je crois aussi exact et aussi complet que possible, et qui comprend, non seulement les œuvres théâtrales du maître, mais encore toutes les compositions de divers genres écrites par lui en dehors de la scène.

MUSIQUE DRAMATIQUE.

1. — *Oberto, conte di San-Bonifacio* (poëme de Felice Romani), Milan, théâtre de la Scala, 17 novembre 1839.

2. — *Un Giorno di regno* (poëme de Felice Romani), Milan, théâtre de la Scala, 5 septembre 1840. (A été représenté parfois sous ce titre : *il Finto Stanislao.*)

3. — *Nabucco* (poëme de Solera), Milan, théâtre de la Scala, 9 mars 1842.

4. — *I Lombardi alla prima crociata* (poëme de Solera), Milan, théâtre de la Scala, 11 février 1843.

5. — *Ernani* (poëme de Piave), Venise, théâtre de la Fenice, 9 mars 1844.

6. — *I Due Foscari* (poëme de Piave), Rome, théâtre Argentina, 3 novembre 1844.

7. — *Giovanna d'Arco* (poëme de Solera), Milan, théâtre de la Scala, 15 février 1845.

8. — *Alzira* (poëme de Salvatore Cammarano), Naples, théâtre San-Carlo, 12 août 1845.

9. — *Attila* (poëme de Solera), Venise, théâtre de la Fenice, 17 mars 1846.

10. — *Macbeth* (poëme de Piave), Florence, théâtre de la Pergola, 14 mars 1847. (Adapté à la scène française, cet ouvrage fut représenté à Paris, au Théâtre-Lyrique, le 21 avril 1865, sur un livret de MM. Ch. Nuitter et Beaumont. Ce n'était pas là, comme pour *Luisa Miller, Rigoletto, la Traviata* et *un Ballo in maschera,* une simple traduction ; la partition de *Macbeth* avait été refaite en grande partie pour sa représentation à Paris, et, depuis lors, il est arrivé en Italie qu'on jouait *Macbeth* avec la version musicale française.)

11. — *I Masnadieri* (poème d'Andrea Maffei), Londres, théâtre de Sa Majesté, 22 juillet 1847. (Traduit en français sous ce titre: *les Brigands*, et joué à Paris, sur le théâtre de l'Athénée, le 3 février 1870.)

12. — *Jérusalem*, paroles françaises d'Alphonse Royer et Gustave Waez, Paris, théâtre de l'Opéra, 26 novembre 1847. (Édition revue, corrigée et considérablement augmentée d'*i Lombardi*.)

13. — *Il Corsaro* (poème de Piave), Trieste, Grand-Théâtre, 25 octobre 1848.

14. — *La Battaglia di Legnano* (poème de Cammarano), Rome, théâtre Argentina, 27 janvier 1849.

15. — *Luisa Miller* (poème de Cammarano), Naples, théâtre San-Carlo, 8 décembre 1849. (Traduit en français et joué sous le même titre, à l'Opéra, le 2 février 1863.)

16. — *Stiffelio* (poème de Piave), Trieste, Grand-Théâtre, 16 novembre 1850.

17. — *Rigoletto* (poème de Piave), Venise, théâtre de la Fenice, 11 mars 1851. (Traduit en français et joué sous le même titre, au Théâtre-Lyrique, le 24 décembre 1863, et à l'Opéra, le 27 février 1885).

18. — *Il Trovatore* (poème de Cammarano), Rome, théâtre Apollo, 19 janvier 1853. (Traduit en français sous ce titre : *le Trouvère*, et représenté à l'Opéra, le 12 janvier 1857.)

19. — *La Traviata* (poème de Piave), Venise, théâtre de la Fenice, 6 mars 1853. (Traduit en fran-

çais sous ce titre : *Violetta*, et représenté au Théâtre-Lyrique le 17 octobre 1864.)

20. — *Les Vêpres siciliennes* (poëme de Scribe et Duveyrier), Paris, théâtre de l'Opéra, 13 juin 1855. (Traduit en italien et représenté ensuite en Italie, d'abord sous le titre de *Giovanna di Guzman*, puis sous celui d'*i Vespri siciliani*.)

21. — *Simon Boccanegra* (poëme de Piave), Venise, théâtre de la Fenice, 12 mars 1857. (Cet ouvrage, refait en grande partie, sur un poëme complètement remanié par M. Arrigo Boito, parut sous cette nouvelle forme au théâtre de la Scala, à Milan, en 1881.)

22. — *Aroldo* (poëme de Piave), Rimini, théâtre Neuf, 16 août 1857. (Nouvelle éditon, considérablement modifiée, sur un nouveau poëme, avec un acte en plus, de la partition de *Stiffelio*.)

23. — *Un Ballo in maschera* (poëme anonyme de Somma), Rome, théâtre Apollo, 17 février 1859.) Traduit en français sous ce titre : *le Bal masqué*, et eprésenté au Théâtre-Lyrique le 17 novembre 1869.)

24. — *La Forza del Destino* (poëme de Piave), Saint-Pétersbourg, Théâtre-Impérial, 10 novembre 1862.

25. — *Don Carlos* (poëme de Méry et M. Camille du Locle), Paris, théâtre de l'Opéra, 11 mars 1867. (Traduit et représenté en Italie sous le titre de *Don Carlo*.)

26. — *Aïda* (poëme de MM. Ghislanzoni et Ca-

APPENDICE 321

mille du Locle), le Caire, Théâtre-Italien, 24 décembre 1871. (Traduit en français par MM. du Locle et Nuitter, et représenté sous le même titre, à l'Opéra, le 22 mars 1880).

26 *bis*. — *Inno delle Nazioni*, écrit pour l'Exposition universelle de Londres, et exécuté en cette ville, au théâtre de Sa Majesté, le 24 mai 1862.

MUSIQUE RELIGIEUSE

Messe de *Requiem*, écrite pour l'anniversaire de la mort d'Alessandro Manzoni, exécutée pour la première fois à Milan, dans l'église San-Marco, le 22 mai 1874.

Pater Noster, vulgarisé par Dante, pour chœur à cinq parties (deux sopranos, contralto, ténor et basse); *Ave Maria*, vulgarisé par Dante, pour voix de soprano, avec accompagnement de quatuor; exécutés pour la première fois le 18 avril 1880, dans un concert de la Société orchestrale du théâtre de la Scala, de Milan.

MUSIQUE VOCALE DE CONCERT

Six romances :
1. — *Non t'accostare all'urna;*
2. — *More, Elisa, lo stanco poeta;*

3. — *In solitaria Stanza;*
4. — *Nell'orror di notte oscura;*
5. — *Perduta ho la pace;*
6. — *Deh! pietoso.*

Album de six romances :
1. — *Il Tramonto*, poésie de Maffei ;
2. — *La Zingara*, poésie de Maggioni ;
3. — *Ad una stella*, poésie de Maffei ;
4. — *Lo Spazzacamino*, poésie de Maggioni ;
5. — *Il Mistero*, poésie de Romani ;
6. — *Brindisi*, poésie de Maffei.

L'Esule, chant pour voix de basse, poésie de Solera.

La Seduzione, idem, poésie de Balestra.

Il Poveretto, romance.

Tu dici che non m'ami, « stornello ».

Guarda che bianca luna, nocturne à trois voix (soprano, ténor et basse), avec accompagnement de flûte obligée.

MUSIQUE INSTRUMENTALE

Quatuor pour deux violons, alto et violoncelle, écrit à Naples et exécuté chez l'auteur le 1ᵉʳ avril 1873.

COMPOSITIONS DIVERSES

Les compositions dont il s'agit ici sont restées toutes inédites, et je ne crois pouvoir mieux faire, à leur sujet, que de traduire la note suivante, publiée il y a quelques années par la *Gazzetta musicale*, de Milan :

« Depuis l'âge de treize ans jusqu'à dix-huit, époque à laquelle Verdi vint à Milan étudier le contrepoint, il écrivit une foule de compositions de tout genre : marches pour *bandes*, jusqu'à une centaine ; peut-être autant de courts morceaux symphoniques, qui servaient pour l'église, pour le théâtre ou pour le concert ; cinq ou six concertos ou airs variés pour le piano, que lui-même exécutait dans les concerts ; beaucoup de sérénades, cantates, airs, énormément de duos, trios et diverses œuvres pour l'église, parmi lesquelles un *Stabat Mater*.

» Dans les trois années qu'il passa à Milan, il écrivit peu, en dehors de ses études de contrepoint : deux ouvertures qui furent exécutées à Milan, dans un concert particulier ; une cantate qu'il fit entendre dans la maison du comte Renato Borromeo ; et divers morceaux, pour la plupart du genre bouffe, que son maître lui faisait écrire pour l'exercer, et dont pas un ne fut instrumenté. De retour dans sa patrie, il commença à écrire des marches, des symphonies, des pièces vocales, etc.; une messe et un office de vêpres complet, trois ou quatre *Tantum ergo*, et quelques autres morceaux religieux. Parmi les compositions vocales se trouvent les *Chœurs des tragédies de Manzoni*, à trois voix, et *il Cinque Maggio* (du même poëte), à voix seule. Tout cela est perdu, à l'exception de quelques symphonies qui s'exécutent encore à Busseto, patrie de l'auteur, et des morceaux écrits sur les poésies de Manzoni, que Verdi lui-même a conservés. »

Ce catalogue est très complet, et je ne crois pas que l'on y puisse rien ajouter.

ÉCRITS PUBLIÉS SUR VERDI

Un certain nombre d'écrits ont été publiés sur Verdi ; voici la liste de ceux qui sont venus à ma connaissance :

B. Bermani : *Schizzi sulla vita e sulle opere del maestro Giuseppe Verdi.* — Milan, Ricordi, 1846, in-8°.

Abramo Basevi : *Studio sulle opere di Giuseppe Verdi.* — Florence, Tofani, 1859, in-12.

G. Peresio : *Cenni biografici su Giuseppe Verdi, seguite da breve analisi dell' Aïda e della Messa da Requiem.* — Milan, 1875, in-8°.

Antonio Peña y Goñi : AIDA, *ensayo critico musical.* — Madrid, Iglesias et Garcia, 1875, in-12.

Vincenzo Sassaroli : *Considerazioni sullo stato attuale dell' arte musicale in Italia e sull' importanza artistica dell' opera* Aida *e della Messa di Verdi.* — Gênes, 1876, in-8°.

Marchese G. Monaldi : *Verdi e le sue opere.* — Florence, 1877, in-8°.

Arturo Pougin : *Giuseppe Verdi, vita aneddotica, con note ed aggiunte di Folchetto.* — Milan, Ricordi, 1881, petit in-4° avec gravures [1].

---

1. Deux écrits concernant Verdi sont encore à signaler. L'un est une sorte de règlement relatif à la Messe que le maître avait imaginé de faire composer à la mémoire de Rossini : *Messa da* Requiem *proposta da G. Verdi in onore di Rossini. Norme generali* (Milan, 1868, in-8°). Le second écrit est un document officiel : Verdi avait été nommé président d'une commission chargée d'étudier les réformes à opérer dans les Conservatoires d'Italie; le rapport de cette commission, signé par Verdi, président, et par les commissaires: Casamorata, directeur de l'Institut musical de Florence; Mazzucato, directeur du Conservatoire de Milan, et M. Paolo Serrao, fut publié sous ce titre : *Sulla riforma degli Istituti musicali, relazione al ministro della pubblica istruzione.* (Florence, 1871, in-8°).

FIN

INDEX

I. Naissance de Verdi. — Son père, simple *locandiere*. — Sa sagesse précoce. — Comment lui vient son amour pour la musique. — Ses premières études avec l'organiste de son village. — Il devient organiste lui-même. — On l'envoie à Busseto, où il trouve un protecteur 4

II. Verdi employé chez Barezzi. — Son nouveau maître, l'organiste et maître de chapelle Provesi. — Ses progrès rapides. Il commence à composer. — Il obtient une bourse pour aller continuer ses études à Milan. 18

III. Arrivée à Milan. — Verdi se présente au Conservatoire, où il n'est pas reçu. — Il devient élève de Lavigna, chef d'orchestre du théâtre de la Scala. — Il écrit des marches, des ouvertures, des cantates, etc 26

IV. Mort de Provesi. — Verdi retourne à Busseto, pour prendre sa succession. — Singulière histoire. Guelfes et Gibelins musicaux. — Premiers succès de Verdi.—Il devient amoureux de la fille de son protecteur Barezzi, et demande sa main, qui lui est accordée. — Son mariage. — Après un nouveau séjour de trois années à Busseto, il retourne à Milan, avec sa femme et ses deux enfants . . 37

V. Installation à Milan. — Verdi chef d'orchestre de la Société philodramatique. — Son premier opéra, *Oberto di San-Bonifacio*, représenté avec succès à la Scala. — Il s'engage à écrire trois autres ouvrages pour ce théâtre. On lui confie le livret d'un opéra bouffe, *un Giorno di regno*. Tandis qu'il s'occupe de cet ouvrage, il tombe malade; puis, à peine guéri, il perd coup sur coup ses deux enfants et sa femme. — Son désespoir. — Représentation et *fiasco d'un Giorno di regno*. —Verdi veut renoncer au théâtre, malgré les instances de Merelli, directeur de la Scala. — Après bien des refus, il se décide, sur la prière de celui-ci, à écrire un nouvel opéra. *Nabucco*. Succès éclatant. 48

VI. *I Lombardi*, quatrième ouvrage de Verdi représenté à la Scala. Premières difficultés avec la censure. — Nouveau triomphe. — Verdi se trouve placé à la tête du mouvement musical italien. — *Ernani* à Venise. Son succès. Caractère *politique* de la musique de Verdi. Elle excite le patriotisme des Italiens asservis. — *I Due Foscari* à Rome. — *Giovanna d'Arco* à Milan. Une artiste admirable : Erminia Frezzolini.— *Alzira* à Naples; *Attila* à Venise; *Macbeth* à Florence.— Ce dernier ouvrage est plus heureux que les précédents. Tous excitent la fibre nationale, enflamment les cœurs et soulèvent l'enthousiasme populaire. 79

VII. *Jérusalem (i Lombardi)*, à Paris. Dernière création de Duprez à l'Opéra. — *I Masnadieri* à Londres. — Chute de cet ouvrage. — Verdi écrit à Paris *il Corsaro* et *la Battaglia di Legnano*. *Il Corsaro* est représenté sans succès à Trieste ; *la Battaglia di Legnano* à Rome. — C'est encore à Paris qu'il écrit *Luisa Miller*, dont la représentation a lieu à Naples. — Difficultés au sujet de cet opéra. Verdi et les Napolitains. Nouveau succès. 113

VIII. *Stiffelio* à Trieste. — *Rigoletto* à Venise. Immense succès. La *canzone* du duc de Mantoue. Une aventure du poète Piave. Victor Hugo et Verdi. — Triomphe d'*il Trovatore* à Rome, en Italie et en Europe. — *La Traviata*. *Fiasco* solennel de cet ouvrage à Venise. Lettre de Verdi à ce sujet. Après une année, et quelques modifications apportées à l'œuvre, elle se relève avec éclat et parcourt une carrière brillante. — Jugement d'un critique italien sur *la Traviata*. 137

IX. Premier ouvrage écrit expressément par Verdi pour la scène française. — L'Opéra ; *les Vêpres siciliennes ;* Sophie Cruvelli. Conduite légère d'une forte chanteuse. Une fugue non musicale, qui devient une affaire d'État. Représentation des *Vêpres*. Demi-succès. — Cinquième opéra de Verdi à Venise. *Simon Boccanegra*. Il ne reçoit qu'un accueil réservé. — *Stiffelio* transformé en *Aroldo*, et représenté à Rimini, sans plus de succès. — *Un Ballo in maschera*. La politique et le théâtre. — Verdi et l'intendant général des théâtres royaux de Naples. L'opéra nouveau ne pouvant être joué en cette ville, on le transporte à Rome. Nouvelles difficultés. Changements imposés par la censure. Un roi n'a pas le droit d'être assassiné en scène. *Un Ballo in maschera* est enfin représenté. Son succès. — *La Forza del Destino* à Saint-Pétersbourg. Elle n'obtient qu'un accueil courtois 165

X. Carrière *politique* de Verdi. Un nom symbolique et révolutionnaire. *Viva V.E.R.D.I.* — Un musicien et un ministre : Verdi et Cavour. — Verdi, député de Parme, puis sénateur du royaume d'Italie. — Médiocre législateur. — *L'Inno delle Nazioni* à Londres. Internationalisme musical. . . . 201

XI. *Don Carlos*, deuxième opéra français de Verdi. — Verdi et Dantan. Buste du compositeur italien par le sculpteur français. Vers de Méry. — Un opéra inédit en Égypte. *Aïda*. Histoire de ce chef-d'œuvre. — Mariette-Bey ; M. Camille du Locle ; M. Ghislanzoni. — Le Caire, Milan, Paris. Une lettre de Verdi. Triomphe de l'œuvre nouvelle. Une réclamation originale et un auteur débonnaire 208

XII. La messe de *Requiem* pour l'anniversaire de la mort de Manzoni. Son origine. Nouvelles lettres de Verdi. Exécution du *Requiem* à Milan, puis à Paris. — *Aïda* au Théâtre-Italien de Paris, et ensuite à l'Opéra . . . 240

XIII. Un compositeur toqué. M. Vincenzo Sassaroli. Gageure et défi d'un nouveau genre. « Vous avez peur ! » L'incident n'a pas de suites 276

XIV. L'homme derrière l'artiste. — Verdi à Sant'-Agata. Sa vie retirée. L'emploi de ses journées. Agriculteur, éleveur, campagnard. — Souvenirs. 287

XV. Quelques lettres de Verdi. — Caractère artistique du maître. Ses opinions, ses doctrines en matière d'art, de théâtre et d'éducation musicale. — Portrait de Verdi par Guerrazzi. 299

APPENDICE

Catalogue des œuvres de Verdi. 315
Écrits publiés sur lui 322

www.ingramcontent.com/pod-product-compliance
Lightning Source LLC
Chambersburg PA
CBHW060454170426
43199CB00011B/1201